数字化时代的高校思想政治教育研究

许烨 ——— 著

九 州 出 版 社
JIUZHOUPRESS

图书在版编目（CIP）数据

数字化时代的高校思想政治教育研究 / 许烨著. --
北京：九州出版社，2024.5
ISBN 978-7-5225-2962-2

Ⅰ.①数… Ⅱ.①许… Ⅲ.①高等学校 – 思想政治教
育 – 研究 – 中国 Ⅳ.①G641

中国国家版本馆CIP数据核字（2024）第104479号

数字化时代的高校思想政治教育研究

作　者	许　烨　著
责任编辑	王文湛
出版发行	九州出版社
地　址	北京市西城区阜外大街甲35号（100037）
发行电话	（010）68992190/3/5/6
网　址	www.jiuzhoupress.com
印　刷	廊坊市海涛印刷有限公司
开　本	710毫米×1000毫米　16开
印　张	16.25
字　数	232千字
版　次	2024年5月第1版
印　次	2024年5月第1次印刷
书　号	ISBN 978-7-5225-2962-2
定　价	78.00元

前 言
PREFACE

　　数字化时代的到来，使当代中国思想政治教育面临改革与创新的重大任务。信息化、网络化、大数据、智慧化、智能化数字技术正迅速渗透到思想政治教育中，描绘思想政治教育的外部环境，挖掘思想政治教育的客体需求，优化思想政治教育的教学资源，构筑思想政治教育的实践，推动思政教育范式的变革。

　　数字化时代需要与时俱进的思想政治教育。大数据、人工智能、区块链技术的使用为思想政治教育实效性提升带来了诸多机遇，使教育思维、理念得以转变，教育内容、空间得以更新，教育关系"去中心化"，教育载体、途径得以丰富，教育实效性、针对性进一步增强。但与此同时，面对海量信息的选择，传统思想政治教育的"权威""主导"受到挑战，如高校思想政治教育发展的不平衡性，信息科技理性与信息伦理的冲突与契合，大学生的适应性与不适应性，大数据对数字化校园建设提出了新的要求。

　　数字化时代高校思想政治教育的现状呈现多种样态。通过调查问卷结果发现，从高校思想政治课程教育现状、当代大学生对马克思主义的基本态度、高校思想政治教育工作者三个维度考量，目前高校思想政治教育存在数字鸿沟扩大、教育工作者的主导地位被动摇、意识形态性被不断消解、教育工作者数据处理的难度增加、数据技术的匮乏凸显等问题。究其原因，主要源于对数字技术的重视不够、主客体信息素养不强、大数据机制不健全和管理落后等。

根据思想政治教育的主体平等性、活动可视化、内容个性化、方式及时性和方向前瞻性等原则，数字化时代高校思想政治教育实效性的提升要牢牢坚守马克思主义意识形态主导地位，紧密结合马克思主义理论中国化发展的新要求，不断适应信息时代变化发展的客观要求，继承与借鉴传统和国外思想政治教育内容。通过把网络马克思主义教育与现实思想政治教育相结合、数据思维与传统经验相结合、数字技术与人文精神相结合、情境认知与泛在教育相结合，从而不断创新思想政治教育方法，培育思想政治教育各要素，优化思想政治教育模式、资源配置和教育实践，构建基于大数据、人工智能、区块链等数字技术的高校思想政治教育创新体系，达到高校思想政治教育实效性提升的目标指向。

自 序

勇担思政重任 不负时代使命

从世界看湖南，湖湘大地是万年之风、千年之雅、百年之颂的荟萃之地；从湖南看岳麓书院，是精华版的"风雅颂"。"惟楚有材，于斯为盛。"湖湘大地代有人才出，新时代更是一个英雄辈出的时代，青年人正逢其时。2019 年 3 月 18 日，习近平总书记在全国学校思想政治理论课教师座谈会上指出，"办好思想政治理论课关键在教师，关键在发挥教师的积极性、主动性、创造性。思政课教师，要给学生心灵埋下真善美的种子，引导学生扣好人生第一粒扣子。"①2020 年 9 月 17 日下午，习近平总书记来到岳麓书院考察调研，他认真看，细细问，了解人才培养、文化传承等情况，同正在开展思政课的师生亲切交流。习近平总书记强调，"办好思想政治理论课关键在教师，关键在发挥教师的积极性、主动性、创造性"②。教师的思想政治素养、人文素养、知识涵养等因素直接关系着思想政治教育的效果。"立德修业""铸魂育人""守正创新"，这也是习近平总书记对思政课教师提出的基本要求。

首先，立德修业是思政课教师的立身之本。"天地之大德曰生。"人生不朽的最高的境界是立德有德、实现道德理想，其次是事业追求、建功立业，再次是有知识有思想、著书立说。其中"立德"居于首位。"立德树人"是教育

---

① 习近平．用新时代中国特色社会主义思想铸魂育人 贯彻党的教育方针落实立德树人根本任务［N］．人民日报，2019-03-19（001）．

② 习近平．用新时代中国特色社会主义思想铸魂育人 贯彻党的教育方针落实立德树人根本任务［N］．人民日报，2019-03-19（001）．

的根本任务，"有德之师"则是教育发展的灵魂。

思想政治教育回归现实生活，既是一种价值的回归，也是展示思想政治教育的生命力所在。从某种意义上来说，教育事业，就是道德和情感的事业，是教师的一种德性实践。教师是思想政治教育有机生态的关键因子，其影响思想政治教育的方式虽是依靠其生活态度和生活方式等体现，但归根结底还是依靠教师的德性所指向。思想政治教育来源于实践，教师将教育实践中的经验经过系统梳理、总结、深化，上升为理性认识，对规律的把握，对科学的认知。因此，思政课教师的德性养成，根植于个人内心修养，最重要的是个体在教育实践生活中的认知体验与反思平衡。

"立德树人"就是要将以人为本的理念融入到崇德向善的学校生活实际之中，培养以人为本的向善之德、勤劳质朴的奋进之德、心忧天下的家国之德、清正廉明的为政之德、崇尚自然的生态之德。中华优秀传统文化强调天地之间人为贵，以人为本，强调人的价值，在人格培养上的传统就是"学做人"，"正人"与"行理"相统一。习近平总书记提出的"政治要强，情怀要深，思维要新，视野要广，自律要严，人格要正"的这"六要"，正是对新时代思政课教师的"有德"提出了明确要求。

思政课教师的"立德修业"，必须涵咏于所处的历史传统与社会文化的肥沃土壤中，必须融入我国传统教师伦理文化体系，它要求教师要秉承"格物、致知、诚意、正心、修身、齐家、治国、平天下"之文化宗旨，具有"为天地立心，为生民立命，为往圣继绝学，为万世开太平"的使命意识。这意味着，思政课教师首先要是个爱国主义者，要心怀天下，能够善于汲取中华民族的优秀文化遗产，继承和弘扬民族精神。其次要以德立人、以德立身、以德立学、以德施教，坚持知行合一，通过自己的努力，成为大众的人格典范与可信、可敬、可靠的"有德之师"。这也是教师职业伦理追求的永恒精神价值。为此，思政课教师要以一颗赤子之心，具有为学生、为学校、为他人、为社会、为国家着想的良知和文化自觉，明确自身的道德责任，以身示范。

其次，铸魂育人是思政课教师的神圣职责。"欲修其身者，先正其心；欲正其心者，先诚其意。"思政教学做的是铸魂育人的工作，思政课教师的使命和任务就是铸魂育人。青少年是人生的拔节孕穗期，最需要精心引导和栽培。思政课教师是学生健康成长的指导者和引路人，思政课教师要给学生种下真善美的种子，引导学生扣好人生第一粒扣子，引导学生立鸿鹄志，做奋斗者，这就是我们铸魂育人的重大使命。

触动心灵的教育才是好的教育。道德教育与道德修养是完善道德主题的主要方式，把思想政治教育与人的自我塑造相结合，正是为促进社会发展提供积极的主体基础。"坚持政治性和学理性相统一、价值性和知识性相统一、建设性和批判性相统一、理论性和实践性相统一、统一性和多样性相统一、主导性和主体性相统一、灌输性和启发性相统一、显性教育和隐性教育相统一"，习近平总书记强调的这"八个统一"为思政课教师如何"铸魂育人"指明了科学方法。

春风化雨、润物无声，浇花浇根、育人育心。思政课本身就责成教师要坚持"终身学习"理念，孜孜不倦提高自己，做知识的认知、评价、决策与实践的创胜者，与学生共享生命的资源，做道德、审美与信仰的创胜者，与学生同构生命的希望；做交往、历史和文化的创胜者，与学生、学校和社会共成生命的网络。只有让思政课情真意切、发自肺腑、激情澎湃，才能为学生成长成才亮起引路明灯、把学生引向正道。只有始终坚持以马克思主义为指导，立足讲台主课堂、融入社会大课堂、用好网络新课堂，通过故事讲道理、通过道理讲价值、通过价值讲认同，在大中小学循序渐进、螺旋上升地开设思政课，实现全员全程全方位育人，才能培养出能够担当民族复兴大任的时代新人。

最后，守正创新是思政课教师的发展动力。守正是要坚守正道，把握事物本质、遵循客观规律；创新是指在遵循规律的基础上大胆变革、推陈出新。守正是根基，创新是源泉，二者是辩证统一的关系。对于思政课教师来说，守正就是牢牢守住价值引领的初心，创新就是要以增强思想性、理论性为改革创新的根本。

党的十八大以来，思政课教学受重视程度之深、建设力度之大前所未有，教学质量和效果明显改善，但仍面临一些突出问题，思政课的内容有待与时俱进、方法有待改进、实效性有待提升等。好的思政工作应该像盐，但不能光吃盐，最好的方式是将盐溶解到各种食物中自然而然吸收。尤其是随着思想政治教育主体、客体、环体发生变化之后，如何实现思想政治教育潜移默化、润物无声的效果，是新时代思想政治教育实效性提升的重要内容。

思政课教师只有用习近平新时代中国特色社会主义思想铸魂育人，深入贯彻新时代党的教育方针，坚守思政课教学的价值追求，推动思政课教学的方式创新，遵循思政课教学的内在规律，才能实现思政课教学的教学相长。为此，思政课教师一方面要解决好思想观念上"坚持什么、反对什么"的关键问题，勤于思考、善于思考，寓价值观引导于知识传授之中，引导学生发现问题、分析问题、思考问题，在不断启发中传导主流意识形态，直面各种错误观点和思潮，勇于激浊扬清、扶正祛邪。另一方面要不断增强创新意识，提升创新能力、质疑能力、解决实际问题的能力，在落实教学目标、课程设置、教材使用等方面的统一要求的基础上努力打造学生想听爱学的好思政课，努力做一名乐为、敢为、有为的创新型教师，展现思政教师的时代大作为。

目　录

第一章　绪　论

第四次工业革命扑面而来。面对世界百年未有之大变局和新一轮科技革命和产业变革深入发展的机遇期，世界各国纷纷出台大数据战略，开启大数据产业创新发展新赛道。随着信息化建设的不断推进，各类纷繁复杂的数据信息正日益呈现出几何级增长的态势，海量的数据信息存储、分析与运用昭示着当今社会已然进入新的时代。

党的二十大报告指出要加快建设"数字中国","加快发展数字经济","发展数字贸易","推进教育数字化"。① 数字化时代是继工业时代和信息时代之后的一个新时代,又称"后信息时代",以"比特"为思考基础。② 作为"信息的DNA",比特正迅速取代原子而成为人类社会的基本要素。习近平总书记强调:"大数据发展日新月异,我们应该审时度势、精心谋划、超前布局、力争主动。"③"做好高校思想政治工作,要因事而化、因时而进、因势而新。"④ 数字化时代带来的高速发展、边界模糊、生态崛起等新现象给思想政治工作体系的发展带来了许多新的变化。思想教育领域正朝着深度信息化的方向发展。数字化时代既为思想政治教育带来了信息化、智慧化和科学化的机遇,同时也带来了信息碎片化、价值多元化、场景虚拟化等新的挑战。面对数字化时代带来的机遇和挑战,思想政治教育如何趋利避害,最大化地利用数字技术实现效能提升,是当前需要思考的重要课题。

第一节　数字化时代高校思想政治教育的重要性

一、高校思想政治教育的重要性

高校思想政治教育是培养社会主义事业的合格建设者和接班人的必要途径,重要性不言而喻。改革开放以来,人们在探索与研究思想政治教育的过程中,围绕培养什么人、怎样培养人、为谁培养人,在关注"怎样教育""如

---

① 习近平.高举中国特色社会主义伟大旗帜 为全面建设社会主义现代化国家而团结奋斗——在中国共产党第二十次全国代表大会上的报告[M].北京:人民出版社,2022:30-34,44.

② [美]葛尼洛庞帝.数字化生存[M].胡泳,范海燕,译.海口:海南出版社,1997:33.

③ 习近平在中共中央政治局第二次集体学习时强调 审时度势精心谋划超前布局力争主动实施国家大数据战略加快建设数字中国[N].人民日报,2017-12-10(001).

④ 习近平在全国高校思想政治工作会议上强调:把思想政治工作贯穿教育教学全过程 开创我国高等教育事业发展新局面[N].人民日报,2016-12-09(001).

何教育""谁来教育"以及"用什么教育"等问题时，始终贯穿着这样一种思索——"思想政治教育是什么"。正是在不断地审视和深刻反思这一问题，拨开笼罩于思想政治教育头上的种种迷雾与认识误区的基础上，这一时期的思想政治教育实现了一系列重大突破与创新。对于思想政治教育概念的理解，学术界一般认为思想政治教育是社会或社会群体用一定的思想完善思想观念、政治观念、道德规范，对其成员施加有目的、有计划、有组织的影响，使他们形成符合一定社会所要求的思想品德的社会实践活动。其中，马克思主义理论教育是思想政治教育的重中之重。"马克思主义理论教育是无产阶级政党用马克思主义的立场、观点和方法去宣传群众教育群众、武装群众，使人民群众懂得社会发展的基本规律，认清工人阶级的根本利益和历史使命，坚定社会主义信念，树立共产主义远大理想，并为此而努力奋斗的一项社会实践活动。"[1] 马克思主义理论教育活动是无产阶级政党运用马克思主义的思想体系和理论旗帜教育、武装无产阶级和广大群众，并以此来改造世界、把握世界的一项重要社会实践。它伴随马克思主义的诞生而产生和发展，是巩固马克思主义意识形态指导地位，传播和发展马克思主义及推进社会主义事业的重要途径，在社会主义革命、改革和建设中功不可没。

党的领导人历来十分关注思想政治教育，始终把思想政治教育摆在重中之重的位置，始终坚持马克思主义的指导地位，在积极汲取经典作家的思想政治教育思想精华的基础上，紧密结合我国改革开放和现代化建设的时代主题，不断根据实际形势的发展变化创新思想政治教育思想，创造性提出一系列既一脉相承又与时俱进的理论认识和理论原理，形成一套相对完整、科学和独具中国特色的思想政治教育思想。早在党成立之初，便开始了对思想政治工作的探索。党的一大通过的党的第一个决议，把发展工人组织和工人运动作为党的基本任务，提出"党应在工会里灌输阶级斗争的精神"，"教育工人，使他们在实践中去实现共产党的思想"。毛泽东在《关于正确处理人民内

---

① 张新，徐建文.中国共产党加强马克思主义理论教育的若干思考［J].思想教育研究，2009（5）：41-44.

部矛盾的问题》中强调，"思想政治工作，各个部门都要负责。共产党应该管，青年团应该管，政府主管部门应该管，学校的校长教师更应该管。"他在 1957 年 3 月的基层调研时进一步强调，"全党都要加强政治思想工作"。邓小平坚持用马克思主义理论指导中国革命、建设和改革实践，并为此在全党全社会积极推进思想政治教育研究和实践。① 他在 1979 年 6 月明确提出"需要在人民内部广泛地加强思想政治教育"。江泽民也多次指出，要加强和改进思想政治教育工作，要对青年学生加强思想政治教育。"理论的生命力在于不断创新，推动马克思主义不断发展是中国共产党人的神圣职责。"习近平总书记在纪念马克思诞辰 200 周年大会上发表重要讲话指出，马克思主义是科学的理论，是人民的理论，是实践的理论，是不断发展的开放的理论。早在 2016 年全国高校思想政治工作会议上，习近平总书记就强调，"我们的高校是党领导下的高校，是中国特色社会主义高校。办好我们的高校，必须坚持以马克思主义为指导，全面贯彻党的教育方针。要坚持不懈传播马克思主义科学理论，抓好思想政治教育，为学生一生成长奠定科学的思想基础。"② 高校思想政治工作关系高校培养什么样的人、如何培养人以及为谁培养人这个根本问题。要坚持把立德树人作为中心环节，把思想政治工作贯穿教育教学全过程，实现全程育人、全方位育人；其中思想政治教育是高校思想政治工作的重要一环，是高校素质教育的灵魂，也是努力开创我国高等教育事业发展新局面的重要组成部分。青年强则国家强。习近平总书记在二十大报告中强调："广大青年要坚定不移听党话、跟党走，怀抱梦想又脚踏实地，敢想敢为又善作善成，立志做有理想、敢担当、能吃苦、肯奋斗的新时代好青年，让青春在全面建设社会主义现代化国家的火热实践中绽放绚丽之花。"③ 高校作为当代青年思想政治

① 钱雄，章毛平.邓小平对马克思主义理论治教育思想的贡献［J］.人民论坛，2016（20）：105-107.

② 习近平.把思想政治工作贯穿教育教学全过程 开创我国高等教育事业发展新局面［N］.人民日报，2016-12-09（001）.

③ 习近平.高举中国特色社会主义伟大旗帜 为全面建设社会主义现代化国家而团结奋斗——在中国共产党第二十次全国代表大会上的报告［N］.人民日报，2022-10-26（001）.

教育的主阵地，要坚持守正创新，在时代洪流中培养出更加合格的社会主义建设者和接班人。

高校作为大学生思想政治教育的主阵地，对于推进大学生精神世界的构建、人格的养成和人性的提升，对于巩固马克思主义在高校的主流意识形态地位都具有至关重要的作用。如何抢占高校这一思想政治教育的主阵地，牢牢把握高校马克思主义话语权，不仅关系到人才素质的培养，更关系到社会主义建设的发展方向①。因而，思想政治教育历来备受党和国家重视，有关这方面的研究亦是学术界关注的重点。从学科建设、教育实效性的提升，到教育教学队伍的建设，学界都展开了较为广泛的探讨。2004 年 10 月 15 日《中共中央国务院关于进一步加强和改进大学生思想政治教育的意见》的颁布，为高校思想政治教育提供了指导思想和政治支撑，将马克思主义设置为一级学科，进一步巩固和提高了马克思主义在高校学科布局、学科发展和教育教学中的地位，也为思想政治教育的发展提供了强有力的学理支撑。近年来，思想政治教育取得很大的成效，这是毋庸置疑的，也是为社会各界所称道的。但思想政治教育之难，也是大家有目共睹的。这种"难"在于它所面临的形势和挑战不断变化，特别是在全球化、市场化、网络化这个大的背景下，思想政治教育的艰巨性就更为突出。思想政治教育实效性的提升可能永远在路上，只有不断改进教育方法、提高教育效果，才是应对的"王道"。

当前，大数据和"互联网＋"已经上升为国家战略，也是高校思想政治教育面临的新课题。2013 年被称为大数据元年，自此国内教育界掀起利用大数据技术促进教育改革与创新的热潮。2015 年 9 月，国务院印发《促进大数据发展行动纲要》，要求"探索发挥大数据对变革教育方式、促进教育公平、提升教育质量的支撑作用"②。《中华人民共和国国民经济和社会发展第十三个五年规划纲要》指出，"把大数据作为基础性战略资源，全面实施促进大数据发

---

① 刘艳. 改革开放以来马克思主义理论教育思想发展研究［M］. 北京：中国书籍出版社，2015：18.

② 促进大数据发展行动纲要［M］. 北京：人民出版社，2015：19.

展行动，加快推动数据资源共享开放和开发应用，助力产业转型升级和社会治理创新"①。2017年2月，教育部办公厅印发《2017年教育信息化工作要点》，要求"加强教育部直属机关教育数据管理工作，推进各类相关教育数据的规范管理、互联互通和共享公开、充分应用，确保数据安全，更好地服务教育改革发展"②。2022年7月，教育部等十部门印发《全面推进"大思政课"建设的工作方案》，强调"把'大思政课'摆在教育信息化的突出位置"③。

党的二十大报告指出，要"推进教育数字化，建设全民终身学习的学习型社会、学习型大国"④。由此可见，树立大数据思维，充分发掘、释放数据资源的潜在价值，发挥数字资源的战略作用，以数据流引领教育流，以信息化带动现代化，是数字化时代实现思想政治教育实效性提升的重要方法。要应对新的机遇和挑战，就要把数字化看成是重构整个思想政治教育模式的重要因素和力量。数字化时代高校面临的一个重大问题就是由于信息技术革命导致的高等教育内外部生态环境的重大调整和诸多挑战，加上我国社会转型期导致的各方面矛盾凸显等，思想政治教育面临新的境遇与契机。因此，本书切合现实发展需要，具有重要的现实价值。

二、本研究的重要意义

数字化时代需要与时俱进的思想政治教育。本书从多视角、多层次透视了数字化时代对思想政治教育的变革和挑战，深入地剖析数字化时代思想政治教育的新情况和新问题，积极探索创新思想政治教育的内容、形式、方法及其实

---

① 中华人民共和国国民经济和社会发展第十三个五年规划纲要［M］.北京：人民出版社，2016：62.

② 2017年教育信息化工作要点［EB/OL］. http://www.moe.edu.cn/srcsite/A16/s3342/201702/t20170221_296857.html.

③ 教育部等十部门印发《全面推进"大思政课"建设的工作方案》的通知［J］.中华人民共和国教育部公报，2022（10）：8-14.

④ 习近平.高举中国特色社会主义伟大旗帜 为全面建设社会主义现代化国家而团结奋斗——在中国共产党第二十次全国代表大会上的报告［M］.北京：人民出版社，2022：34.

效性。因此，本书具有前沿性和实践性，具有重要的学术价值和应用价值。

（一）学术价值

基于大数据、人工智能、区块链技术的思想政治教育实效性研究是对高校开展数字化时代的思政政治教育实施方式的一种有效补充和延伸，是基于信息交往实践的高校思想政治教育工作的具体阐述，是对高校思想政治教育研究理论的充实。思想政治教育回归现实生活，既是一种价值的回归，也是展示思想政治教育的生命力所在。数字化时代的到来，使当代中国高校思想政治工作面临改革与创新的重大任务，需要我们在一个更广阔和更深度的背景中，用马克思主义的立场、观点和方法去积极探究新形势下思想政治教育的实效性问题，探索"科技理性"与"教育伦理"辩证融合的思想政治教育实效性体系构建之路，实现"技术理性"与"伦理理性"的合理衔接。

（二）应用价值

基于大数据、人工智能、区块链技术的思想政治教育的实效性研究具有重要的实践价值。数字化给我国社会带来前所未有的发展机遇的同时，也带来了多方面的挑战。虚拟世界是一个没有色彩、质量和长度的 BIT（比特）所组成的信息世界。台式机和笔记本电脑等固定终端，手机和平板电脑等移动终端，已成为新时代大学生日常生活的重要组成部分，有线网络和无线网络充斥着大学生的日常生活空间，现实世界和虚拟世界相互联系、相互依存，这些都对大学生的生活方式、思想观念、道德品质产生了巨大的影响。数字化时代高校思想政治教育要做到坚持马克思主义中国化、坚守社会主义主流意识形态的思想阵地、引导人们运用马克思主义理论正确认识信息化带来的社会变化、指导大家适应并充分利用信息化带来的机遇，就迫切需要转变以往旧的思维观念和已经不适应时代发展的工作方式方法，秉承与时俱进的精神，不断进行思想政治教育的研究和创新，不断提高思想政治教育的实效性，不断推动马克思主义中国化、时代化，培育符合时代要求和社会需要的社会主义合格接班人和建设者。

综合来看，本书立足实际，深刻分析数字化与思想政治教育的辩证关系，强调着眼于大数据、人工智能、区块链等数字技术加强和改进高校思想政治教育的方法与途径；直面现实，把大数据、人工智能、区块链等数字技术作为提升高校思想政治教育的实效性的切入点，进一步明确思想政治教育的目标指向，拓展思想政治教育的内容和载体；内涵丰富，立足于数字化的时代背景，充分体现时代精神，着力构建贴近社会发展现状、贴近高校变化现实、贴近大学生发展状况的思想政治教育的实效性提升的内容体系；注重实效，强调利用数字技术对高校思想政治教育的过程监控和管理，着力构建科学合理可供量化考核的评价体系，以保证高校思想政治教育取得实效；视野开阔，深入研究与高校思想政治教育密切相关的各学科的理论体系，强调马克思主义学科理论体系对高校思想政治教育的支撑意义；面向未来，科学展望思想政治教育的目标，致力于将大学生培养成为优秀的大学生，使他们进入社会后能逐渐成长为先进生产力的开拓者、先进文化的建设者和最广大人民利益的维护者，并最终实现大学生的自由而全面发展。

第二节 关于数字化时代思想政治教育的国内外研究综述

面对数字化时代带来的机遇和挑战，高校思想政治教育，特别是思想政治理论课如何趋利避害，最大化地利用数字化实现自身教育实效性的提高，成为了当前高校思想政治教育思考的重要问题。现有研究主要涉及以下几个方面：

一、有关思想政治教育及其实效性研究

改革开放以来，思想政治教育思想获得了较快较好发展。思想政治教育是一项长期、复杂的系统工程，应根据时代变化与时俱进。大数据作为互联网时代的鲜明特征，已成为各国占领教育信息化发展的制高点。大数据在教育资源、受众范围、传播效果和数字平台等方面为思想政治教育带来巨大契

机，同时也带来严峻挑战。运用大数据思维，将思想政治教育与大数据技术有效结合，促进整体性、多样性、动态性、开放性和复杂性的思维变革，对于巩固马克思主义指导地位、提升主流话语权和维护意识形态安全等具有重要的现实意义。①增强思想政治教育的实效性，对于坚持马克思主义指导地位，培养青年学生正确的人生观、价值观、世界观，树立马克思主义信仰，坚定走中国特色社会主义道路有着重要意义。

高校思政理论教育的本质就是马克思主义理论教育，高校思政理论教育也是马克思主义传播的主要途径和手段。②在当下高校的教学当中都少不了要将思想政治教育与马克思主义理论教育结合在一起，虽然两者从内容、决策、方法等多个角度来看都有很多的不同之处，但是两者之间却又有着莫大的关联。③作为一种客观存在的实践活动，高校马克思主义理论教育是高校思想政治教育的基础和核心内容，马克思主义理论教育不仅能为大学生树立正确的世界观、人生观、价值观提供科学的理论基础，而且对培养大学生分析问题和解决问题的能力、培养其哲学思维，使其树立正确的理想信念和政治立场，以及培育爱国主义情怀等都具有重要作用。概括而言，马克思主义理论教育为我国当代思想政治教育提供理论基础，而思想政治教育则是马克思主义理论教育的具体体现，为马克思主义理论教育提供具体运用与创新动力，其实效性也就是思想政治教育活动在满足人们的相应需要、实现人们的相应目的方面所表现出的积极特性。④

袁贵仁曾指出："近年来，大力推进思想政治工作进网络工作，取得了初步成效。但从总体上看，各地各高校的工作还很不平衡。"通过对全国21所高

---

① 付安玲，张耀灿.大数据时代马克思主义理论教育的思维变革［J］.学术论坛，2016（6）：169-175.

② 周智.马克思主义理论在现代教育中的运用——评《马克思主义理论与思想政治教育研究》［J］.教育发展研究，2018（Z2）：2.

③ 习静，严云霞.切实提升大学生思想政治教育质量——评《大学生思想政治教育思维模式研究》［J］.教育理论与实践，2015（3）：65.

④ 沈壮海.加强马克思主义理论教育［J］.新湘评论，2016（11）：20.

校所作的调研显示，高校在学生网络思想政治教育方面的针对性和实效性还不强，马克思主义理论教育进网络力度不够[①]，"马克思主义基本原理概论"课教学实效性不足，思想政治教育实效性缺失。具体原因主要有五个方面：一是当前某些社会消极心态影响了大学生对思想政治的需求；二是教育者的传统教育观念还没有根本转变，不能适应网络环境下大学生的心理特点；[②] 三是思想政治课教师参与不足；四是思想政治教育者的网络素质缺乏，网络思想政治教育技术和管理落后；五是高校思想政治教育网站知名度不高，资源分散、重复而且单调。[③] 从思想政治教育的本质和价值出发，赖雄麟提出"任何对灌输论立场的退缩，都是在向自由主义教育靠拢，同时也就是放弃对马克思主义教育权利观点的坚持"。[④]

二、关于数字化时代与思想政治教育的关系研究

自20世纪70年代开始，西方学者开始关于"信息社会"的研究，美国未来学家约翰·奈斯比特曾预言，信息社会必然成为工业社会之后的一个社会发展阶段，人类社会最终都要向信息社会转变。[⑤] 在宽带化、移动互联网、物联网、社交网络、云计算的催生下，各种终端设备产生了惊人的数据量，大数据的浪潮正在席卷全球，渗透到当今每一个行业和业务职能领域，成为重要的生产因素。美国在2012年启动了"大数据研究和发展计划（Big Data Research and Development Initiative）"，把对大数据的研究上升到了国家意志的层面，引起了世界多国竞相对大数据开展研究。大数据具有大量

---

① 胡顺涛，姜晓川，胡建军，唐点权.充分利用网络资源开拓高校思想政治教育新局面——当代大学生思想政治教育进网络的调查分析［J］.青年探索，2001（4）：8-11.

② 李爱民，邹银凤.《马克思主义基本原理概论》实践教学探索［J］.当代教育理论与实践，2011（6）：73-75.

③ 宋振超.信息化视域下思政教育有效性提升的基本原则［J］.学理论，2013（26）：356-358.

④ 赖雄麟.马克思主义思想政治教育理论时代化研究［M］.北京：人民出版社，2012.

⑤ 梁剑宏.大数据时代：思想政治教育环境新论［M］.北京：光明日报出版社，2015.

（volume）、高速（velocity）、多样（variety）和价值性（value）四大特点。2015年全国两会时，"大数据"第一次出现在政府工作报告中，表明我国对大数据重要性的认识上升到了国家层面。大数据带来的信息风暴正在变革我们的生活、工作和思维，大数据开启了一次重大的时代转型。①

1956年达特茅斯代表大会上，"人工智能"这一定义首先被明确提出，它旨在描述人们自主学习活动的特征，并模仿机器的能力。② 纳尔逊教授将人工智能定义为一门研究如何利用计算机来实现以往只能依赖人类的智能任务的学科，而温斯顿教授则指出，人工智能技术是一种探索如何将知识转化为能够被计算机理解和利用的技术。人工智能技术与专业学科知识相结合，构成了新型教育人工智能领域，它将为教育提供更多的可能性和机会，从而推动教学改革和创新。③ 目前学界达成共识的是人工智能是对人类智能的模仿和延伸。④ 教育技术领域涌现出一批相关研究，集中表现为人工智能教育的内涵、技术与应用等内容的概述，如：提出教育人工智能的概念⑤；探讨人工智能教育应用的热点问题⑥；探索了机器学习在教育中的应用⑦；分析了人工智能与

---

① ［英］维克托·迈尔－舍恩伯格，［英］肯尼思·库克耶. 与大数据同行：学习和教育的未来［M］. 上海：华东师范大学出版社，2015.

② Mc Carthy J，Minsky M L，Rochester N，et al. A Proposal，for the Dartmouth Summer Research project On Artificial Intelligence［J］. *Journal of Molecular Biology*，2006(1).

③ S. 亚当斯贝克尔，M. 卡明斯，A. 戴维斯，A. 弗里曼，C. 霍尔给辛格，V. 安娜塔娜额亚嫡. 新媒体联地平线报告：2017高等教育版［M］. 殷丙山，高茜，任直，刘鑫驰，等，译. 奥斯汀，德克萨斯：新媒体联盟，2017.

④ 袁春艳，刘珍珍. 人工智能时代大学生思想政治教育的变革与因应研究［J］. 重庆邮电大学学报（社会科学版），2020，32（4）：93-100.

⑤ 闫志明，唐夏夏，秦旋，等. 教育人工智能（EAI）的内涵、关键技术与应用趋势——美国《为人工智能的未来做好准备》和《国家人工智能研发战略规划》报告解析［J］. 远程教育杂志，2017，35（1）：26-35.

⑥ 刁生富，张艳. 智能学习：人工智能时代学习的新路径［J］. 佛山科学技术学院学报（社会科学版），2020，38（2）：27-35.

⑦ 余明华，冯翔，祝智庭. 人工智能视域下机器学习的教育应用与创新探索［J］. 大数据时代，2018（1）：64-73.

STEM 课程的融合 ①；构筑了"人工智能 + 教育"的生态系统 ②；等等。

区块链是数字时代的一个象征，是科技赋能的标志，也是未来发展的重要方向。③OECD 于 2016 年下半年正式颁布《2016 科技创新展望报告》，其中明确提出，区块链已被纳入未来的十大技术发展趋势，并表示其潜在应用价值尤为突出。我国于 2016 年下半年发布《中国区块链技术和应用发展白皮书》，明确提出不可篡改数据、透明化属于区块链的基本特征，可为教育就业的持续、健康发展发挥显著作用。④

国外对信息化条件下的思想政治教育的关注始于 20 世纪 70 年代末 80 年代初，学术界开始在信息资源管理中将伦理道德纳入学科理论和管理实践中，从伦理道德的角度探讨信息资源管理的实效性问题。到了 20 世纪 80 年代中期，计算机伦理学、网络伦理学、信息伦理学等研究成果开始大量出现，如美国计算机伦理学家摩尔的《什么是计算机伦理学》⑤、罗格逊和拜努的《信息伦理学：第二代》⑥，还有《教育中的人工智能》⑦、《人工智能对教育的挑战》⑧、《人工智能教育中的伦理：实践、挑战和争议》⑨ 等。这些成果对信息伦理学进

---

① 杨晓哲，任友群 . 教育人工智能的下一步——应用场景与推进策略 [J]. 中国电化教育，2021（1）：89-95.

② 梁迎丽，刘陈 . 人工智能教育应用的现状分析、典型特征与发展趋势 [J]. 中国电化教育，2018（3）：24-30.

③ 王君宇，吴清烈，曹卉宇 . 国内区块链典型应用研究综述 [J]. 科技与经济，2019，32（5）：1-6.

④ 周平 . 区块链技术和应用发展白皮书 [R]. 北京：中国区块链技术和产业发展论坛，2016：36-37.

⑤ Moore, James H. What is Computer Ethics?[J]. *Metaphilosophy*, 1985, 16(4).

⑥ Johnson, Deborah G. *Computer Ethics 2nd Ed* [M]. Englewood Cliffs, NJ：Prentic Hall, 1994.

⑦ ［美］韦恩·霍姆斯，玛雅·比利亚克，查尔斯·菲德尔 . 教育中的人工智能 [M]. 上海：华东师范大学出版社，2021.

⑧ Woolf B P, Lane H C, Chaudhri V K, Kolodner J L. AI Grand Challenges for Education [J]. *AI Magazine*, 2013, 34 (4), 66-84.

⑨ Holmes W, Porayska-Pomstak K. *The Ethics of AI in Education. Practices, Challenges, and Debates* [M]. London：Routledge, 2023.

行了进一步的理论探索，并随着社会信息化程度的提高而不断深入，从信息伦理学的角度探讨德育教育的实效性。国外特别是西方信息技术发展和应用较快的国家在实施信息德育研究和工作中的许多行之有效的措施和做法，对于我国更好地推进信息技术的发展以及推动信息化视角的高校思想政治教育工作具有重要的借鉴价值和启发意义。①

数字化时代，思想政治工作主体、客体、环境、要素体系等发生了许多新的变化。② 一是大数据产生的信息爆炸对当前高校思想政治教育工作产生了方方面面的影响。③ 大数据的到来，使思想政治教育方法得以发生根本性的变革：从定性转向定量、线性转向非线性、局部转向整体、模式化转向多样化。④ 大学生思想政治教育是大数据时代大学生全面发展的必然选择，大数据与大学生思想政治教育有效融合是落实立德树人根本任务的重要组成部分⑤，大数据改变了人们探索世界的方式，使得高校思想政治工作者主体行为具有关注学生信息的全面性、混杂性、相关性等品质特性⑥，给高校思想政治教育工作带来了机遇和挑战，如数据处理难度增大、西方网络信息霸权冲击及缺乏专业技术人才支撑等问题⑦。二是人工智能时代的到来以及人工智能技术的进一步发展，高校思想政治教育在教育主客体、教育媒介、教育理念、内

---

① 马丽贞.大数据的应用与思想政治教育发展趋势研究［M］.北京：中国政法大学出版社，2015.

② 吴倩.数字化时代思想政治工作体系建构的基础、逻辑与路径［J］.思想政治教育研究，2023，39（3）：35-39.

③ 李正阳.大数据时代高校思想政治教育工作优化研究［J］.学理论，2014（13）：193-194.

④ 赵浚.大数据创新高校思想政治教育方法的探析与应用［J］.贵州社会科学，2016（3）：120-123.

⑤ 陈鹤松.大数据时代大学生道德教育探究［J］.广西科技师范学院学报，2016（5）：88-91.

⑥ 张跃聪.大数据时代高校思想政治工作者主体行为探究［J］.思想教育研究，2014（12）：68-72.

⑦ 凌小萍，邓伯军，周艺.马克思主义大众化的传播媒介协同创新探析［J］.社科纵横，2015（6）：1-5.

容、环境等多方面既面临更进一步的发展，也面临潜在的风险。如思想政治教育客体易产生"算法黑箱"，主动干预和"虚拟串联"导致受教育者主体性丧失，"茧房效应"阻碍了社会政治共识的实现，消解了价值认同。① 人工智能时代思想政治教育的目标使命、教学方式以及管理模式都将发生变革，同时面临着"人权"伦理、"责任"伦理、"隐私"伦理等方面的挑战②，造成教和学过程中的一些新问题③。三是数字化生存为思想政治教育话语传播构建了一个多元化、开放性的场域，并形成新的特征：在主客关系方面，基于数字赋权的个性彰显消解思想政治教育话语权威；在信息获取方面，基于算法推荐的"信息茧房"阻碍思想政治教育话语送达；在叙事方式方面，基于"流量为王"的形式优先排挤思想政治教育话语内容；在人际对话方面，基于时空离散的虚拟交流误读思想政治教育话语含义。④

三、有关提升数字化时代思想政治教育实效性的策略研究

（一）观念与原则方面

要更新思想政治教育观念，做到认识到位、经费到位、组织到位、覆盖到位和工作到位。李怀杰、夏虎提出思想政治教育创新的三个新理念——量化集成、精准预判和个性化理念，探索出三个实践新原则——可视化原则、个性化原则和即时性原则。⑤ 艾力江·努尔拉认为提升大学生思想政治教育实

---

① 崔聪．人工智能时代思想政治教育的算法风险及其应对［J］．思想理论教育，2020（05）：76-81．

② 刘文博，刘吉．人工智能时代高校思想政治教育面临的变革与挑战［J］．学校党建与思想教育，2020（13）：21-24．

③ 武东生，郝博炜．思想政治教育有效利用人工智能的分析［J］．马克思主义理论学科研究，2019，5（3）：103-112．

④ 邱程，彭启福．数字化生存时代思想政治教育话语传播的实践策略［J］．理论导刊，2023（9）：109-115．

⑤ 李怀杰，夏虎．大数据时代高校思想政治教育模式创新探究［J］．思想教育研究，2015（5）：48-51．

效性的主要原则包括实时性、平等性、独特性、进步性四大原则。① 郭伟认为提升高校思想政治工作实效性应遵循创新进取原则、遵循教育规律和客观科学原则。②

（二）内容与形式方面

思想政治教育的内在效果与外在效果的统一、个体效益与社会效益的统一、低成本与高效益的统一，三者共同构成了思想政治教育实效性的内涵。有学者认为，应创新网络思想政治教育工作新体系，运用大数据思维，将思想政治教育与大数据技术有效结合，促进整体性、多样性、动态性、开放性和复杂性的思维变革，对于巩固马克思主义指导地位、提升主流话语权和维护意识形态安全等具有重要的现实意义。③ 赵耀辉从加强互联网传播手段扩大宣传，利用互联网进行马克思主义理论教育学习，专注网络舆论主动权，借助互联网对马克思主义理论教育实效性进行及时有效地了解和反馈这四个主要方面拓展了马克思主义理论教育的内容。④

（三）方法与途径方面

应运用大数据提供信息的全面性预见性和相关性，树立大数据思维，提升大数据处理能力，缩小"信息鸿沟"；其次要依托大数据技术，开辟网络教学平台，克服大数据融入思政课教学的技术困难；同时还要发展教育大数据，驱动教育模式改革，推动个性化教学真正实现。⑤ 王学伟、刘少坤认为强调思

① 艾力江·努尔拉.大数据时代高校思想政治教育实效性提升路径研究［J］.佳木斯大学社会科学学报，2023，41（5）：136-138，142.

② 郭伟.如何有效提升高校学生思想政治工作实效性［J］.吉林省教育学院学报，2020（4）：44-47.

③ 王盛枝.对高校网络思想政治教育的思考［J］.郑州经济管理干部学院学报，2006（3）：75-77.

④ 赵耀辉.网络文化与马克思主义理论教育实效性探究［J］.山东商业职业技术学院学报，2018（1）：68-70.

⑤ 任春华.大数据时代高校思想政治理论课教学时效性的提升［J］.大庆师范学院学报，2018（4）：156-160.

想政治教育工作中的人本理念是提升高校思想政治教育实效性的关键所在。①必须从健全马克思主义理论教育教学机制，畅通马克思主义理论教育渠道入手，有效地发挥广大教师队伍在大学生思想政治教育建设中的积极作用，优化校园人文环境，弘扬马克思主义理论教育主旋律，提高马克思主义理论教育的有效性。② 人工智能的方法创新主要聚焦于多模态学习分析、适应性反馈、人机协同这三种应用形态③，运用大数据思维、深度学习理念以及机器学习"黑箱"原理探索思想政治教育理论新规律、新理念、新模式④，通过"引擎搜索"与"技术支撑"提升新时代思想政治教育方法的个性化、趣味化与智能化⑤。

（四）手段与创新方面

一是要通过树立大数据意识、建设大数据工作队伍等⑥，运用新媒体新技术使工作活起来，不断推动高校思想政治工作理念创新、手段创新、基层工作创新⑦，进一步优化互联网＋时代思想政治教育的基本原则、教育观念、教育内容、教育模式、教育制度、育人队伍、育人生态、"互联网＋"服务能力，切实提升大数据时代大学生思想政治教育的有效性。二是借助人工智能技术

① 王学伟，刘少坤．以人为本——提升高校思想政治教育实效性的关键点［J］．思想政治教育研究，2018，34（8）：92-94.

② 王晓梅．大学生思想政治教育实效性探析［J］．现代商贸工业，2018（26）：159-161.

③ 袁周南．人工智能嵌入思想政治教育：背景、依据与路径［J］．思想理论教育，2020（8）：94-99.

④ 刘明龙．人工智能时代思想政治教育机遇探赜［J］．西南民族大学学报（人文社会科学版），2020，41（12）：213-219.

⑤ 兰青青．人工智能技术引领思想政治教育方法的新思考［J］．学理论，2019（8）：162-164.

⑥ 陈卓．高校思想政治教育在大数据时代的模式创新［J］．当代教育实践与教学研究，2016（5）：13-14.

⑦ 陈宝生．牢记习近平总书记的嘱托务必把高校思政课办好［J］．中国高等教育，2017（11）：1.

搭建智能数据算法积木、绘制精准数据评估模型，构建全流程、透明化的"智能闭环"，对不同学生个体思想行为动态进行数据画像绘制，为实现"精准思政、智慧思政"提供技术支持。① 人工智能可以为思想政治教育提供"智能教学系统"，根据教育对象的个性特征和客观状态提供针对性强的教学资源。② 推动体制机制创新，牢固树立育人为"道"、技术为"器"的发展理念，创新人工智能赋能大学生思想政治教育的体制机制。三是区块链技术的运用不仅有助于提升思想政治教育预测力③，还可推进整合思政教育资源、构建起主体之间的信任关系、溯源管理学生的思想动态④，通过构建"学习账本"新型模式增强大学生自律学习能力，以分布式学习提升大学生参与度⑤。四是进一步改进我国思想政治教育评价研究，首先，评价标准凸显以思想道德评价标准为核心，其他评价标准为辅助；其次，思想政治教育评价过程中应力戒知识化倾向，凸显思想道德素质教育评价；再次，思想政治教学效果评价应具有针对性，防止空洞化趋向；最后，思想政治教育评价方法应具有灵活多样性。

（五）队伍与机制方面

加强和改进的落脚点是提高吸引力和实效性，关键要在内容创新与方法创新，并且一个优秀的思想政治教育工作者，既要心中有"真经"，又要教学有"高招"，这是思想政治教育工作者的"看家本领"。⑥ 陈宝生指出，要发挥好高校党委的领导核心作用，发挥好高校基层党支部的战斗堡垒作用，办

---

① 胡华.人工智能嵌入大学生思想政治教育的 SWOT 分析及应对策略 [J].思想政治教究，2021，37（4）：116-119.

② 张志丹，刘书文.人工智能必将引发思想政治理论课变革 [J].思想教育研究，2020（10）：103-108.

③ 董雅华，赵成林.思想政治教育预测的学理定位与可能性分析 [J].思想理论教育，2021（3）：59-64.

④ 姚燕平，詹红燕.高校运用区块链技术推动思想政治教育创新研究 [J].佳木斯大学社会科学学报，2020，38（4）：74-76，80.

⑤ 高凯，杨恩泽.区块链赋能：互联网时代高校思想政治教育困境破除与创新发展 [J].黑龙江高教研究，2020，38（11）：118-121.

⑥ 沈壮海.思想政治教育有效性研究：第三版 [M].武汉：武汉大学出版社，2016.

好思想政治理论课，要明确和理顺"三级"领导机制、健全科学管理机制、规范科学运行机制；①立足于学生自建的网站和学校各级组织创建的网站"两类阵地"；要建立网络思想政治教育的调控机制（包括领导组织机制、检查监督机制、导向激励机制、教育教化机制）和保障机制（包括法律保障、自律机制、队伍机制、投入机制）②。

四、数字化时代的思想政治教育实效性研究述评

概括看来，近年来国内理论界学者们关于思想政治教育以及数字化时代的思想政治教育实效性研究取得了一定成效，这为进一步深入数字化时代思想政治教育实效性的提升策略等问题提供了重要的参考和依据。但大数据、人工智能、区块链是数字化时代的新兴事物，现有研究对数字化时代思想政治教育的主要特点和基本规律缺乏较为系统的分析和研究；对于如何根据高等教育对象的心理与行为特征，并结合信息传播理论有针对性地开展思想政治教育以不断提升思想政治教育的针对性和实效性等，缺乏较为全面和系统的分析与研究；且全面深入的相关实证研究和多学科研究并不多见。这些为本研究提供了思路和方向。

第一，基本问题将得到更深层次的清晰阐释。一是数字化时代思想政治教育理论研究。信息技术的应用和影响已经深入到经济、政治、文化、社会生活等领域，如何以数字化时代的发展为背景来深入研究思想政治教育的理论问题，在研究中突出前瞻性和深入性，应成为研究的重点。二是数字化时代高校信息文化研究，包括大数据交往中信息文化的形成、发展与特征等。信息交往实践的虚拟性、开放性和多元性等特征深刻影响着现实世界。高等教育主体在信息化环境下创造着信息文化，信息文化又反作用于教育主体、

---

① 陈宝生.全面系统谋划高校思想政治工作切实把贯彻落实全国高校思想政治工作会议精神引向深入［J］.中国大学生就业，2017（7）：4-7.

② 杨立英.全球化、网络化境遇与思想政治教育创新［J］.福建师大福清分校学报，2006（6）：14-19.

重塑教育主体。三是数字化时代思想政治教育主体客体关系研究。数字化时代为思想政治教育提供技术和数据支撑，导致高校思想政治教育主客体关系的内涵发生变化，对高校思想政治教育理论与实践发展产生基础性的影响。因此，数字化时代思想政治教育过程中教育主体、教育客体的变化和主要特点，以及对高校思想政治教育理念、方法与具体途径的影响有待进一步深入探讨。

第二，研究方法和研究视角将侧重学科交融。针对目前理论研究的不足和实践的需要，应以辩证唯物主义和历史唯物主义为根本研究方法，从数字化时代的思想政治教育变迁的现实出发，立足于大数据平台，在全面认识数字化时代思想政治教育内外生态变迁的基础上，从分析大数据、人工智能、区块链等数字新技术对人类社会发展和高校思想政治教育的影响入手，从教育理论和实践变迁的角度考察思想政治教育的转型，用马克思主义的立场、观点和方法来分析数字化时代思想政治教育实效性问题，以开放的视野审视和思考信息技术推动下的信息化和它所构筑的大数据新形态，去考量大数据对我国思想政治教育实践的历史与现实、空间与时间的新的意义，去考量和探索数字化时代思想政治教育实效性的变迁与特征、出场路径与评价变革。

第三，主题研究将注重实效性策略的整体协同效应。数字化时代适应交往变迁发展特点的思想政治教育实效性提升模式研究应注重策略的整体协同效应，在分析数字化时代的特点及其发展趋势的基础上，围绕思想政治教育实效性问题，从总体格局、实效性模式和评价变革等方面进行深入探讨。

第三节　研究的内容、方法和创新点

一、研究内容

本书将以数字化时代为视角，从分析大数据、人工智能、区块链技术等对人类社会发展和高校思想政治教育的影响入手，从教育理论和实践变迁的角度考察思想政治教育的转型，用马克思主义的立场、观点和方法来分析数字化时代思想政治教育实效性问题，以开放的视野审视和思考信息技术推动下的信息化和它所构筑的大数据新形态，去考量数字化对我国思想政治教育实践的历史与现实、空间与时间的新的意义，去考量和探索数字化时代思想政治教育实效性的变迁与特征、出场路径与评价变革。

1. 数字化时代思想政治教育理论研究。信息技术的应用和影响已经深入到经济、政治、文化、社会生活等领域，本书试图立足于数字化对高校思想政治教育的全方位影响，以数字化时代的发展为背景来深入研究高校思想政治教育的理论问题，在研究中突出前瞻性和深入性。

2. 数字化时代高校信息技术及文化研究。信息交往实践的虚拟性、开放性和多元性等特征深刻影响着现实世界。高等教育主体在信息化环境下创造着信息文化，信息文化又反作用于教育主体、重塑教育主体。本书试图研究大数据交往中信息技术及文化的生成、发展与特征等。

3. 数字化时代思想政治教育主体客体关系研究。数字化时代为高校思想政治教育提供技术和数据支撑，导致了高校思想政治教育主客体关系的内涵发生变化，对高校思想政治教育理论与实践发展产生基础性的影响。本书试图分析数字化时代思想政治教育过程中教育主体、教育客体的变化和主要特点，以及对高校思想政治教育理念、方法与具体途径的影响。

4. 数字化时代适应交往变迁发展特点的思想政治教育实效性提升模式研究。信息技术是一个不断发展的技术群，这些技术不但促进知识、信息在全球范围内更加快捷广泛地传播，而且使知识和信息的传播具有开放性、非线性、非中心化等特点。本书试图在分析数字化时代的特点及其发展趋势的基础上，围绕思想政治教育实效性问题，从大数据、人工智能和区块链等数字新技术应用于高校思想政治教育的方法和策略等方面进行深入探讨。

二、研究方法

1. 文献研究法。文献分析法是本书的主要研究方法，笔者将尽可能地广泛搜集国内外相关领域的文献资料，以使本书的分析论述更为详实和有据。

2. 多学科研究法。本书涉及诸多学科，将采用多学科的分析方法，在论证中综合运用马克思主义理论、教育学、社会学、心理学、伦理学和政治学等多学科交叉的角度，从全新的视角全面论述和阐释数字化时代高校思想政治教育实效性的提升策略。

3. 调查研究法。根据研究内容以湖南省部分高校的实际情况为例，对数字化时代思想政治教育的现状进行调查，了解数字化时代大学生思想政治教育存在的问题及其对这些问题的看法和处理方式，认真分析和研究，并从大数据、人工智能、区块链技术的视角对提升思想政治教育实效性进行适用性研究。

4. 系统研究法。从基本理论入手，系统分析基于数字化时代提升高校思想政治教育实效性的原则、内容、方法和对策。

三、创新点

本书将针对理论研究的不足和实践的需要，力图借鉴相关理论成果，以辩证唯物主义和历史唯物主义为根本研究方法，从数字化时代的思想政治教育变迁的现实出发，立足于大数据平台，在全面认识数字化时代思想政治教育内外生态变迁的基础上，探寻思想政治教育实效性问题，并试图着力构筑思想政治教育实效性的提升之道，寻求信息交往实践对学生素质提升的价值和走向信息交往实践的学生自由而全面发展之路。

1. 力求理论研究上有新突破。本书明确了数字化时代思想政治教育研究的逻辑起点与现实背景，理解并明确数字化时代高校思想政治教育的具体内涵、形成机制、作用表现、作用特征、发生作用的实践基础等。这些研究能够丰富思想政治教育理论、教育学理论、政治学理论和社会学理论，具有研究视角和研究方法论的创新意义。

2. 力求在可行性上有新思路。本书立足于大数据、人工智能、区块链等数字新技术的视角，紧扣数字化时代思想政治教育实效性内外生态变革的理论与事实分析，能够帮助人们更好地认识我国数字化时代思想政治教育现状、契机与挑战，从而能更好地把握思想政治教育实效性提升的逻辑与现实基础。

3. 力求在指导实践上有新进展。本书从路径选择视角建构了基于大数据、人工智能、区块链等数字新技术提升思想政治教育实效性的技术路径，反思并提出了以实效性提升为目标导向的高校思想政治教育评价变革的前提、重点和路径，以回答在思想政治教育中如何合理地应用大数据、人工智能、区块链等数字新技术。从而能够拓展信息化技术在思想政治教育中的作用渠道，回归了思想政治教育的价值诉求，显示了思想政治教育在数字化时代的生命力所在。

第二章 "数字化"与思想政治教育的内涵与关系

概括而言，思想政治教育是由多个方面组成的，这几部分相互关联，其实效性包括外在效果和内在效果的统一、高效益与低成本的统一、个体效益和社会效益的统一。随着第四次工业革命的到来，大数据渗透到生活的方方面面，使当代思想政治教育面临改革与创新的重大任务。新时代高校思想政治教育需要与时俱进，针对当代大学生的思想、价值观念、道德理念等等进行相应的改革，积极探究新形势下思想政治教育实效性问题，以实现"教育理性"与"科技理性"的有机融合。

思想政治教育回归现实生活，既体现了思想政治教育的重要性和影响力，也是一种价值的回归。作为一种客观存在的实践活动，思想政治教育的有效性也就是思想政治教育活动在满足人们的相应需要、实现人们的相应目的方面所表现出的积极特性。[①] 习近平总书记指出"通过探索新技术、新业态、新模式，共同探寻新的增长动能和发展路径"[②]。在数字化时代，高校要抓住思想政治教育的发展机遇，创新大学生思想政治教育的模式，充分利用数字新技术来提升思想政治教育实效性。

第一节 数字化时代的内涵阐释

一、数字化时代

所谓时代，就是根据经济、政治、文化等状况而划分的历史时期。[③] 在人类社会发展的历史长河中，以工具为标志，随着工具的进步与变革，人类社会的发展经历了不同的时代。从互联网被发明出来开始，其实我们的时代一直在朝着数字化时代转变。新时代呈现数据爆炸式增长、数据价值彰显、一切皆可量化的时代特征，改变了人们的思维理念，开启了数字化政治、数字化经济、数字化学习、数字化交往、数字化生活的全新的数字化生存方式。

什么是数字化？数字化代表一个时代，它是一种计算技术，同时也是一种思维方式。通俗地理解，数字化是指将传统的物理形态、过程或信息转化为数字形式的过程。在数字化过程中，不同类型的数据、信息、媒体或资源被转化为二进制编码，以便在数字环境中存储、传输、处理和操作。这种转化可以通过数字技术、数字工具和计算机等设备的帮助来实现。首先，数字化是一个时代。数字化是计算机科学发展的新阶段，又称后信息社会或比特时代，或者前智能化时代，是继工业时代和信息时代之后的一个新时代，是

---

① 沈壮海.思想政治教育有效性研究［M］.武汉：武汉大学出版社，2012.

② 习近平向 2019 中国国际大数据产业博览会致贺信［J］.领导决策信息，2019(21)：2.

③ 新华词典：2001 年修订版［M］.北京：商务印书馆，2001：892.

人类社会发展的必然趋势。这是美国麻省理工学院教授尼葛洛庞帝在《数字化生存》一书中提出的新概念。① 其次，数字化是一种计算技术。数字化是对信息的量化和计算，使之成为智能机器的生产资料。信息化是前端，是信息的来源；数字化是中台，是信息的量化和价值标注后的价值变现和利益分配；智能化是后端，是智能机器生产。最后，数字化是一种思维方式，是未来思维、本质思维和哲学思维。未来思维：数字化本质就是计算，把未来计算出来给你看到，给人以前行的希望和动力。本质思维：数字化是回到事物的本质，用数字化技术重塑事物的产业链和价值链。哲学思维：数字化就是为了计算曾经无法计算的价值，让每个人的付出都能得到合理的回报，是研究和解决最基本和最普遍的问题。数字化时代的数字化生存② 将使人获得最大解放；电子网络和个人电脑将分散权力或说赋予个人最大权力；信息技术使民族、国家界限模糊、人类将走向全球化；是以合作替代竞争，追求普遍和谐的时代。

我们所熟知的许多词汇：大数据、5G技术、云计算、物联网、区块链、人工智能等等，都属于数字化时代中的重要组成部分，并且有着密不可分的联系。数字化时代的典型特征就是数据驱动、技术创新、连接性与互联网。

（一）数据驱动

数字化时代的最明显特征之一是数字技术的广泛普及和互联网的无处不在。数字化时代以数据为核心，数据的产生、收集和分析成为重要的驱动力。数据驱动在理论和实践经验的基础上做出判断，并提出假设、问题、方案等，再根据科学的数学模型和严谨的逻辑推理进行预测及推演，从而把抽象思维转变为形象思维。凭借经验作出的判断被验证结果推翻，新的思维和决策在否定某些判断的过程中被提炼出来。因此，通过数据的收集、整理和分析，可以揭示出潜在的趋势、需求和机会，基于数据做出决策和优化。

---

① 参见百度百科·后信息社会。

② 数字化生存是指在数字化的生存活动空间里，人们运用数字技术（信息技术）顺利地进行信息传播、交流、学习、工作等活动所需要的个性心理特征。

（二）技术创新

数字化时代涌现了许多颠覆性的技术创新，如人工智能、大数据、云计算、物联网等。大数据技术允许我们收集、存储和分析大规模的数据，从中提取有价值的信息。人工智能则利用这些数据进行自动化决策、预测和优化。这一技术的应用范围非常广泛，包括医疗保健、金融、制造业等领域，极大地提高了效率和准确性。这些新技术改变了生产、管理和服务的方式，带来了更高效、更智能的工作模式和商业模式。数字化时代还加速了创新的速度。互联网和开源软件使得知识传播更加便捷，人们可以更容易地共享和获取信息。这促进了创业精神的蓬勃发展，让创新者能够更快地将新想法转化为现实。从新兴技术如区块链和生物技术到新的商业模式如共享经济，数字化创新正在塑造着未来。

（三）连接性与互联网

数字化时代强调人与人、人与物、物与物之间的连接与互联。在这个时代，动态是常态，迭代与优化是绝对，不变是相对。互联网成为了连接和传递信息的主要平台，人们可以通过网络实现远程办公、在线教育、跨境交易等，扩大了交流和合作的范围。因为这种连接性让企业、组织乃至个人都成为了命运共同体，所有人似乎都成为数字化时代"这根绳"上的"蚂蚱"，所有"数字原住民们"将共享集成智慧的"甜美果实"。

二、大数据——数字化生产的能源

我们首先得界定什么能够算是数据，除去1，2，3……这些数字外，数据还包括文字信息（汉字或英文）、图像、声音；数据是有大小的，越精细、复杂的数据，占用的存储空间越大。这点想必不难理解，图片和音乐占用的存储空间大小要比文字信息大很多。而大数据是指无法在一定时间范围内用常规软件工具进行捕捉、管理和处理的数据集合，是需要新处理模式才能具有更强的决策力、洞察发现力和流程优化能力的海量、高增长率和多样化的信息资产。

大数据（big data），是指从海量数据中迅速捕捉、归纳、管理、提取和处理有价值信息的一种技术。移动互联网、物联网、云计算的发展使全球数据量爆炸式增长，智能终端、视频监控、应用商店快速普及，数据从简单的处理对象逐渐转变为基础性资源，这些是大数据时代到来的基础。近年来，数据量和数据结构都在迅速演变，据统计，仅 2010 年互联网产生的数据量比 2010 年之前的数据总和都要多。根据《数据存储 2030 白皮书》预测，到 2030 年，全球每年新产生的数据总量将超过 1YB，也就是 1 亿亿亿字节。如何更好地管理和利用大数据成为民众普遍关注的话题。维克托·迈尔·舍恩伯格与肯尼斯·库克编写的《大数据时代》对大数据特征进行了分析，认为大数据具备 5V 特点，即大量（Volume）、高速（Velocity）、多样（Variety）、低价值密度（Value）、真实性（Veracity）。大数据也具有 DPP 三大基本功能，具体是：描述（Descriptive），即对数据进行统计分析后描述现象与规律；规定（Prescriptive），以历史数据建立分析模型和流程，从而实现连续数据流的实时分析；预测（Predictive），对数据进行深层挖掘构建模型实现未来预测。[1] 概括来看，大数据，或称巨量资料，指的是需要新处理模式才能具有更强的决策力、洞察力和流程优化能力的海量、高增长率和多样化的信息资产。[2] 国际数据公司（IDC）将大数据定义为：一般会涉及两种或两种以上数据形式，收集超过 100TB 的数据，并且是实时、高速数据流；或者从小数据开始，但是数据每年会增长 60% 以上。[3] 大数据的"大"表现为多个特征，首先是规模和容量从 TB 级升级为 PB 级，甚至向 EB，ZB 级别跃进，[4] 远超传统数据测量尺度，一般软件难以捕捉、储存和分析，其次表现为数据采集范围和内

① Jay Lee.工业大数据：工业 4.0 时代的工业转型与价值创造［M］.邱伯华，译.北京：机械工业出版社，2015：46-47.

② 姬芮芮.大数据推进新型智库建设［N］.中国社会科学报，2017-09-07.

③ IDC.Worldwide big date technology and services 2012-2015 forecast［R］.Massachusetts，2012.

④ 1024GB=1TB，1024TB=1PB，1024PB=1EB，1024EB=1ZB.

容的丰富与多变，既有规律性的结构性数据，还包括声音、图像、视频等非结构性数据。① 大数据时代，行动即数据，原本看似微小且杂乱无章的行为都可以通过特定的复杂运算体现出意义所在，可以说，海量的数据是一种丰富的资源，具有重要的分析利用价值。如何对这些数据进行高效的专业化处理，并产生实际效果，大数据便由此应运而生。因此，本书认为大数据就是指海量数据和信息，人们通过计算机软件对海量数据和信息进行挖掘、分析、处理、应用，从而使信息变为资源，资源转化为知识，知识产生价值。

可以说，大数据时代就是指以大数据为核心的及时、管理、应用和研究为标志的人类社会发展的新的历史时期。大数据时代下经济全球化和科技信息的发展进步使全球进入了智库时代。② 历史上从未出现过跟今天一样不受时间、地点限制地产生如此海量数据的时代，人类社会的数据产生方式经历了三个阶段，最终导致大数据的产生。首先是运营式系统阶段，在数据库的出现和处理下，数据管理复杂度降低，而数据库大多为运营系统采用，如销售记录、交易记录、医疗记录等系统促进了人类社会数据量第一次大飞跃，各种运营活动产生并记录在数据库中；其次是用户原创内容阶段，数据量第二次大飞跃在互联网诞生时出现，数据爆炸产生于 Web2.0 时代，其标志就是用户原创内容（UGC），突出原因是新型社交网络的出现与发展，如微博、博客，智能手机、平板电脑的易携带、全天候网络移动设备出现；第三是感知式系统阶段，数据量第三次大飞跃实质上在于感知式系统的广泛使用，人类制造极其微小又有处理功能的传感器，对社会各个角落的运转进行监控，不断自动产生新的数据，导致了大数据产生。全球知名咨询公司麦肯锡最早提出大数据时代到来，并认为数据已经渗透到我们身边的每一个行业和业务领域。学术界、工业界、政府机构对此产生浓厚兴趣，密切关注并进行深入研究探讨。2008 年 *Nature* 就推出了 Big Date 专刊。随后，计算社区联盟发表"Big data computing"的报告，阐述解决大数据问题在数据驱动研究背景下所需的技术

---

① 陈潭.大数据驱动社会治理的创新转向［J］.行政论坛，2016（6）：1-5.
② 王辉耀，苗绿.大国智库［M］.北京：人民出版社，2014：7.

和面临的挑战。2012 年 1 月达沃斯世界经济论坛把大数据作为主题之一，经过研究讨论后发布报告，提出如何更好地利用数据对接社会效益等问题，重点关注个人移动数据与其他数据的融合；3 月份美国振华富发布"大数据研究和发展倡议"，正式启动大数据发展计划，在科研、环境、生物医学领域对大数据技术进行利用和突破。2012 年 2 月 *Science* 推出 "Dealing with Data" 专刊，围绕科学研究中大数据的问题，讨论证明大数据对科学研究的重要性，美国数据管理领域的一批专家学者联合发布 *Challenges and Opportunities* 白皮书，介绍大数据产生，分析大数据处理流程，提出大数据面临的挑战。[①]《纽约时报》在 2012 年的一篇专栏中也提到"大数据"时代已经降临。哈佛大学社会学教授加里·金评价大数据是一场革命，庞大的数据资源使得各个领域开始了量化进程，学术界、政界、商界等各个领域都将开启此进程。大数据带给我们的观念转变是颠覆性的，并不是采取传统方法随机采样，而是要吸纳并分析全部数据；不是对数据处理实现精确制导，而只是得出大体方向；数据研究不是因果关系，而是相关关系。正面迎接大数据时代的到来，不仅数据处理技术的变化翻天覆地，我们自身的思维也要变革，利用大数据技术的优势来获取推动社会发展进步的方法。

Google 首席经济学家哈尔·范里安（Hal Varian）认为从数据中提取有用知识并运用于具体领域才是数据收集处理的根本目的。大数据时代存在很多机遇，也面临着诸多挑战。就大数据带来的价值看，借助大数据的特征，通过使用云计算等有效工具，可以深度挖掘数据与流量的价值，实现流量的经营，充分发扬"云—管—端"的智能管道的威力；通过大数据技术掌握多业务环境下的用户体验，可以从海量用户资料中挖掘、分析出用户的消费爱好和行为习惯，从而有针对性地实施精准营销，开展网络优化，掌握好大数据技术就等于掌控了数据增值的"金钥匙"；大数据的处理非常重要，对大数据进行挖掘、存储、分类，进行快速调用和开展决策支撑，将大数据应用于日常

---

① 孟小峰，慈祥.大数据管理：概念、技术与挑战［J］.计算机研究与发展,2013（1）：146-169.

运营、维护与战略转型中，成为运营使用部门和企业站在信息前沿、维持竞争优势、促进可持续发展的重要途径和辅助手段；加强对大数据的分析、挖掘和利用，也可以帮助找到各方位的安全威胁，助力信息安全部门形成相应的应对措施，可以减少错误数据的负面作用和欺诈行为的产生，通过网络打击犯罪节约政府开支等，刺激公共机构生产力。大数据时代，对于大数据集成有需求也有挑战。数据类型从结构化转向半结构化、非结构化，数据产生方式的多样化带来数据源的变化、数据存储方式的变化，数据量的增大既是数据价值的增大，也有可能是信息垃圾的泛滥，所以大数据时代的数据清洗干扰多，必须更加谨慎。对于大数据的分析，传统的分析技术不再适用，数据处理的实时性需求使数据分心从离线（offline）逐渐转向在线（online），处理模式改进为即流处理、批处理和二者融合的模式，模式的变更还涉及到动态变化环境中索引的设计、先验知识的缺乏。对于大数据的隐私问题也需要重新认识。互联网尤其是社交网络的出现成为隐性的数据暴露地点，大数据时代的隐私保护面临人力与技术层面的双重考验，隐私保护的矛盾就在于数据公开才能体现其价值，企业才能了解客户行为需求有针对性地推出产品与服务，政府部门才能了解国民经济社会运行从而指导社会运转，如何在保护隐私的情况下最大限度地开发利用好数据信息，特别是动态数据信息，目前尚未出现最佳解决方案。大数据时代还存在能耗问题，数据处理与硬件协同上存在风险和挑战。

总体来看，大数据时代，对海量数据洪流的适应与应对处理能力面临挑战。不管是在有效装备的运用，还是在数据存储、传输、分析、处理等方面，对高速信息运输、低密度有价值的数据分析处理能力与技术都提出了挑战。数量洪流的出现，也使得在线对话与交易活动不断增加，产生新的安全威胁，黑客的作案工具、手法及隐蔽程度更加严密，对政府制定规则与监管部门的管理运作提出新的挑战。在大数据环境下既容易通过数据分析了解掌握用户的喜好和行为习惯，但是也容易对个人隐私造成侵犯，挖掘到企业用户的商业机密，对大数据技术与商业模式形成挑战。充分运用大数据带来的价值，应对大数据时代的挑战，需要以智慧创新理念融合大数据和云计算，切实提升大数据时代下的知识价值洞察力，有针对性实施实时高效的个性化运作，推动企业建立有效增值的商业模式，推动政府监管部门形成应对的安全手段。要以智能管道与聚合平台为基础，在扩大规模、提升层次、丰富内容等方向上对数据流量进行处理，释放流量价值，借助大数据云工具管理分析用户数据，支撑日常运行维护，制定市场战略。全方位加强大数据技术创新，对 EMC、HP、Microsoft 大数据公司进行技术整合，在人工智能、机器学习等方面进行新技术创新应用。以大数据为背景，在载体平台的打造上，紧密结合智慧城市发展，借助移动互联网、云计算与大数据的融合建设智能平台，优化配置智慧城市资源。借助大数据创新处理技术应对网络安全攻击，提升实时监测能力与事后回溯能力，不断提高安全人员分析处理能力和计算机存储运算能力。

大数据时代也展现出其独有的特征。（1）泛互联网化。大数据时代，计算机成为人们生活中必不可少的一部分，计算也不再局限于桌面，人们可以通过手持设备、可穿戴设备或其他计算设备无障碍地享用计算能力和信息资源。人对人、人对机（物）、机对机有效连接与通信，有线与无线、固定与移动并存并相互连接，各种网络如通信网、计算机网、广播电视网等逐步协同、融合。计算机功能普及，网络连接普及，服务共享普及。（2）数据化。大数据时代，社会数据化成为必然趋势。人们在信息传播、人际交往和日常生活中，通过沟通、传播与保存，将一切客观存在均处理为数据，进而整个社会成为一个庞大的数据库。数据从知识的保存形式变成社会的组织形式，人与自身、人与人、人与社会之间的关系由数据所取代。大数据时代的数据，不再是简单的符码信息的堆砌，而是人类社会的数码符号，社会结构呈现出了以互联网为框架的数据化形态，传统的人际关系、信息交流衍变为即时、迅捷的数据交换。（3）多元化。大数据时代，各种数据不断汇聚，数据集呈现不同特征，数据类别和格式多样，使得海量数据能够凸显出事物的多方面关联性，显示出多方面的信息内涵。大数据时代，全媒体趋势、信息媒体化趋势进步加强，从而体现出百花齐放的多元化和多样性。（4）可量化。大数据时代，所有数字可以转化为参与计算的变量，信息可以成为进行统计或数学分析的数量单元。文字变成数据，方位变成数据，沟通变成数据，人从身体到心理实现自我量化，世间万物都变成数据，世间切事物都可以作为"变量"，接受数学分析，实现潜在价值。从社会化的个体主动运用数据开展认识自我的实践开始，人类认知领城全面数据化。庞大的数据资源使得学术界、商业界、政府等各个领域开始量化进程。（5）个性化。大数据时代，对海量数据的分析挖掘，可以发现、提取有价值的数据图谱和趋势性信息，为各行业提供预测、趋势分析的前瞻性讯息，为各行各业提供决策的依据和制定策略的参考。海量数据是种共享性、开放性的公共信息资源，大数据时代的文化共享、民主平权，使得每个人都可以从"云"中海量的共享性数据资源中调用、择取自己所需要的数据进行挖掘、分析，为己所用，从而真正地实现个性化发展，满足个性化需求。（6）互动性。大数据时代，人—人、人—机、机—机之间将实现全面互动。互联网实现了无距离互动，移动终端实现了时空互动，物联网实现了设备互动。信息和数据在各种互动中实现交流和共享，在不断传播中相互影响和相互作用。而人们则可以根据自己的需要和偏好，随时控制信息、信息量和信息呈现的秩序。（7）开放性。互联网、云计算等信息技术为大数据时代提供了便捷的共享手段。移动终端、智能手机、摄像头以及其他诸多的信息采集设备和存储设备将海量数据置于公共空间，数据的对外开放为公众共享信息提供了基础。大数据时代是一个开放的时代，一切都被置于"第三只眼"中，分享、共享成为共识，社会将呈现出透明、公开、有序和生机的特征。（8）预测性。大数据时代，依托多维度、多来源、多形式的海量数据和挖掘工具与分析技术的深度、广度与精度，通过海量交叉验证征兆与变化规律、发掘事件概率，做出较为精准的预判、预测，将引领人类无限接近控制未来的终极梦想。大数据时代的预测性，将迅速变革商业模式、推进生态永续、实现低成本个性化教学并促成科学研究从假设推动到数据推动的全新转变。（9）智能化。大数据时代，管理对象的属性信息（ID、编码、人体特征等）、个体状况信息（体温、血压，位置等）及环境信息（温度、湿度、雨量、压力、加速度、震动等）等通过无线传感、自组织网等末端网络准确收集，及时接入网络进行实时分析处理，最终处理结果智能化地呈现出来。不同网络、不同设备、不同服务在任何时间、任何地点，对任何人高度紧密连接，对感知数据的认知分析和处理，将实现智能化服务。①

三、人工智能——数字化的技能

人工智能（artificial intelligence，简称 AI）这一概念于 1956 年由约翰·麦卡锡在达特茅斯学会上首次提出，该年被称为"人工智能元年"。经过 60 多年的探索和发展，被广泛应用到金融、医疗、制造、教育等领域，已经潜移默化地影响和改变着人类社会的生活方式和生产方式。约翰·麦卡锡教授认为人工智能是指"拥有模拟能够被精确描述的学习特征或智能特征的能力的机器"；尼尔斯·约翰·尼尔森教授则将人工智能定义为一个如何"表示知识以及怎样获得知识并使用知识的学科"。综合不同学者对人工智能的定义，可以说人工智能本质上是以人的智力范围为基础，通过先进信息技术的集成和创新实现机器对人脑的模拟，主要依托模式识别、神经网络、数据挖掘、智能算法等信息技术来发挥作用。当然，随着科学技术的不断进步和"既定的东西"范围的不断扩展，"人工智能"的定义也会随之发生改变。随着大数据、神经网络、深度学习等技术的进步，人工智能在理解、学习、思考等方面有了很大改进，能够对人的意识和思维信息过程进行模仿，标志着人工智能步入认知智能阶段。美国未来学家库兹韦尔甚至预测，2045 年"奇点来临"，人工智能将完全超越人类智能。

在应用方面，人工智能已经由算法为重的 1.0 时代，发展到数据凸显的 2.0 时代，再进入到算力稀缺的 3.0 时代，应用范围和功能在逐渐拓展。人工智能的实际应用已经突破计算机视觉、自然语言理解与交流、认知与推理等传统领域，逐渐触及自然界与人类社会，发展成为超级智能形式，为人的自

---

① 王婧.大数据时代大学生道德教育研究［M］.北京：现代教育出版社，2016：26-28.

由全面发展提供新的现实机遇。在数字化时代，人工智能成为推动创新和变革的重要引擎。人工智能的发展赋予机器学习、自然语言处理和计算机视觉等能力，让机器具备理解、学习和决策的能力。人工智能在医疗、金融、制造等领域的应用广泛存在，帮助企业提高生产效率、增加安全性，并提供更好的个性化服务。ChatGPT 的爆火促使人工智能行业多家公司发布 AI 大模型，推动人工智能技术发展进入了新的阶段。与大数据一样，人工智能的不断升级带来的不仅仅是生活、交通、娱乐、购物、教育、医疗以及金融等各方面的改变，更会给人们的思想观念体系带来变革，改变人的思维与理念。人工智能技术本身不具有道德属性，但研发者的"道德预置"决定了技术应用的道德水准和价值取向，这就导致技术运用中不可避免地带有伦理挑战和风险。在这样的背景下，使用人工智能需要防范负面影响，规避异化倾向，要坚持正确的思想作为指引，引导人工智能健康发展。

在中国式现代化建设中，党和国家越来越重视人工智能发展的重要性，为实现科技强国和创新型国家的目标接续奋斗。2018 年 4 月，教育部印发《高等学校人工智能创新行动计划》，文件旨在引导高等学校瞄准世界科技前沿、提高创新能力，着重强调要基于人工智能理论和技术具有的普适性、迁移性和渗透性特点推动学科专业教育的交叉融合。人工智能作为新一轮科技革命的主要驱动引擎，其所涵盖的深度学习、生物识别、计算机视觉、自然语言处理等关键技术正在以迅猛的势头介入思想政治教育内部，并引发了思想政治教育各要素及要素关系的深刻变革。人工智能和互联网最大的不同之处在于，人工智能和某一行业紧密融合后会带来颠覆性变革，与高等教育的融合也会改变高校的存在形式。2019 年 5 月，以"规划人工智能时代的教育：引领与跨越"为主题的国际人工智能与教育大会在北京召开，习近平总书记在贺信中指出，"中国高度重视人工智能对教育的深刻影响，积极推动人工智能和教育深度融合，促进教育变革创新"[①]。2019 年 8 月，中共中央办公厅、国务院办公厅印发《关于深化新时代学校思想政治理论课改革创新的若干意

---

① 习近平向国际人工智能与教育大会致贺信［N］.人民日报，2019-05-17（001）.

见》，提出要"大力推进思政课教学方法改革，推动人工智能等现代信息技术在思政课教学中应用"①，旨在进一步加强对学生的思想政治教育，提高思政课的教学质量。因此，要不断深化思政课改革，创新教学方法，将人工智能等现代信息技术引入思政课教学。

（一）人工智能的社会功用

马克思主义科技观是"站在整个人类社会发展与历史进步的高度来看待科学技术的"②，其理论的科学性显而易见。马克思主义科技观是与时俱进、不断发展、更新的，能够为创新驱动发展战略提供思想指引、为科技可持续发展树立生态绿色理念。

第一，应始终秉持以人为本的理念，坚持党的领导、以人民为中心，发挥人工智能为人民服务、造福于人的作用。马克思主义科技观认为科学技术最终目的是实现人类的解放，人的实践需求是科技发展的动力来源，如今科技异化的根源是资本逐利。正如马克思所言："火药无论是用来伤害一个人，或者是用来给这个人医治创伤，它终究还是火药。"③ 科学技术是否满足人民需求、服务人类，是要看能否正确使用科学技术。人的评价标准是衡量人工智能的尺度，人类需求是创造人工智能的最初目的。人工智能由人所创造的，处于客体地位，它只能是客体。如果在人工智能发展过程中，颠倒主客体关系，人们就会对人工智能的认知处于盲目错误的状态，人最终沦为"机器"。与此同时，人工智能的负面影响也随之相伴而生，过度依赖人工智能会导致诸多危害。坚持以人民为中心的思想，是人工智能健康持久发展的指导思想，有利于正确处理主客体关系，真正做到服务人民、造福人类。我国坚持以马克思主义为指导，秉持以人民为中心的发展理念。因而，"要加强人工智能同

---

① 国务院办公厅关于深化新时代学校思想政治理论课改革创新的若干意见［N］.人民日报，2019-08-15（001）.

② 张瑾.马克思恩格斯科技观的形成及其解读［J］.理论视野，2020（9）：5-10.

③ 马克思恩格斯文集：第10卷［M］.北京：人民出版社，2009：46.

保障和改善民生的结合"①，在人工智能发展中必须坚持以马克思主义科技观为指引、坚持以人为本，这也是避免科技异化和人工智能现实困境不断扩大的正确指向。

第二，人工智能在经济发展中起着巨大的推动作用。科技是第一生产力，在新时代社会发展中，应当重点提高人工智能技术的竞争力。一是将人工智能与实体经济相结合，尤其是传统产业。人工智能作为新型产业，应不断调整适应实体经济的发展需求。比如，在导航软件中，选择不同的声音和不同模式的街道场景，为人民生活带来极大的便利。二是挖掘数字经济发展的巨大潜力。人工智能作为重要的技术支撑，在促进数字经济发展起到重要的作用，将为数字经济发展打开一片新天地。然而，要辩证地看待人工智能的发展，理性认识科学技术。人工智能的发展具有两面性，智能技术的更新一方面可以促进生活和工作的便利，另一方面，人工智能采集数据，通过算法集中推送和扩大信息量，容易迷失自我，影响正确决策。因此，警惕异化风险，需要理性认识科学技术，既要反对"科学技术决定论"，又要避免"人工智能威胁论"。"科学技术决定论"是盲目夸大科技的作用，任何事情都可以通过科技来解决，这是片面的。"人工智能威胁论"则认为智能机器人具有"思维"，会威胁人类的未来。我们要清楚地认识到，人工智能只是对人类某个能力的模拟、延伸和开发，其发展是适应需求而进一步开拓，而且它由一块块的机器组成。所以，对于人工智能，我们不能过度依赖人工智能，也不能畏惧其发展，应用理性思维来认识；不能因为人工智能的负面影响就盲目否定其整体发展，也不能因技术特有优势而忽视人的主体性，在社会发展中必须坚持一分为二的观点来理性对待。

（二）完善人工智能相关制度规范

要想充分发挥人工智能的积极作用，必须完善行业的法律法规。人工智

---

① 习近平.加强领导做好规划明确任务夯实基础推动我国新一代人工智能健康发展
[N].人民日报，2018-11-01（001）.

能对社会伦理的挑战、冲击经济秩序等负面作用，是由于人的不正确使用造成的，而要防止这些影响的产生，需要从制度上着力，加强社会监管，建立健全系统化的制度体系。第一，完善相关法律法规。人工智能在发展中带来问题往往具有不确定性，存在的风险与其他行业并不相同，若不及时完善法律法规，可能会引发更大的危害。我国近年来不断加强对人工智能治理的要求，结合我国实际情况出台了一系列政策规范，但仍需进一步健全完善。健全完善人工智能相关法律法规是指对人的行为加以明晰，人工智能并不具有"思维"，它是模仿创造者。在"机器人伤人"事件中，我们要意识到事故的责任是人，而不是机器，就像自动驾驶系统，它并不懂伤害人的操作，但系统的控制权是在驾驶员。最为根本的是，人工智能的发展是在于人的使用，如不正当、错误地利用，严重危及生命健康，造成的后果不堪设想。第二，加强对行业的监管。人工智能的发展日新月异，这就需要加强行业内部监督以及社会的监管，建立人工智能安全监管制度。任何一个行业的健康发展，并不仅仅依赖法律法规，更重要的是相关规范与管理监督的形成使得有章可循。人工智能的发展需要以法律为基本原则，以政府监督为主，行业、社会力量为辅，形成健全、系统的监管体系，保障人工智能持久发展。比如，企业在设计、研发人工智能算法时宜嵌入透明可释的目标，推动算透明的全流程治理。在监管规则方面，可考虑在分类分级监管的基础上，以人工智能算法类型等要素为依据以制定差异化的透明度规则，促进算法问责的落实。未来，应当增强源头治理，将算法侵害治理追溯至算法设计、研发等前期过程，实现事前、事中和事后的监管闭环。完善人工智能的行业章程并加强监管，需要全社会的参与。为人工智能的创造者构建完备的监管体系，并不是抑制和约束科学技术的发展，而是真正做到解放人，避免科技异化。总之，完善人工智能的法律法规和监管体系的工作迫在眉睫，这需要多主体的共同合力，才能营造良好的发展环境。

（三）加强智能教育建设

人工智能的发展与进步，正在深刻改变教育的面貌。作为社会的一分子，每个人都要积极主动迎接智能时代的到来，避免人工智能的负面影响对生产生活产生更大的影响。为了使每个人都具有应对人工智能的能力，必须要加强智能教育的建设，提高使用人工智能的能力。因此，普及科学知识，加快发展智能教育迫在眉睫。快速适应人工智能发展，最好的方式是主动学习有关人工智能科学知识。了解人工智能的产生及发展，使社会对人工智能的整体认知水平不断提升，破除"人工智能威胁论"思想。随着人工智能广泛应用于社会的方方面面，人们掌握人工智能技术将成为未来必备技能之一。在信息化和时代化不断发展的同时，技术含量低的劳动者可以通过智能教育，掌握知识与技术，降低失业风险。而且，智能设备的产生是由人所发明，必然需要人操作关键技术，这也要求人的科学技术知识的不断增长。因此，普及科学知识和加快发展智能教育是双向要求的，国家大力发展智能教育，是时代发展所趋。

四、区块链——数字化的创新驱动力

区块链（blockchain），最早由比特币研发者兼创始人中本聪（Satoshi Nakamoto）提出，是数字时代的一个象征，是科技赋能的标志，也是未来发展的重要方向。① 自 2008 年 11 月 1 日，中本聪发表了《比特币：一种点对点的电子现金系统》一文，标志着比特币的诞生。两个月后理论步入实践，2009 年 1 月 3 日第一个序号为 0 的创世区块诞生。几天后，2009 年 1 月 9 日出现序号为 1 的区块，并与序号为 0 的区块相连接形成了链，标志着区块链的诞生。区块链技术是一个新的互联网技术系统，利用链式数据结构来验证与存储数据，利用分布式节点共识算法来生成和更新数据，利用密码学的方式保证数据传输和访问的安全，利用智能合约来操作数据的分布式基础架构与计

---

① 王君宇，吴清烈，曹卉宇.国内区块链典型应用研究综述［J］.科技与经济，2019，32（5）：1-6.

算范式，具有去中心化、匿名性、集体维护、不可篡改性、去信任化、可追溯、开放性等技术特点。① 一是去中心化，即在区块链系统中，不存在中心化的管理机构。区域链数据的存储、传输、验证等过程均基于分布式的系统结构，整个网络中不存在中心节点。公有链网络中所有参与的节点都具有同等权利与义务，任何一个节点的损坏都不会影响整个系统的运作。二是匿名性，采用与用户公钥关联的地址作为用户标识，不需要传统的第三方认证中心颁发数字证书，交易不和用户真实身份关联，只是和用户的地址关联。三是集体维护，在中心化网络体系下，系统的维护和经营依赖于数据中心等平台的运维和经营，成本不可省略。区块链的节点是任何人都可参与的，维护效率提高，成本降低。四是不可篡改性，每个新产生的区块严格按时间顺序推进。时间上具有不可逆性，任何试图篡改区块链数据的行为都很容易被追溯。五是去信任化，在区块链整个系统中的多个参与方无须相互信任就能完成多种类型的交易和协作，这一点恰恰是传统互联网到目前为止最薄弱的一项，它也是智能资产和智能合约发展的重要推动因素。六是可追溯性，这一点正是源于它的去中心化特征。七是开放性，除了交易各方的私有信息被加密外，区块链的数据对所有人公开，提供灵活的脚本代码系统，整个系统高度透明，并且在系统指定的规则范围内，节点之间无法互相欺骗。作为分布式数据存储、点对点传输、共识机制、加密算法等计算机技术的新型应用模式，区块链是一个重要的创新驱动力，它为数字化时代的数据安全和信任提供了新的解决方案。区块链技术自产生以来，于 2015 年迎来发展元年。区块链产业的形成，一度与比特币的诞生和发展密不可分，但区块链并不等于比特币等数字币。在比特币等虚拟货币的热潮逐渐消退后，各国已开始意识到区块链作为新兴底层计算技术的真正价值所在，纷纷加快战略布局。

随着时代的推进和技术的不断创新，2023 年成为区块链技术飞跃发展的一年。区块链在金融、供应链管理、知识产权保护等领域的应用日益增多。

---

① 赵刚.区块链技术的本质与未来应用趋势［J］.人民论坛·学术前沿，2018（12）：61.

它可以提供安全的交易环境，降低交易成本，并加强数据隐私保护。例如，区块链技术可以为无法修改的电子票务系统、去中心化的金融交易和数字身份验证等领域提供基础支持。全球主要国家已经开始围绕区块链技术，在物联网、智能制造、供应链管理、数字资产交易等重点领域积极部署应用。区块链的发展将对数据管理和交易模式产生深远影响，提供更加安全和可信任的数字环境。但区块链技术框架相比5G等技术而言，仍处于"婴幼儿"阶段，存在着可扩展性不强、能耗高而效率较低、手续费偏高、经济模型设计不尽合理等现实问题，特别是区块链的去中心化、自治性的特点淡化了国家监管的概念，在监管无法触达的情况下，一些市场的逐利性会导致区块链应用于非法领域，因此未能大规模商业化落地。同时，由于私钥加密、智能合约、分片、跨链、侧链等关键技术仍处于试验或试用阶段，还存在着程序和代码上的漏洞，故商业化应用受限。区块链的基础设施建设及规模化应用尚需时日。区块链的正常运行要涉及诸多同步优化和实时转化问题，在区块链上记录相关信息也需要多方参与并数据同步。从目前情况来看，相关硬件和软件的建设仍需较长时间，超大容量的区块链存储系统暂时还难以实现。

由于以分布式账本、非对称加密、共识机制及智能合约为核心的区块链技术具有去中心化、开放性、独立性、安全性及匿名性等特征，能为各行各业提供解决安全、信任及发展技术等多种问题，也受到教育界的广泛关注。[1]我国于2016年下半年发布《中国区块链技术和应用发展白皮书》，明确提出不可篡改数据、透明化属于区块链的基本特征，可为教育就业的持续、健康发展发挥显著作用。[2]习近平总书记也多次强调："要探索'区块链+'在民生领域的运用，积极推动区块链技术在教育、就业、养老、精准脱贫、医疗健

---

[1] 翁晓泳.基于区块链的云计算数据共享系统研究[J].计算机工程与应用，2021，57（3）：120-124

[2] 周平.区块链技术和应用发展白皮书[R].北京：中国区块链技术和产业发展论坛，2016：36-37.

康、商品防伪、食品安全、公益、社会救助等领域的应用。"①

第二节　思想政治教育的内涵阐释

思想政治教育是思想掌握群众的基本途径，对社会发展方向具有重要的引领作用，是培育共产主义新人的重要途径，是中国特色社会主义建设事业中一项总揽全局的根本性工作，是巩固马克思主义指导地位的根本举措。

一、思想政治教育的内涵

思想政治教育是社会或社会群体用一定的思想完善思想观念、政治观点、道德规范，对其成员施加有目的、有计划、有组织的影响，使他们形成符合一定社会所要求的思想品德的社会实践活动。思想政治教育就是要用共产主义思想体系教育人民，或者说是用马克思列宁主义、毛泽东思想、邓小平理论和党的路线、方针、政策武装人们的头脑。具体来说，主要包括世界观、人生观、政治观、道德观、法制观教育。通过开展政治教育，学生将深刻理解习近平总书记关于思想政治教育的重要指示精神，树立正确的世界观、人生观和价值观。

高校思想政治教育，要承担起政治引领的任务，进一步引导青年学子充分认识中国特色社会主义的内涵和本质。在明确发展目标、推进具体实践、强化价值认同中举起定向，把舵领航。高校思想政治教育要切实履行理论阐释功能，引导学生们深刻理解当代中国的伟大社会变革不是简单延续我国历史文化母版，不是简单套用马克思主义经典作家设想的模板，不是其他国家社会主义实践的再版，也不是国外现代化发展的翻版，而是符合中国实际、反映中国人民意愿、适应时代发展要求的中国式现代化新道路。通过思想政治教育，向青年群体科学论证"中国化时代化的马克思主义行"的科学性，

---

① 习近平.把区块链作为核心技术自主创新重要突破口 加快推动区块链技术和产业创新发展［N］.人民日报，2019-10-26（001）.

彰显中国特色社会主义制度的优越性，促使年轻一代进一步坚定道路自信、理论自信、制度自信和文化自信，在推进中国式现代化的理论和实践创新中实现思想上统一、政治上团结、行动上一致。比如高校马克思主义理论教育作为思想政治教育的核心内容，即用马克思主义的辩证唯物主义和历史唯物主义对学生进行思想引导，使其在深刻的思想认识基础上实现个体意识与集体意识的统一。思想政治教育的主要目的是培养大学生认同、掌握人类认识世界和改造世界的强大思想武器，为大学生提供科学的世界观和方法论。马克思主义世界观教育是思想教育的灵魂，决定了思想教育，乃至整个思想政治教育的方向，是思想政治教育内容的最高层面。马克思主义世界观教育包括辩证唯物主义教育、马克思主义认识论教育和历史唯物主义教育，这是个博大精深、逻辑严密的科学体系，是迄今为止最为深刻地揭示人类社会规律的科学理论。从来没有哪种理论能像马克思主义那样持久保持生机勃勃，不断推动人类社会进步。

马克思主义的辩证唯物主义和历史唯物主义作为党和国家的根本指导思想，是大学生的共同思想基础。我国作为社会主义国家，必须把马克思主义作为自己的立党立国之本。用马克思主义武装全党、教育人民，才能牢牢掌握意识形态领域的主导权。我国是人民民主专政的社会主义国家，中国共产党是我国社会主义现代化建设事业的领导核心，这就决定了我们必须把马克思主义作为党和国家的根本指导思想和行动指南，作为教育大学生的共同思想基础。

马克思主义的辩证唯物主义和历史唯物主义的立场、观点和方法是大学生坚定社会主义信仰的出发点。科学社会主义是建立在马克思主义的辩证唯物主义和历史唯物主义的基础之上的，对人类社会发展规律的深刻认识，具有不可抗拒的历史必然性。这是科学社会主义区别于形形色色的社会主义的本质特征。思想教育必须建立在科学的理论基础上，才具有彻底的科学性和历史的合理性，才能说明问题，才能说服人，才有力量。大学生只有从辩证唯物主义和历史唯物主义的立场、观点和方法出发，才能正确认识社会主义不仅具有道义必然性，更具有深刻的历史必然性，从而坚定社会主义信仰。

马克思主义的辩证唯物主义和历史唯物主义是抵制西方西化分化,凝聚大学生思想共识的旗帜。在市场经济和改革开放条件下,利益关系越来越复杂,价值观趋向多元化,大学生的思想个性鲜明,差异明显。同时,西方并未放弃冷战思维和意识形态渗透,各种反马克思主义的思潮在国际国内时有滋长。高校思想政治教育者必须始终高举马克思主义的旗帜,坚持用马克思主义教育大学生、武装大学生的头脑,才能不断巩固和发展社会主义意识形态。在最大限度地凝聚思想共识这个前提下,大学生的差异性、主体性和创造性所蕴含的积极向上的精神才能得到更好的引领、包容和鼓励,并建设性地发挥出潜在的作用。

高校思想政治教育不仅是一种教育活动,而且是专门针对人的政治思想、道德观念的教育,立德树人是其根本遵循,是高校思想政治教育矢志不渝的目标。党的十八大以来,习近平总书记先后主持召开了全国高校思想政治工作会议,强调:"高校要加强思想政治教育,把立德树人融入思想道德、文化知识、社会实践教育各环节,贯穿基础、职业、高等教育各领域,体现到学科、教学、教材、管理体系建设各方面;立德树人成效是检验高校一切工作的根本标准。"而后,习近平总书记在 2018 年北京大学师生座谈会上再次指出:"要把立德树人的成效作为检验学校一切工作的根本标准。"[1] 他在随后的全国教育大会和全国学校思想政治理论课教师座谈会上分别强调了健全立德树人落实机制、思想政治理论课是落实立德树人根本任务的关键课程。从中可以看出,立德树人主要是针对教育或者高校而提出的。立德与树人是一体的,立德树人是"立育人之德"与"树有德之人"的有机统一。[2]那么,树什么人?自然就是有德之人。培养"有德"之人,就是"培养担当民族复兴大任的时代新人""德智体美劳全面发展的社会主义建设者和接班人"和"有理想、有本领、有担当"的青年一代。所树之人蕴含着历史与时代赋予的形象,既是肩负民族复兴大业的接班人,又是实际而又鲜活的有理想、有本领、有担当

---

① 习近平.在北京大学师生座谈会上的讲话 [N].人民日报,2018-05-03(002).

② 冯建军.立德树人的时代内涵与实施路径 [J].人民教育,2019(18):39-44.

的"三有"人才，还是素质鲜明的德智体美劳五育并举的全面发展的人。只有将所立之德与所树之人内在融合为一体，才算是真正实现立德树人的根本任务。在厘清立德树人内涵的基础上，如何在实践中落实这一根本任务？习近平总书记有过很精辟的论述，他在全国教育大会上强调："要把立德树人融入思想道德教育、文化知识教育、社会实践教育各环节，贯穿基础教育、职业教育、高等教育各领域，学科体系、教学体系、教材体系、管理体系要围绕这个目标来设计，教师要围绕这个目标来教，学生要围绕这个目标来学。"① 简言之，就是要在教育教学的各类课程中融入立德树人，大中小一体化实现无缝衔接，所有教职人员全员参与，家校社会机构形成合力。在厘清立德树人的内涵后主要是如何落实，尤其是在新科技革命方兴未艾的今天，那就要借此科技发展的东风破解当前高校立德树人中存在的难题。

2020 年 5 月，教育部颁发的《高等学校课程思政建设指导纲要》明确指出："高等学校人才培养是育人和育才相统一的过程。建设高水平人才培养体系，必须将思想政治工作体系贯穿其中，必须抓好课程思政建设，解决好专业教育和思政教育'两张皮'问题。"2021 年教育部等八部委文件中明确指出："以建立完善全员、全程、全方位育人体制机制为关键，全面提升高校思想政治工作质量"②，先后印发了《高校思想政治工作质量提升工程实施纲要》和《"三全育人"综合改革试点工作建设要求和管理办法》，其目标均在构建一体化育人体系，从而培养德智体美劳全面发展的社会主义建设者和接班人。党和国家将"三全育人"作为加快构建高校思想政治工作体系的关键，同时也是高校思想政治教育创新发展的指南。习近平总书记明确指出，要用好课堂教学这个主渠道，思想政治理论课要坚持在改进中加强，提升思想政治教育亲和力和针对性，满足学生成长发展需求和期待，其他各门课都要守好一

---

① 习近平在全国教育大会上强调 坚持中国特色社会主义教育发展道路 培养德智体美劳全面发展的社会主义建设者和接班人［N］.人民日报，2018-09-11（001）.

② 中华人民共和国教育部.教育部等八部门关于加快构建高校思想政治工作体系的意见［EB/OL］.http：//www.moe.gov.cn/srcsite/A12/moe_1407/s253/202005/t20200511_452697.html，2021-09-11.

段渠、种好责任田，使各类课程与思想政治理论课同向同行，形成协同效应。可以说，思政课程教学责任重大、使命光荣、内容丰富，承担着教育大学生爱党、爱国、爱社会主义、爱人民、爱集体，引导大学生形成正确的理想信念、政治认同、家国情怀、文化素养、宪法法治意识、道德修养的光荣使命。仅仅依靠几门思政课本身，难以取得最佳效果。唯有结合各门课程、融合专业课程有效开展中国特色社会主义和中国梦教育、社会主义核心价值观教育、法治教育、劳动教育、心理健康教育、中华优秀传统文化教育，方能实现合力效应。

二、我国思想政治教育的特征

我国思想政治教育具有鲜明的意识形态性、彻底的科学性、自觉的实践性和坚定的人本性等特征。

（一）鲜明的意识形态性

什么是意识形态（ideology）？长期以来，思想界与学术界中普遍存在广泛争论和诸多分歧，至今尚未有一个统一的定论。但根据最流行、最广泛的解释来看，意识形态主要指在社会生活中占统治地位，支配、调控和规约社会成员思想和行为的观念学说与价值体系，具有鲜明的政治导向性与精神塑造性，是一个国家生存发展的灵魂以及维护国家安全的思想根基。[①] 意识形态是思想政治教育理论研究和实践工作中的一个常用概念。[②] 具体至马克思主义，虽然马克思、恩格斯在世时并没有把他们的理论看作意识形态，但作为无产阶级翻身求解收的思想武器，马克思主义却有着真实、彻底而浓厚的阶级性和政治性。它不仅对资产阶级企图遮蔽的资本主义经济与社会本质展开鞭辟入里的批判和揭露，明确提出消灭一切剥削制度，而且把最终解放全人类作

---

① 刘艳. 改革开放以来思想政治教育思想发展研究［M］.北京：中国书籍出版社，2015：5.

② 张智. 论思想政治教育学意识形态性与科学性的统一［J］.教学与研究，2018（4）：80-88.

为自身奋斗的终极目标,成为推动社会主义革命与社会变革的巨大精神力量,事实上已经具备意识形态教化的社会功能。特别是在工人阶级成为执政阶级以来,(中国的)马克思主义作为整合思想领域的"软权力",承载着传播社会主义主流思想、价值观念和理想信念,引导全社会达成普遍的思想共识价值认同和情感共鸣的重任,已转化为表达各阶层整体利益诉求和精神寄托的意识形态。可以说,意识形态性是思想政治教育的根本属性。近年来,许多资本主义国家大肆鼓吹"意识形态的终结",但透视其背后隐藏的思想实质不难发现,他们旨在终结的仅仅是社会主义意识形态,而对自身的意识形态灌输却是"表面弱化实际加强"。事实雄辩地证明,能否抢占意识形态领域的话语权直接关系到一个国家的安危与存亡,马克思主义在我国的"意识形态性"话语底线不仅不能弱化,相反必须凸显。

(二)彻底的科学性

我国思想政治教育的科学性,首先在于其理论依据的科学性。我国思想政治教育以马克思主义为理论基础,借鉴相关学科理论和国外其他思想政治教育理论。从1848年《共产党宣言》发表至今,尽管世界历史风云变幻,但马克思主义无论是被责难、驱逐或企图埋葬,其生命之花始终迎风绽放。为什么马克思主义在当代视野中仍永葆青春?根源正是在于其内容上的真理性和方法论上的正确性。马克思主义是马克思、恩格斯在批判继承前人优秀成果的基础上产生的,包含了以辩证唯物主义和历史唯物主义为理论基石的哲学体系。作为一个结构完整、逻辑镇密的学说体系,马克思主义不仅深刻揭示了自然界、人类和思维的普遍规律,为人们认识世界、分析问题提供了整套科学的世界观、方法论以及宝贵的理论文本,而且还随着人类实践的不断发展而不断创新,总能准确适时解答时代进步提出的新课题。

(三)自觉的实践性

我国的思想政治教育也是由马克思主义理论发展而来的,是围绕马克思主义理论开展的,因此也具有科学性的一面。此外,思想政治教育的理论还开放地借鉴了哲学的主客体论，教育学的手段、方法，心理学的认知、情感、意志、需要、动机理论，系统科学的系统研究方法，逻辑推理学等相关学科的理论方法①，广泛吸收了相关学科和国外德育理论和研究成果，是与时俱进的理论。

建构在马克思主义科学实践观基础上的思想政治教育自身也闪现着显著的实践精神和实践性品格。思想政治教育的实践性主要体现在以下几个方面：一是真实性。思想政治教育注重使学生接触真实社会，了解社会发展和变革的真实情况。通过亲身参与社会实践活动，学生能够深入了解社会问题、体验社会变迁，从而更好地理解社会主义核心价值观，增强民族自豪感和社会责任感。二是互动性。思想政治教育强调教师与学生之间的互动。通过充分发挥学生的主体性和积极性，教师能够引导学生积极参与讨论、合作学习等实践活动，激发学生的思考和创造力，增强学生的自信心和团队合作能力。三是实用性。思想政治教育要注重培养学生解决实际问题的能力。通过实践活动，学生能够将理论知识与实际情况相结合，培养学生的实际操作能力和综合运用能力，使学生具备解决实际问题的能力和意识。

（四）坚定的人本性

就马克思主义的本质而言，它最关注的是人的解放与发展问题。马克思曾深刻指出，"人始终是一切实体性东西的本质，"②"每个人的自由发展是一切人的自由发展的条件"③。他也曾多次告诫人们："'历史'并不是把人当作达到自己目的的工具来利用的某种特殊的人格。历史不过是追求着自己目的的人的活动而已。"④"人的解放理论"这一核心命题是马克思主义的逻辑起点和最终归宿，始终贯穿着人本精神。

---

① 杨威、高军.浅析思想政治教育的科学性和现代化［J］.思想政治教育研究，2006（1）：24-25.

② 马克思恩格斯全集：第3卷［M］.北京：人民出版社，1992：52.

③ 马克思恩格斯选集：第1卷［M］.北京：人民出版社，1995：294.

④ 马克思恩格斯全集：第2卷［M］.北京：人民出版社，1957：118-119.

以上四个特征是马克思主义区别于其他社会科学和自然科学的根本特征，同时也决定了我国以马克思主义为基础的高校思想政治教育不仅具有理论教育的普通特征，需要遵循理论教育的一般规律，而且具有区别于其他理论教育的特殊性，具体表现在：一是在教育内容上，一方面具有浓厚的意识形态性和政治性，即全过程始终受社会化需要特别是政治社会化需要的规约，必须服从和服务于政治与意识形态建设，具有强烈的价值导向性；另一方面具有科学性，以马克思主义的科学体系和基本原理为核心内容，开展"知识理论"和"价值理论"教育，引导大学生学习马克思主义的科学原理与科学方法论，领悟马克思主义所蕴含的思想精神和价值追求。二是在教育目的上，具有非常鲜明的精神塑造性和人本指向性，以人的全面自由发展这一价值旨归，从思想上把握人、实现人的精神世界建构与完善。三是在教育形式上，它是一项与时俱进的实践活动，不仅要以马克思主义经典作家的著作为教学文本，而且要以不断发展着的马克思主义理论为施教内容，并不断实现教育渠道、方法和手段等方面的突破创新。

第三节　思想政治教育的"数字化"内涵

数字化时代的到来，给教育领域带来了革命性的变革。大数据、人工智能、区块链等数字技术以一种新的方式被利用，其所体现出来的价值，所带来的变革，正在改变着世界的运行方式，也丰富了思想政治教育的内涵。数字化教育为学生提供了更多的学习机会和个性化的教育方式。

一、"数字化"描绘思想政治教育的外部环境

数字化时代产生的信息爆炸对当前高校思想政治教育工作产生了方方面面的影响①，使思想政治教育的活动、内容发生了根本性的变革，使思想政治

---

① 李正阳.大数据时代高校思想政治教育工作优化研究［J］.学理论，2014（13）：193-194.

教育方法从定性转向定量、从线性转向非线性、从局部转向整体、从模式化转向多样化。① 新时代思想政治教育必须密切关注外部环境变化，必须实现与新技术的高度联合。要运用新媒体新技术使工作活起来，推动思想政治工作传统优势同信息技术高度融合，增强时代感和吸引力。

马克思主义旨在实现人的自由全面发展，思想政治教育必须体现辩证唯物主义的工作方法，紧紧围绕人民群众，在贴近群众、依靠群众、服务群众的过程中使群众认同并使用这一理论工具。数字化时代是全世界进入 21 世纪共同面临的时代背景，也是我国进入"互联网+"时代的深刻体现。我们的数据总量比之过去，呈现出井喷式的发展。通过互联网，组织与组织之间、组织与个人之间、个人与个人之间，筑起了一个互联互通的网络体系，产生和流通了海量的结构化与非结构化数据，构成了这些组织或个人所面临的外部环境。数据的地位凸显，成为影响组织发展的关键因素之一，也是具有前瞻发展眼光的组织所争相开发的资源。一方面，大数据开启了创新思路。大数据，就是海量数据和信息。大数据时代是一个信息爆炸的时代，数据爆炸式增长、数据价值彰显，一切皆可量化，人们的思维方式发生变革，开始领略数字化生存方式，依靠数据进行决策。基于大数据的信息交往实践的虚拟性、开放性和多元性等特征深刻影响着现实世界。在这种信息化环境下，高校思想政治教育主体不断创造和生成信息文化，与此同时，信息文化又反作用于教育主体、重塑教育主体。另一方面，教育大数据市场具有广阔前景。随着数字化时代的到来，新的知识传播方式应运而生，如在线教育平台的开发、开放与应用等，打破了大学的围墙，推动了优质思想政治教育课程教学资源的开发和共享。

分析当前高校推进思想政治教育和意识形态工作所面临的外部环境，是实现教育科学化、大众化的前提。互联网更新了高校与外界的接触方式，各种社会思潮、价值观念、意识形态通过网络涌入高校，进入大学生的生活。

---

① 赵浚.大数据创新高校思想政治教育方法的探析与应用［J］.贵州社会科学，2016（3）：120–123.

爆炸式增长的数据中，既有符合思想政治教育要求的，也有起反作用的；既有结构化的，也有非结构化的；既有过去就已经存在的，也有伴随新形势而出现的。原来我们在分析单一的、结构化的、小规模数据的过程中使用到的方法，已经难以奏效于全体样本。为了获得更科学的结果，大数据是一种行之有效的技术手段。利用大数据综合信息平台，我们不仅可以收集到大量的相关数据，而且可以实现对有价值信息的筛选以及对数据之间关联性程度、内在规律以及发展趋势的提炼。比如，可通过大数据了解当前某种价值观念对于高校学生的影响程度、途径以及外在表现等。以定量分析和定性分析相结合，结果更客观真实甚至能够实现可视化，能帮助教育者准确把握思想政治教育的外部环境。当然，这也是马克思主义认识论和发展观在数字化时代的生动体现，表明了应用大数据、人工智能等数字新技术辅助思想政治教育与马克思主义在逻辑上具有一致性。

二、"数字化"挖掘思想政治教育的客体需求

数字化时代为高校思想政治教育提供技术和数据支撑，对思想政治教育理论与实践发展产生了重要的影响，导致了思想政治教育主客体关系的内涵发生变化，使教学模式不断改善。但同时大数据、人工智能也改变了人们探索世界的方式，使大学生道德泛互联网化，呈现道德认知解构、道德情感转化、道德行为异变等特征。

当前，思想政治教育面临着一些挑战：全球化、网络化快速发展的同时，也让西方意识形态有了可乘之机。市场化发展过程中，一些错误的文化观念、生活方式也获得了生存土壤。这些消极、错误甚至反动的思想、观念和信息同样侵蚀和污染了高校。而在严峻形势之下，我们的思想政治教育却存在着诸多不足。石晓红就提出，高校马克思主义理论教育中存在的问题包括务虚的认识倾向、单调的课程教材、消极的课堂教学、发展不足的实践教学等。①

---

① 石晓红.高校马克思主义理论教育改革刍议［J］.河南科技学院学报，2015（7）：61-63.

在具体的教育过程中，重教师轻学生、重课堂轻课后、重宣讲轻互动、重线下轻网络等问题较为突出。课堂教学目标停留在完成规定的教学任务，老师未必清楚学生的思想动态，课程内容尽管理论丰富，但较少使用案例，而使用的案例也往往与学生的生活较远，难以贴近学生，也难以指导学生分析问题、应对实践，严重拉低了教育成效。由于课程教授过程无趣，一部分学生还认为思想政治理论课不是专业课，因此在学习热情和学习效果上更加难以提高。

上述问题反映了我们在开展理论教育的过程中，违背了教育的基本规律，只是机械地把老师的角色定位于理论的灌输者，并把学生定位为单纯的知识接受者。在开展思想政治教育的过程中，我们必须先要认识教育的对象和学习的主体——学生。他们对于现实世界是如何看待的？对于时政大事的立场观点如何？面临着怎样的思想困惑？如何在社群中进行交流？喜欢怎样的教育形式与学习方式？……作为年轻一代，他们具有不同于其他年龄阶段和文化层次人群的特征。而在这个群体内部，差异性同样表现突出，不同的成长环境、学习经历、个性特征等多重因素使得我们难以通过小样本方式来总结需求。大数据是一种镜像，它基于对海量数据的规律分析而展开需求研判，比之过去通过座谈访谈和调查问卷等方式所得出的结果更具有科学性。因此，大数据技术是我们可以使用的一种工具，它会帮助我们精准地了解学生。"在大数据的全样本分析中，一方面大数据真实客观地反映了人的活动轨迹，最大限度地客观记录了人们的实践活动轨迹，最大程度地消除了行为的不确定性……另一方面行为习惯映射人抽象的思想，反映人的价值取向、道德观念、思维模式等思想状况，为马克思主义大众化的内容建设指明了目标。"① 大数据的实质就是基于人们在生产生活实践过程中所产生的海量数据和信息的关联分析，最终提炼出一般规律，以指导决策者的行为。它强调实时性、全样本，可以帮助我们把握高校学生的思想行为特征，制定和调整教学方式、内容。

---

① 吴朝文，任思奇，邓淑华.大数据环境下马克思主义大众化路径探析——以高校马克思主义大众化为例［J］.重庆邮电大学学报，2018（3）：20-27.

三、"数字化"更新思想政治教育的理念内涵

仅仅依靠某个思想政治教育工作者或学校某个部门的"单打独斗"，很难形成信息化时代高校思想政治教育工作所需要的大数据体系。大数据的形成不仅需要统筹校内教育教学、学生管理、生活服务等方方面面的信息，同时还需要强化校内与校外有关数据的交换与共享，例如家校之间的信息沟通与协调等，这就需要进一步建立和加强校内各部门之间以及校内与校外之间的联动机制。数字技术带来了高校思想政治教育工作的深刻变革，各项互动与联动机制的建立促进了大数据环境下高校思想政治教育工作理念的逐步更新，"全员育人、全程育人、全方位育人、全息育人"的理念认识得到进一步加深，并在思想政治教育实际工作中得以进一步贯彻和落实。

大数据、人工智能、区块链等数字技术的发展使高校思想政治教育工作者掌握学生的思想动态更加全面和精准，通过大数据的分析既可以总结和把握当前高校学生在思想领域的共性特征，也可以针对一些特殊群体通过详尽的数据比对和分析来了解其个性化特点。同时，大数据技术、区块链技术可以让高校思想政治教育工作者在日常学习和生活环境中获取真实而有效的学生思想状况信息，师生间的沟通与交流变得更加顺畅和深入。大数据技术、人工智能、区块链技术不仅可以深化对高校思想政治教育普遍规律的研究，同时还为开展个性化研究提供了技术支撑，使高校思想政治教育的研究向精细化方向发展，多角度、宽领域的信息获取方式不仅提升了高校思想政治教育研究的广度，更提升了思想政治教育的深度。

四、"数字化"优化思想政治教育的教学资源

数字化时代的数字信息生产、交互、运用成为常态。现代科学技术极大地拓展了思想政治教育活动空间，极大地丰富了教学资源。内容决定形式，形式服务于内容。只有用适合年轻一代大学生的数媒形式丰富理论武装的方法，帮助其明辨是非、增进认同、坚定理想信念，掌握好认识世界和改造世

界的思想武器，才能使党的创新理论入脑、入心，才能保证思想政治教育内容的权威性不被数字技术的延展化和娱乐性消解。

第一，"数字化"为实现优质思想政治教育资源共享提供了可能。过去，各高校之间、高校内部之间在教学资源共享上，更多地采取线下交流的方式。尽管很多教学资源都实现了电子化存储，但是在数据格式上主要还是一些简单的图表、照片、文字，共享存在着"壁垒"。大数据高度强调共享和开放，其技术基础在于可以通过统一的综合信息平台，对接来自所有组织或个人的数据，而且这些数据兼容了结构化与非结构化数据、简单数据与复杂数据。例如，我们可以通过制定一个统一的标准，来规范数据格式。各个组织或个人既是数据的生产者，同时也是数据的使用者，可以共享信息平台的分析结果。从小数据时代的单兵作战迈向大数据时代的合作共赢，不仅数据总量变大，而且各方因数据而产生的交往也会更频繁。高校可以建立统一的数据平台，及时上传各种相关教学数据与资源，同时又获取其他高校的资源，庞大的数据库保障了教学内容的生动性。

第二，"数字化"将强化思想政治教育资源的传播效力。"大数据时代，'两微一端'等数据平台的普及，在融合与提升传统传播方式的优点基础上，使思想政治教育低成本、广覆盖、快传播，教育宣传效果明显。"①一方面，大数据、区块链技术有利于提高思想政治教育资源的时效性。理论教育要高度关注实践发展，教学资源必须体现时代特征。在当代，就是必须体现新时代中国特色社会主义建设的要求，必须结合时政大事、社会热点和民生百态。数字化时代，各种数据瞬息万变。大数据平台强调实时收集处理，能够迅速捕捉到最快最新的信息，做到以时效性来提升实效性。另一方面，人工智能有利于拓展思想政治教育资源的传播渠道。除了传统的课堂教学方式，其传播渠道将会实现对微信、微博、手机客户端等各种新兴媒体和数字终端设备的全覆盖和高度利用，实现快传播、准传播和低成本传播。

---

① 付安玲，张耀灿.大数据时代马克思主义理论教育的思维变革［J］.学术论坛，2016（10）：169-175.

五、"数字化"构筑思想政治教育的实践

第一，网络成为高校思想政治教育的新阵地。数字化时代，大学生走进了一种虚拟的数字化生活，通俗易懂的信息通过方便迅速的网络通讯技术而传递到了社会的每个角落，大学生的生活方式、学习方式、交往方式、思维方式、既有的道德观念和行为规范都受到了严重冲击。云计算、大数据等构筑的新的信息社会中，原来的以血缘、地缘为基础所形成的"集体"和"社群"被取代，而大众小众化、社群虚拟化兴起，它们都是由具有共同的兴趣爱好、个性特征和价值追求的人所组成的。从电视兴起到大众传媒的发展，手机和平板电脑等智能终端的普及，网络已经成为大学生思想政治教育的新阵地，多元文化和价值观念充斥在网络社会中，使得大学生的价值选择趋向盲点，网络在大学生思想政治教育中的作用越来越大，家庭的教育角色因为网络的侵袭进一步边缘化，学校在教育方面的权威地位也因网络的入侵而逐步瓦解，受到威胁，发生动摇。

数字化时代，网络带来的多元价值对传统的一元价值提出了挑战，大学生可以面对不同的价值观念做出相对开放、自由和理性的选择。在这个价值多元化的数字化时代，真实世界的道德规范难以规范大学生的网络行为，仅仅依靠外在的社会舆论和传统习惯对大学生进行制约，其作用越来越小，带有强烈古代社会特征的强制灌输范式的道德教育无以为继，要对大学生的道德发展形成强有力的约束，必须提高他们内心的道德信念。数字化生存方式带来了个体主体性时代，大学生在开放多元的时空，可以凭借自己的自由意志进行价值选择。数字化时代的网络社会，人际交往模式从"人—人"直接型交往转变为"人—媒介—人"的中介型交往，人性的接触交往被信息技术的瞬时的、非纸化的交流所取代而呈现出非人格化的特征，信息网络由此告别了传统人际关系的相互性和复杂性。这样，大学生的网络交往大多是在"缺场"的情况下进行，这种"缺场"使大学生摆脱了种种规范的现实约束，这种现实约束是他们的现实身份特征决定的，从而使大学生可以更加自主自

由地进行选择、判断和行动。数字化时代的网络社会，还使得道德话语和权力强者愈强、弱者愈弱，在网络社会中，道德话语只是那些拥有信息资本的人拥有的道德话语。因此，在数字化时代，高校需要充分利用大数据技术，主动在网络社会中建立足够多的大学生思想政治教育的健康社区，为大学生在网络公共空间形成良好的信息判断、选择和积极参与的能力而设定出良好的基本规范。

第二，数字新技术引发学习革命。自现代大学诞生至今，人才培养一直都是高等教育机构的主要功能与根本任务，大学组织显现出的超常的稳定性，使得大学的教学形式从未发生过实质性改变，教师教与学生学的教学手段几个世纪以来都未发生大的变化。而全球化进程使得地球变为了"村"，各种技术引入大学教学过程，"知识已经在相当大的程度上摆脱了往昔的创造者、过滤者、看门人，以多元形态展现在所有人的面前；我们所持有的知识观是静态的、有组织的和专家定义的，正处于更加动态的、多元化观点并存的状态中。"① 数字化时代的到来，人类知识建构方式发生了变化，而学生获取知识的方式也随之发生了变化。已有的思政课数字化教学成果在主题策划、课程制作、载体渠道等方面加强了多样化、可视化、互动化的建设。因而，随着网络信息技术的发展，新的知识传播方式应运而生。这种知识传播方式具有组织松散、快速高效、非结构化、学习者掌握主体地位的特点，这就是在线教育平台的开发、开放与应用。国际上如 edX、Coursera 等组织的在线课程，国内如教育部在线教育研究中心、东西部高校课程共享联盟等，这种新的教育形式在未来必将打破大学的围墙，推动优质课程教学资源的开发和共享。VR教学、创客教室、智慧图书馆等媒体教学资源也逐步实现教学手段科技化、教育传播信息化、教学方式现代化，为思想政治教育数字化发展提供了基站。

在线教育与学习可谓是给教育系统带来了革命性的变化，大学几个世纪以来的人才培养和教学方式必须相应变革。数字化时代，大学生选课更加自

---

① ［加］G. 西蒙斯. 网络时代的知识和学习：走向连通［M］. 詹青龙，译. 上海：华东师范大学出版社，2009：7-8.

由，无论他们是否接受学校教育，都可以享受到最优质的教育资源，其中很多教育资源还来源于国外高校。数字化时代知识将无处不在，其必然会对道德教育课程提出挑战。教育资源正在经历平台开放、内容开放、校园开放的时代，未来的教育也许就发生在学校之外。

第四节 "数字化"应用于思想政治教育的可行性

应用大数据、人工智能、区块链等数字新技术推动思想政治教育既是马克思主义理论自身实践性、人民性等内在特征的自然体现，又是思想政治教育实现大众化、差异化、科学化发展的必然要求。可行性是指将大数据、人工智能、区块链技术应用于思想政治教育的现实基础与实现条件。从当前宏观技术环境与高校自身条件来看，推进大数据、人工智能、区块链等数字新技术服务思想政治教育已经具有一定的技术基础。

一、智慧数字校园的建设

以智慧数字校园建设带动思想政治教育环境不断换代升级。近几年来，我们日渐认识到了高校信息化建设的重要性，并投入了大量的人财物资源。校园网已经全面覆盖全国 2900 余所高校，能够辐射到宿舍区、学习区和行政区，服务于高校教育教学的全过程。数字资源图书馆、电子阅览室、办公自动化系统、一卡通、教务学工管理系统等基础设施得到了进一步完善，人才队伍建设也正在向前推进。信息化建设正在一步步改变着高校的教学理念和方式，师生之间通过信息平台进行沟通成为一种基本的工作手段，而这也成为了应用数字技术服务思想政治教育的东风。与此同时，一些高校也开发了校园内部管理软件，为学生提供综合性的信息管理服务。这些软件也将同时服务于学校的行政管理人员、马哲思政课教师、党团干部和辅导员团队，有效覆盖了思想政治教育的主客体。

2021 年 3 月 12 日，中华人民共和国教育部发布了《高等学校数字校园建设规范（试行）》。高等学校数字校园建设是在《中国教育现代化 2035》战略的要求下，对高等学校教学、科研、管理、服务等业务和校园环境进行数字化建设、支撑各业务开展智能化的应用的整体工程。总体目标是围绕立德树人根本任务，结合业务需求，充分利用信息化条件下育人方式的创新性探索、网络安全的体系化建设、信息资源的智能化联通、校园环境的数字化改造、用户信息素养的适应性发展以及核心业务的数字化转型。在国家大力推动教育信息化建设的助攻中，数字化校园已成为未来新趋势。

数字化时代移动网络技术的高速发展，让智能设备渗透到了我们每一个人的日常生活，深刻影响着我们的学习、生活和社交习惯。当代大学生也是伴随着互联网发展大潮而成长起来的，这一类高知群体处于时代潮流前沿，对于新兴事物具有较高的接受度和学习力。他们普遍拥有智能手机、PC、平板等终端设备，生活学习呈现出高度的网络化、智慧化、数字化特征。他们的网络依存度非常之高，广泛使用了微博、微信、论坛、博客、QQ、短视频、直播等新兴媒体技术与社交平台。在各种五花八门的 App 上，大学生最容易流露真实观点。"数据化生存"特征在他们身上表现明显，他们在网上所有的行为都可以被数据化、符号化。① 通过社交网络媒体平台等，我们可以掌握到他们说过什么、看过什么、干过什么、想过什么、喜欢什么、买过什么，而这些就是今天我们应用大数据技术了解大学生网络行为轨迹的线上数据来源。当学生一旦娄入校园网或者访问智慧校园 App，我们就可以通过后台实时收集如下的一些情况：咨询软件浏览情况、社交软件聊天记录、视频网站观看记录等，科学判断大学生的政治倾向、思想脉动、价值取向、行为习惯，了解他们对于某个政治事件的倾向性观点、关注的时事政治热点以及一些错误的认知等等，这会方便我们更接近我们的教育和服务对象，更清晰地判断大学生对于马克思主义的认知与行为现状，从而让思想政治教育贴近青年学生群体。

目前，各高校智慧教室数量不断扩大，突破了班级授课制一对多的教学

---

① 邓艳梅.大数据时代青年思想政治教育方法创新研究［D］.华南理工大学硕士学位论文，2018.

局面。智慧教室无论是在桌椅板凳的设置，还是多媒体设备的采用上，都突出了以学生为中心的理念，旨在促进个性化教学，打造"沉浸式"教育环境，激发"场景力"的育人功能。以陕西高校为例，所有高校都建设出一批智慧教室，尤其是部属院校，对传统教室都进行了升级，配备了大量新媒体设备。同时，随着人工智能付诸实际运用，各高校马克思主义学院开始大力兴建虚拟仿真实验室，通过这种"全息化"的教育情景营造更具感染力和影响力的高校思想政治教育环境。在其他校园环境设施上也是不断更新。譬如，很多高校都已经实现无限网络全校区覆盖，各种在线课程比例不断攀升，人人可网、时时可学的态势已基本形成。

可以说，数字化时代，智慧数字校园的发展以及大学生群体的高度数据化特征，为大数据、人工智能、区块链技术与思想政治教育的结合提供了肥沃的内部土壤和现实可能。

二、新媒体的广泛应用

"如果将新媒体和传统媒体进行对比我们会发现，新媒体消除了传统媒体（电视、广播、报纸、通信）之间的界限，消除了国家与国家之间、社群之间、产业之间的界限，消除了信息接受者与发送者之间的界限。"[1] 自1994年3月中国被获准成为国际互联网的成员后，在校大学生就如饥似渴地走进了虚拟世界，大学生在虚拟世界的帮助下可以随时随地、自由自在地获取自己想要的信息和知识、创造和传播信息。新媒体大大加快了信息交互传播的速度，甚至实现了信息的"零时间"即时传播，消减了时间和空间疆界的束缚。对于自我意识强及热衷创新的高校学生来说，网络媒体无疑成了他们汲取信息和知识最理想的途径和渠道。这种消减力也有利于高校思想政治教育工作者与学生之间消除隔阂，拉近距离，有利于思政教育工作的开展，极大地提高了高校思想政治教育的工作效率。

---

① 亓慧坤，韩洁，方铮炀. 新媒体视域下高校思想政治教育的解读与重构［M］. 北京：中国纺织出版社，2019：15.

（一）新媒体具有强劲的吸引力

广大人民群众被新媒体的超媒体特性所吸引。这种超媒体是超文本的延伸，是在多种媒体中非线性地组织和呈现信息。比如手机媒体，从开始的短信、彩信（例如图片新闻、天气预报和视频的传递）到手机用户可以 QQ 和微信聊天、在线看新闻、看手机小说、收听手机广播、收看电视、电影、比赛等多媒体信息，并能随时随地将信息快速地发送到其他手机用户或互联网邮箱。手机、数字电视等装有计算机芯片的新媒体成为互联网信息的接收终端。2006 年 11 月，国家通讯社新华社开通了"新华手机报"，用户只需要动动手指，轻轻按触手机屏幕就能收看，并不需要付出任何代价。新闻尽在"掌"握，为手机用户带来全新读报体验，"新华手机报"第一时间播报新华网发布的重要即时新闻，每天 5 分钟，即可概览天下风云。如今抖音、快手等短视频 App 如雨后春笋般接连走进大众视线。其中抖音更是深受大学生喜欢，刷抖音已成为他们的日常习惯。2022 年 12 月 28 日，抖音联合巨量算数发布《2022抖音数据报告》，报告显示，抖音知识类作品发布数量增长 35.4%，高校直播场次增长 46%，观看高校直播的抖音用户达 9500 万，一系列高校公开课在抖音走红。可以说，新媒体像是一本信息极其丰富的百科全书，来自各种不同信息渠道的信息数量按几何级不断加速增长。由于新媒体提供了大量的文字、图像、音频视频等信息，在新媒体上获取知识更方便、快捷、有趣、全面，这给高校学生带来了极大的便利。很多在校高校学生最初接触新媒体的目的只是阅读，或是赋予自身时尚的气息，想要紧跟时代的步伐，但是不管他们最初的目的是什么，最终都无一例外地被新媒体带来的优势所深深吸引，有的大学生可能已经达到了病态的程度，感觉无法自拔。从另一个角度来说，新媒体不仅为高校学生打开了认识世界的一扇窗，更为他们打开了求知的新大门。

（二）新媒体具有强大的号召力

随着数字化时代的到来，媒体平台与人的生活越来越近，信息传播的全时、全城、全民、全速、全渠道、全互动、去中心化（不存在类似于"头版头名"一样的状况，不同受众可以选择出很多主题进行讨论）、去议程设置传播（信息传播不再是比较固定的用词模式，不同的消息发布人可以用自己使用语言的习惯进行传播）迸发强劲的号召力。新媒体对每个人的思想情感和价值观念的影响是客观存在的，如此大众接受教育的过程和新媒体的传播过程没有什么区别。在某种程度上，后者总会从不同的层面上影响着人们的价值观念、思想道德以及行为模式。

（三）新媒体具有广泛的渗透力

2023 年 8 月 28 日，中国互联网络信息中心（CNNIC）发布了第 52 次《中国互联网络发展状况统计报告》。该报告显示，截至 2023 年 6 月，我国网民规模达 10.79 亿人，较 2022 年 12 月增长 1109 万人，互联网普及率达 76.4%。即时通信、网络视频、短视频的用户规模仍稳居前三，用户规模分别达 10.47 亿人、10.44 亿人和 10.26 亿人，用户使用率分别为 97.1%、96.8% 和 95.2%。[①] 从 CNNIC 给出的数据可以看出，成千上万的在校大学生能在很短的时间内成为新媒体信息的接收者，在这个新媒体的时代里，在这个信息开放的空间里，影响人们是否决定要获取信息的因素只有爱好以及兴趣。现在人们只需要悠闲地坐在电脑前的椅子上，随意地敲击几下键盘，更夸张的是他们完全可以躺在被窝里，触摸一下手机网络终端上的链接，就可以轻松进入百度、搜狐、Hotmail 等国内外网站，或畅游在全世界各高校的校园网，搜索需要的资料，关注喜爱的新闻，欣赏影视精品，讨论社会热点问题，点击其他学校相关课程的网上教学、远程教学、CAI 课件等学习网站，充分享受诸如"麻省理工公开课""剑桥公开课"等知识大餐，也可以建立个人网站，在网站上与他人进行实时沟通和交流，并共享自己的交流心得与学习成果。

（四）新媒体具有深远的辐射力

在传统媒体的时代，"受众"二字是完全可以和阅听大众划上等号的，而

---

① 中国互联网络信息中心.第 52 次《中国互联网络发展状况统计报告》[EB/OL].
https：//www.cnnic.net.cn/n4/2023/0828/c88-10829.html，2023-08-28.

在这个多媒体时代，"受众"却有了更深层次的意思，成为在新媒体中参与到信息产业价值链的上游，媒体生态正在酝酿着深刻的改变。信息网状的流动方式构建了经济便捷地获取信息和发布信息的平台，信息以数字形式在新媒体环境中传播，实现了互联网、数字网、无线移动网等各个网络的连接和贯通，构成一张天然的网，穿梭于其间的是神奇的数据信息。由于特殊的链接结构，人们启用新媒体，就能够把信息传递给新媒体上特定的人，甚至可以把信息传递给与 Internet 相连的其他网络上的人们，使那些本来价格昂贵或难以应用的资源被其他人所共享并使用，用新媒体通信交流和共享信息源。例如，在互联网的帮助下，在校大学生可以突破空间的限制，接收来自世界各地的电子邮件，并能及时进行回复与交流，还能在互联网的帮助下与他人建立朋友关系，并能互联交换所需要的信息；可以通过互联网发布自己需要传播出去的公告信息；可以通过视频交流的形式参加各种专题小组的讨论，在讨论中充分发表自己的意见；可以使用海量的软件资源和信息资源，而不需要付出任何代价。这些特点，给予了在校大学生一种满足感以及尊重感，勾起了他们参与高校思想政治教育活动的欲望，激发了他们的主动性和积极性。

三、数字新技术的逐渐成熟

这些年来，我国在数字新技术领域取得了诸多进展。政策环境持续向好、理论研究和实践运用得以发展为应用数字新技术创新高校思想政治教育营造了良好的外部环境和技术基础。

（一）顶层设计与政策环境良好

2015 年 8 月，国务院发文《促进大数据发展行动纲要》，系统部署大数据发展工作。随后，党的十九大、二十大以及历次国务院政府工作报告中都强调了建设数字中国、网络强国的目标。同时，近几年来，我国还制定了《促进大数据发展行动纲要》《国家大数据综合试验区建设总体方案》《大数据产业发展规划（2016—2020 年）》《政府信息系统整合共享实施方案》《全国一体化大数据中心协同创新体系算力枢纽实施方案》《"互联网＋"人工智能三年行动实施方案》《生成式人工智能服务管理暂行办法》《"十四五"大数据产业发展规划》等，发布了《全球人工智能治理倡议》，为大数据等新技术的发展提供良好的政策环境。

（二）国家级试验区成为发展骨架

从 2016 年 2 月在贵州成立首个国家级大数据综合试验区以来，我国已经先后设立了纵横全境的 8 个国家级试验区。8 大试验区旨在围绕数据资源管理与共享开放、资源应用、要素流通、产业集聚等 7 大主要任务开展系统性试验，体现了党和政府顺应数字化时代发展的积极作为。以人工智能应用为牵引，各地正着力打造新一代人工智能创新发展试验区，郑州、西安、南京、武汉、深圳、济南等地积极谋划，出台方案，重点打造一批人工智能应用场景，提升人工智能创新能力，壮大人工智能产业集群，完善人工智能基础设施。而把大数据、人工智能和高校思想政治教育结合起来，契合了国家宏观发展政策和实践的走向。

（三）大数据产业显现活力

《大数据产业发展规划（2016—2020 年）》提出我国在 2020 年基本形成"技术先进、应用繁荣、保障有力"的大数据产业体系，相关产品和服务业务收入突破 1 万亿元，年均复合增长率保持 30% 左右，目前我们已经实现了这一目标。2021 年，工业和信息部发布《"十四五"大数据产业发展规划》，提出到 2025 年，大数据产业测算规模突破 3 万亿元，年均复合增长率保持在25% 左右，创新力强、附加值高、自主可控的现代化大数据产业体系基本形成，目前我们正朝着这一目标稳步迈进。大数据技术实现了与诸多行业、企业的深度关联，如市政、金融、教育、文旅等，并成为了活跃这些领域的重要动力，也显示了利用大数据技术创新思想政治教育的可能性。

（四）数字化人才培养体系正在建构

技术应用的关键在于人才，当前我国正着手构建大数据人才专业队伍。一方面，受大数据岗位需求激增而专业人才缺口较大的影响，数据科学与大数据技术专业应运而生。自 2016 年北京大学、对外经济贸易大学以及中南大学获教育部批准，成为全国首批开设此专业的本科高校以来，截至目前全国共有数百所本科院校和高校开设了这一专业，旨在培养具有数学、统计学、计算机学、管理学等多学科知识的复合型人才。另一方面，科研院校、政府、社会组织与企业之间形成了产学研用合作，成为大数据人才培养的又一渠道。这将为应用大数据技术服务思想政治教育提供人才储备。

第五节　"数字化"应用于思想政治教育的必要性

随着数字化理念在教育领域的发展与应用，大数据、人工智能、区块链技术等与教育逐步融合，大量的教育数据被收集和整理。挖掘这些数据背后的教育现象和规律，发挥大数据、人工智能、区块链技术在教育管理、研究、评价和服务等方面的作用，推动教育的创新发展，是未来教育研究和实践的重要方向。教育大数据的内容广阔，可以说不同信息载体中与教育相关的体量数据、活动数据、资源数据等都可以称为教育大数据。思想政治教育是大数据与教育融合的重要领域，数字化时代对于教育行为和教育效果都产生了重大影响。传统的教学行为具有独立性和数据的不完整性，但在数字化时代，大数据思维是人们思考问题的必备思维方式。"所谓大数据思维，是指一种意识，认为公开的数据一旦处理得当就能为千百万人急需解决的问题提供答案。"①大数据思维在本质上是一种复杂的数据化的整体思维，"它通过'更多'（全体优于部分）、'更杂'（杂多优于单一）、'更好'（相关优于因果）等思维理念，使思维方式从还原性思维走向了整体性思维，实现了思维方式的变

---

① ［英］维克托·迈尔-舍恩伯格，［英］肯尼斯·库克耶.大数据时代：生活、工作与思维的大变革［M］.盛杨燕，周涛，译.杭州：浙江人民出版社，2013：167.

革。"[1]在大数据思维下，教育活动中任何单一的、独立的数据都没有意义，以"点"为基础的数据结构不能完整地反映各教学要素之间的关系。大数据基于数据思想政治教育的各种教育行为、教育现象之间的关联，将各种教育行为、教育现象连接成互联互通的网状结构，要求思想政治教育具有社会性、整体性、多样性、动态性、开放性、平等性和交互性，以此推动思想政治教育的科学性和实效性。可见，数字新技术应用于思想政治教育是数字时代发展之必然，是十分必要的。在大数据理念和模式下，高校思想政治教育必须结合自身特点，转变教育理念和教育方式，运用大数据思维和理念推动思想政治教育的发展。

一、应对思想政治教育的开放性、社会性要求

高校思想政治教育主要是教育者通过一定的教学方式和途径，针对学生进行马克思主义基本理论知识和内容传播和理解的一种指导和实践，让广大学生对党的创新理论有进一步的认识和了解，引导学生树立科学的唯物主义世界观和全心全意为人民服务的无产阶级人生观，"并在实践的过程中运用马克思主义理论进行分析问题和解决问题，帮助学生在这个阶段初步形成马克思主义的思维模式和思想观念"。[2]目前，我国高校思想政治教育的主要内容包括马克思主义理想信念教育、社会主义核心价值观教育、中国传统文化教育、党史和国情教育等，以课堂教授为主，其他的教学方式主要有实践教学、网络教学、专题讲座等。思想政治教育具有开放性和社会性的特点，所谓的开放性和社会性，是指在互联网高度发达的现代社会，思想政治教育不能阈于其独立、狭小、自说自话的藩篱中，必须紧跟社会发展趋势，适应时代发展潮流以及当代大学生的思想内容和思维方式，利用现代化教育方式方法，广泛囊括各种教育要素，把握话语权，真正提高高校思想政治教育的实效性。

---

① 黄欣荣.大数据时代的哲学变革［N］.光明日报，2014-12-03（15）.

② 赵云霄.我国高校马克思主义教育及实效性研究［D］.河北农业大学硕士学位论文，2013：12

正是在这种环境下，数字技术的发展和应用适应了高校思想政治教育的开放性与社会性的要求。

（一）大数据的开放性与共享性为思想政治教育搭建了数字平台

一方面，高度发达的信息技术手段使共享更为迅速和便捷，日益普及化的信息采集设备和存储设备如电子眼、智能手机、电脑、网络存储平台等将海量数据置于网络公共空间，这就创造了一个数字平台，为开放教育资源、分享教育信息奠定了基础。另一方面，虽然这一数字平台所采集的信息来自于现实，但数字平台上的每一个终端都是双盲的，这就使得这一数字平台具有虚拟性的特点，平台上的每一个人对他人来说都是不公开、不透明的，现实世界中的隐私以及由此产生的戒备心理在数字平台上得到保护，每个人内心的真实想法也更容易在数字平台上表露。数字平台的这些特点，对于思想政治教育来说，是不可多得的宝贵资源。思想政治教育者可以利用大数据的数字平台分析和研判受教育者的思想状况，在此基础上把握住受教育者的思想动态，依此制订切实可行的教学计划，提高思想政治教育的针对性和实效性。不仅如此，大数据还具有可视化的特点。大数据的可视化是一种将所采集的现实信息如图像、图表或地图等以直观的方式还原和展现出来的技术手段，数据的可视化可以充分展示信息的模式和趋势等，帮助人们更形象直观地了解信息背后所隐含的价值和意义，揭示事物发展变化的趋向。这一特点使思想政治教育更具直观性和生动性，是提高思想政治教育实效的有效途径。

（二）大数据海量的信息资源是思想政治教育开放性、社会性的物质基础

在传统社会，由于技术水平有限，数字信息的传播与分享受到极大的限制，思想政治教育的教育资源也十分有限，而有限的教育资源难以形成思想政治教育开放性、社会性的格局。到了数字化时代，教育资源可以依托大数据实现即时、快捷、方便的传输共享，也就是说，大数据为丰富思想政治教育资源提供了技术支撑。第一，大数据提供了思想政治教育更加丰富和多样

的数据来源。大数据具有较强的多样性和包容性，学习主体的积极性与能动性在这样多样和包容的环境下能够得到有效的调动，促进学习主体广泛而深入地参与到教育资源的开发中，从而保证思想政治教育具有源头活水般的数据来源。第二，大数据保证了思想政治教育资源的全局性。比尔·弗兰克斯指出："当你在处理大数据时，你并不仅仅是拿到了一堆数据而已，大数据正在以复杂的格式，从不同的数据源高速地朝你奔涌而来。"[①] 大数据的数据源来自于千千万万的网络终端，数据的生成可谓海纳百川、源源不断，这些数据中承载着每一个受教育者活生生的学习方式和理念等，大数据对于受教育者受教育行为的整体性、全局性的囊括，为思想政治教育提供了全方位、原生态、全程化的数据源。

二、应对思想政治教育过程的交互性要求

在互联网高度发达的信息社会，高校思想政治教育的各要素之间并不是相互独立和封闭的，而是相互关联的，表现出交互性、整体性和协同性的特点，这种交互性有赖于大数据媒介之间所建立的关联性。数字化背景下，思想政治教育从以往的单向传播模式转变为双向互动传播模式，在双向互动模式下，受教育者不仅是信息的接收者、享受者，同时也是信息的创造者和传播者，这就使他们在思想政治教育中产生一种交互性。通过这种交互性，受教育者在思想政治教育过程中体现出互动性与自主性，不仅能提高对马克思主义的认知程度，而且能够主动创造信息，并运用马克思主义立场、观点和方法分析解决问题，真正提高思想政治教育的实效。对于思想政治教育的交互性，大数据、人工智能、区块链技术能够提供切实而有效的支持，这是大数据、人工智能、区块链技术应用于思想政治教育的必要性之一。

---

① ［美］比尔·弗兰克斯.驾驭大数据［M］.黄海，等，译.北京：人民邮电出版社，2013：5

（一）"数字化"有利于实现思想政治教育的双向互动

事实上，思想政治教育的双向互动是建立在大数据的交互性的基础上的。受教育者通过自媒体终端，将根据自己的个性化需求选择的教育信息等传递给教育者。教育者利用大数据平台收集受教育者的个性化需求，并加以分析研判，制定具有针对性的教育策略，因人制宜地对不同的受教育者进行教育，帮助受教育者形成对马克思主义理论的理解和认知，真正做到马克思主义理论的"入脑入心"，增强思想政治教育的教育效果。

（二）"数字化"有利于提高思想政治教育的教育效果

随着大数据平台的普及，教育信息的传播在兼容并升华传统传播方式优点的基础上，使思想政治教育具有低成本、广覆盖、快传播的特点，这在一方面促进了思想政治教育的精准传播，即通过大数据分析，按照不同标准把受教育者分成不同的群体，再根据每个群体的不同特点进行有针对性的传播，提高思想政治教育传播的有效性。这在另一方面也促进了思想政治教育的大众化传播，大数据平台具有更加多元和便捷的信息传播渠道。这种多元和便捷使数据终端上的每个受教育者都成为教育信息传播的节点，传播门槛降低，实现了精细化传播，受教育者不仅是教育信息的接受者，也可以是教育信息的制作者和传播者。可见，每个受教育者都是双重身份，这有利于促进思想政治教育的交互性，促进思想政治教育过程中的互动，使思想政治教育的传播更加高效、快捷，提高了思想政治教育的效果。

三、应对思想政治教育对象的复杂性要求

思想政治教育本身是一个复杂而庞大的动态变化系统，这首先表现在受教育主体的多元化和复杂化。这种多元化和复杂化主要表现在个体的思想特点、学习习惯、接受规律等方面的差异，教育对象的复杂性对思想政治教育的效果产生了重大影响，这也是大数据、人工智能、区块链技术与教育融合所要解决的问题。具体来说，就是要调动每个教育主体的积极性和能动性，

开发各种显性和隐性教育资源，使教育过程中的各要素突破"信息孤岛"和"数字藩篱"，发挥大数据的数字优势，通过复杂的数据计算来传输和展示受教育者的各种教育信息，包括他们对思想政治教育的认知、认同、情感、体验等，以这种海量信息的收集和分析应对教育对象的复杂性带来的挑战。

教育大数据之所以能够应对教育对象的复杂性带来的挑战，这是具有内在根源的。传统的教育研究中也有类似的数据分析，但这种数据主要是具体问题数据和精细数据，这种数据能够确保研究的针对性和专一性，却阈于这种针对性和专一性而不能全面地分析问题。教育大数据思维扩展了教育数据的来源和教育信息的范围，大数据通过移动终端随时随地将海量数据源源不断地上传，形成规模和范围巨大的数据资源库。多类型、超大量的数据为全面分析问题提供了保障，数据的来源结构从单点演变成多点，多维度数据分析在教育大数据中被广泛应用。这也就说明教育大数据的数据来源从独立的散点结构扩展到相互关联的网状结构，从一个节点扩散到多个节点，重构了教育大数据的体系结构和系统框架。多节点关联的教育大数据结构密切关联了教育大数据平台上的每一个受教育者，使教学资源、学习过程、教学管理等多元素产生内在关联，这种关联使复杂多变的教育对象简单化和稳定化。可见，教育大数据能够厘清教育对象的复杂性，将教育活动按照对象和内容等不同维度划分成多种数据层次，构建起能够清晰反映教育对象关联和教学结构的教育模式。在这种教育模式中，可以对任一个节点进行数据分析研判，促进数据体系的规范化以及教学结构和体系的完善，能够兼顾到思想政治教育的各个方面，改变传统教育的"你讲我听"的单一教育方式，使教育内容的传播渠道更广、内容更丰富、形式更多样。不仅如此，通过人工智能汇总海量数据，能够避开教育对象的复杂性，分析各个层次教育对象的接受能力、习惯和偏好，按分类向不同的教育对象推送相应形式的教育内容，从而因人制宜，促进思想政治教育的人性化、科学化。①

---

① 许烨，康杰.大数据时代思想政治教育的发展与变革［J］.中国德育，2021（11）：31-35.

第三章　"数字化"对思想政治教育实效性提升的机遇与挑战

数据意味着信息知识的高度聚集、交融，而高校是知识密集、思想活跃的前沿阵地，高校思想政治教育的针对性和实效性提升需要与时俱进地运用大数据、人工智能、区块链等数字新技术。数字化时代需要与时俱进的高校思想政治教育，包括数据信息技术的变革要求转换思想政治教育范式，国家软实力的提升要求明确思想政治教育目标，"以人为本"的科学理念的落实要求完善思想政治教育内容，全球化、文本和教学语境的变迁要求创新思想政治教育理念。

第一节 数字化时代需要与时俱进的思想政治教育

马克思、恩格斯曾经深刻地指出："一切划时代的体系的真正内容都是由于产生这些体系的那个时期的需要而形成起来的。"[①] 改革开放以来，在和平与发展的时代背景下，经济建设和社会发展成为国内发展的时代主题。伴随着进入新时代，思想政治教育这一产生于无产阶级对抗资本主义的革命时期，以阶级斗争、无产阶级革命和无产阶级专政等为主体内容的传统实践活动在我国新的历史背景下亟待变革和创新。具体而言，如何围绕"五位一体"总体布局、"四个全面"战略布局、"新时代、新目标、新征程"主题，建立"改革"和"建设"的思想政治教育新话语，适应全球化环境、数字化时代、文化语境、文本语境和教学语境的新变化，基于新时代底板之上开启思想政治教育的当代中国视野，已成为摆在中国共产党人面前的一项亟待解决的新课题。

一、时代主题由革命到建设转换亟待思想政治教育范式新转换

20 世纪上半叶，无论是从全球范围还是从中国国内来看，时代主题都是革命和战争。世界范围内的两次世界大战和各地爆发的反殖民战争，中国国内的各类革命和战争，如新民主主义革命时期的军阀混战、抗日战争、内战等等，社会主义革命时期的无产阶级革命皆印证了这一时代主题。为了顺应时代主题的要求，服从于革命的任务，我国在那个时期思想政治教育范式确立为革命范式。革命范式的确立使得思想政治教育在当时的历史条件下发挥了巨大作用："真正实现了传播和维护无产阶级意识形态、用无产阶级思想教育无产阶级和人民群众、批判落后或僵化的思想观念和制度体制、建立和巩固社会主义经济基础和上层建筑、提高人们的思想认识和科学思维水平、坚定人们的共产主义理想信念等目的和效果。"[②]20 世纪下半叶，国内外形势发

---

① 马克思恩格斯全集：第 3 卷 [M].北京：人民出版社，1960：554.
② 胡子克.思想政治教育概论 [M].北京：人民出版社，2015：101-102.

生了重大变化。世界上被殖民被奴役的国家和地区先后独立，开始了国家建设和发展之路；老牌的资本主义国家通过一系列的措施和手段成功度过了经济危机、缓和了社会矛盾；新兴的社会主义国家也在不断探索经济发展、增强综合国力的道路。这些新变化使得时代主题从战争和革命转变为和平与发展。正如邓小平深刻指出："现在世界上真正大的问题，带全球性的战略问题，一个是和平问题，一个是经济问题或者说发展问题。"[①] 根据这一新的时代主题，1978 年，中国在党的十一届三中全会上开始走上了"从阶级斗争为纲转向以经济建设为中心、从封闭半封闭转向逐步开放、从墨守陈规转向全面改革"的社会主义现代化建设的道路。正是在改革和建设这一全新时代主题的指导下，"什么是社会主义、怎样建设社会主义""建设什么样的党、怎样建设党"和"实现什么样的发展、怎样发展"等，相继成为新时期我国社会发展的基本问题和新的主体话语，成为中国共产党人亟待敏锐感知、准确判断和科学解答的重大理论和实践问题；如何在彻底解放和发展生产力的基础上实现我国经济、政治、文化与社会的全面、协调和可持续发展，如何从人民群众的根本利益出发切实保障和维护群众的经济、政治和文化权益，进而真正实现国家的繁荣富强和人民群众的自由全面发展，成为我们党和国家面临的崭新课题。

在新的历史条件下，思想政治教育也需要适应时代主题的变化和回应中国改革开放以及社会主义现代化建设这一现实要求，转向服务经济建设，推进现代化建设进程的发展方向；其重心已经由为阶级斗争服务转向为改革开放和现代化建设服务的轨道上，思想政治教育的任务、条件、对象、内容和形式都随之发生深刻变化，传统思想政治教育中缺少实践经验和理论指导的弱项"建设宣传"日趋凸显，而其强项"革命教育"则被弱化。随着时代主题的深刻转换，"革命教育"这一传统教育优势的历史地位、理解范式和话语方式逐步沉沦到历史地平线之下，逐渐丧失话语权。"老式的宣传方法是讲解或举例说明什么是共产主义。但这种老式的宣传已毫无用处，因为我们需要在

---

① 邓小平文选：第 3 卷［M］.北京：人民出版社，1993：105.

实践中说明应该如何建设社会主义。整个宣传工作应该建立在经济建设的政治经验之上。这是我们最主要的任务，谁要是对宣传仍作旧的理解，那他就落后了，就不能担负起对工农群众的宣传工作。"①由此可见，改革开放以来我国思想政治教育要适应时代变化，就必须从根本上转变传统的思维方式和教育模式，重新理解和设置思想政治教育的内容体系和方式方法，实现马克思主义理论教育思想从关注重心到主体内容的彻底转换。

在新时代，围绕"五位一体"总体布局、"四个全面"战略布局、"新时代、新目标、新征程"主题，转换传统思想政治教育中的"革命"与"批判"的话语体系，建构起"改革"和"建设"的教育新话语，基于新时代底板之上开启思想政治教育理论发展的当代中国视野，是新时代开展思想政治教育的关键和题中应有之义。我们要深刻认识为党育人、为国育才是百年未有之大变局下实现中华民族伟大复兴和第二个百年奋斗目标的关键使命，必须坚持不懈用习近平新时代中国特色社会主义思想铸魂育人，汇聚起为党育人、为国育才的磅礴力量。数字化时代信息技术呈现出理论与实践范畴的大变革，高校教育教学模式在信息技术支撑下实现结构性变革，逐步向信息化教育创生发展，与此相对应的是思想政治教育范式亟需进行调整转换。"当代思想政治教育应该顺应时代发展，充分利用互联网资源……对大学生的思想观念、价值信念、人生态度、道德规范、感情心理等进行影响。"②新时代大学生在信息技术快速发展的情境下接受的信息是以往不可比拟的，原本作为知识权威的教师掌握的主动权和话语权受到新的冲击，如果教师不能在大数据中把握时效性，思政教育就会越来越远离信息多维化、多元化的学生群体，不利于及时有效地引导他们形成正确的思想价值观，也就失去了思想政治教育的意义。此外，部分思政理论课存在实践活动不足、网络资源利用率较低等情况，无法吸引到与数字化时代同行的学生，将会导致课堂教与学、教师与学生逐

---

① 列宁全集：第 39 卷［M］.北京：人民出版社，1986：407.

② 王兴波.大数据时代高校思想政治教育改革探析［J］.学校党建与思想教育，2018（2）：60.

渐处于不对等的关系当中。新时代，我国教育逐步走向信息技术与教育教学深度融合的教育信息化 3.0 阶段 ①，思想政治教育范式亟待创新转换。因此，思想政治教育的革命范式必须转换到建设范式上来，围绕坚持和发展中国特色社会主义，以全面建成富强、民主、文明、和谐、美丽的社会主义现代化强国为目标，以中国特色社会主义理论体系为核心内容，解决中国特色社会主义建设中的各种理论和现实问题。

二、提升以意识形态为主导的国家"软权力"的时代诉求

"软权力"是有别于经济、军事等这些需要通过利诱或者强制，来实现某个国家特定目的的"硬权力"的另一种权力资源。这一概念是由美国著名学者约瑟夫·奈最早提出。② 它主要通过其构成要素，如文化、制度、话语等对他国的影响力、吸引力以及感召力来实现某个国家想要的结果。在这个以和平与发展为主题的时代，一个国家想要在国际竞争中占领制高点、掌握国际话语权，必须更多地依靠其"软权力"而非"硬权力"。文化是软权力最核心的构成要素，而意识形态决定着文化的发展方向，可见软权力是以意识形态为主导的。当今世界，主要存在两种社会制度的国家：以美国为代表的资本主义国家和以中国为代表的社会主义国家，资本主义意识形态和社会主义意识形态之间的斗争从未停歇。随着综合国力的不断增强，中国在国际竞争中的优势也大为增加，国际影响力也进一步扩大，使得社会主义意识形态的吸引力也随之增大。然而，美国作为世界上的超级大国，在经济、军事、制度、文化等各方面的实力强大，其全球领袖的地位在短时间内仍然牢不可破，一大批资本主义国家为其马首是瞻，自愿追随其后，拥护美国在国际事务中的

---

① 3.0 时代以教育信息化为开端，新理念、新方式、新标准兼容并蓄通过大数据分析，让技术服务于人，尊重规律，弘扬个性，以此为特征的"智慧校园"是教育信息化的3.0 版。教育信息化 3.0 正在构建一个全新的未来，处于爆发前夜，技术方向包括动画与AR/VR、数字与智能化、元宇宙在教育行业场景应用的逐渐成熟。

② ［美］约瑟夫·奈. 美国定能领导世界吗［M］. 何小东，等，译. 北京：军事译文出版社，1992.

立场和观点，显示出了资本主义意识形态的巨大吸引力。而且，在中国发展的进程中，西方资本主义国家对我国各方面的发展都加以干涉、打压、阻挠，尤其是意识形态上的渗透始终未曾停歇，在国际上到处散播各种错误言论，譬如"中国崩溃论""中国威胁论""中国掠夺论""中国不负责任论"等一直甚嚣尘上；到处宣扬极具迷惑性和煽动性的错误社会思潮，如以西方民主和自由为标准的"普世价值论"，歪曲篡改历史、贬损和丑化英雄或领袖的"历史虚无主义"，企图颠覆中国政权，严重威胁到我国国家安全。

中国在经济全球化（20世纪80年代已初露端倪）的宏大背景下进行改革开放和现代化建设，所面临的最为重大而紧迫的任务，就是做好社会主义意识形态工作应对以意识形态为主导的国家"软权力"之间的竞争和对抗。否则，"意识形态领域，社会主义思想不去占领，资本主义思想就必然去占领"①。美国的中国问题专家劳伦斯·布拉姆刻指出，中国已从意识形态主宰一切、不存在任何物质上义的状态，转变为物质主义至上，不讲任何思想意识和价值观的状态，人们有所期望成为普遍的现象。可见，如何通过强化以意识形态为主导的国家"软权力"建设来扭转社会主义意识形态话语权威衰微的颓势，已成为新时代我国社会发展的时代诉求。

在当代中国，人民民主专政的政权性质、公有制经济的主体地位、中国共产党的执政地位决定了马克思主义是我们立党立国的根本指导思想，是全国全党团结奋斗的共同思想基础，是国家的主流意识形态，是我国社会主义意识形态的核心与灵魂。因此，要提升以意识形态为主导的国家"软权力"建设水平，关键是要坚持马克思主义在意识形态领域的指导地位，积极通过科学的方法、合适的路径使得马克思主义真正占领人们的思想，发挥马克思主义对多样化、多元化社会思潮的引领功效，主动用马克思主义占领和巩固思想文化阵地。这不仅是一个实际工作问题，更是一个重大的原则性问题。东欧剧变、苏联解体的历史悲剧就已经深刻地例证，放弃马克思主义在意识

① 江泽民论有中国特色社会主义（专题摘编）[M].北京：中央文献出版社，2002：407.

形态领域的主导地位，搞意识形态多元化，势必会使各种非马克思主义、反马克思主义、反社会主义的思潮有机可乘，久而久之就会葬送社会主义事业。特别是某些不良势力企图利用互联网对我国实施西化分化，其目标直指青年一代，一些消极文化与不良信息或披着合法的外衣或潜伏充斥在数据信息场里，以各种诱惑吸引大学生的眼球，与主流意识形态产生碰撞，对校园文化和大学生思想、道德、情操产生冲击和影响。一部分分辨能力尚不成熟的大学生既容易受到不良价值理念的影响，又容易受到一些泛娱乐化文化的影响，在人生观、世界观、价值观的关键塑造期中走了偏路。可见，马克思主义在社会主义意识形态领域和国家"软权力"建设中的指导地位不能削弱，只能加强。

全球化的互联网带来的是全球化的文化理念和价值观念的交流与传播，尤其是网络空间形成的文化传播速度快、途径多、影响力大，数字化时代思想政治教育的外部环境变化深刻影响着教育工作的开展。高等教育必须坚持马克思主义意识形态的引领作用，防止不良企图在高校思想文化阵地上得逞，所以高校思想政治教育在如何利用互联网保护大学生思想健康和培育积极向上的主流价值观上具有重要的地位作用，思想政治教育加强与信息技术的融合是提升以意识形态为主导的国家软实力的时代诉求。高校作为思想政治教育的主阵地，是培养社会主义接班人的关键场所，因此，我们必须加强思想政治教育，不断探索思想政治教育的新内容、新方法、新路径和新话语，以此不断巩固马克思主义在意识形态领域的指导地位，增加社会主义意识形态的吸引力，从而提升我国国家"软权力"。

三、"以人为本"科学理念的确立催生思想政治教育思想新转换

马克思在《〈黑格尔法哲学批判〉导言》中曾深刻地指出："理论只要彻底，就能说服人。所谓彻底，就是抓住事物的根本。但是，人的根本就是人本身。"① 这启示我们，思想政治教育作为建构在"现实的人"的基础上的教育

① 马克思恩格斯选集：第 1 卷 [M].北京：人民出版社，1995：9.

实践活动要想取得预期实效，就必须把"现实的人"作为自身的根本立足点，把"现实的人"的问题作为自身的内核问题和基础问题，把关照"现实的人"的发展作为自身的根本出发点和落脚点。可见，"以人为中心"是思想政治教育的必然要求。它直接关涉到思想政治教育的存在意义、目标选择、价值定位和发展方式。但是，在我国传统的思想政治教育中，人的主体地位并没有得到确保和凸显。基于革命和战争的需要，人通常只是被视为达到一定教育的手段和工具，人的发展被湮没在社会发展之中，造成人的"在场性"的缺席及人性关怀的缺失。因而，伴随新时期人民群众主体意识的不断觉醒和中国共产党人"以人为本""以人民为中心"执政理念的逐步确立，思想政治教育思想必须随之做出恰切回应。

自改革开放以来，社会主义市场经济体制逐步建立，社会主义制度日趋完善，人们自我评判、自我选择和自我设计的空间空前扩大，被压抑已久的主体意识、独立意识和平等观念不断觉醒并日益增强，人们的主体性越来越清晰地凸显，人们对自身尊严、自由、权力和责任的追求成为社会普遍现象，人们的利益诉求和情感慰藉成为社会关怀的首要环节，人们的自主性和主体价值在社会各领域得到普遍张扬和充分彰显，对人的主体性最大程度的呼唤随之成为这个时代的最强音。正是在这种时代背景下，"以人为本"的科学理念逐步成为改革开放进程中根本性的思维方式，并被逐步确立为现代化建设和全面建设小康社会的根本价值指向和核心指导理念。从邓小平提出社会主义人权观、人民的人权观，到江泽民在庆祝中国共产党成立八十周年大会指出"人的全面发展是马克思主义关于建设社会主义新社会的本质观求。一切工作都要落脚到促进人的发展上，这是符合社会主义本质要求的，也是社会主义优越性的体现"[①]，到胡锦涛与时俱进地提出"以人为本"的科学发展观和构建社会主义核心价值体系的战略命题，再到习近平总书记的"以人民为中心"，把增进人民福祉、促进人的全面发展、朝着共同富裕方向稳步前进作为经济发展的出发点和落脚点，一代又一代中国共产党人在改革开放和中国式

----

① 江泽民.论"三个代表"［M］.北京：中央文献出版社，2001：179.

现代化建设进程中不断深化和拓展"以人为本"的科学理念。在这一科学理念的指导下，中国式现代化建设的各项工作也逐步落脚到促进和实现人的发展上、增进人民福祉上。

无论是"以人为本"的科学发展观，还是"以人民为中心"的发展思想，都是对马克思主义关于社会发展的目的是"实现每个人的自由而全面发展"这一观点的继承和发展，是时代发展的产物和必然要求，必须始终贯穿于社会活动和发展的全过程。"以人为本"的科学理念具体落实到高校的思想政治教育中，体现更多的是以学生为本，通过大数据技术充分完善学生资源，培养学生正确的世界观人生观价值观。大数据能够为思想政治教育提供更加全面有效的学生信息，通过让"数据发声"深入了解学生需求。这里主要是运用大数据、人工智能采集各高校学生在思想观念、行为实践上的各类信息并进行量化处理，在归纳分析的基础上充分获取有利于开展教学的信息数据，重点是获取学生群体思想状态、潜在需求及深层原因、目标要求等，让思想教育工作者充分了解自己面对的学生群体的特性、学生的思想状态、学生的主要诉求，知道为什么要教、应该教什么，以全面提升思想政治教育实效。"大数据技术提高了学生思想信息的获取度和数据处理速度，能够尽快掌握学生状况，缩短教育准备过程，减少不必要的时间耗损。"①通过大数据强大的非线性分析能够对学生群体对象进行全面的多角度描述，筛选和细化思想行为信息，预测和研判事件发展趋势走向，为充分完善思政教育内容、打造精准思政教育模式提供坚实基础保障。

然而，传统的思想政治教育无论是在教学内容、教学方法，还是在教学效果评估上都与"以人为本"科学理念要求存在明显差距：在教学内容上，多是统一标准化的纯理论、纯说教内容，让受教育者从心底对其不感兴趣，甚至觉得反感，不愿意去学习；在教学方法上，多是填鸭式的单向灌输，让受教育者的主观能动性受到抑制，不利于教学内容的消化与吸收；在教学效果评估

---

① 王绍霞.大数据时代高校思想政治教育时效性探析［J］.学校党建与思想教育，2015（23）：24.

上，多是以理论考试的方式来进行评价衡量，不能全面且客观地反映教学双方在教学过程中完成教学目标的情况，尤其是受教育者对教学内容的接受程度。因此，伴随着"以人为本"科学理念的逐步确立，思想政治教育必须作出恰切回应：以"以人为本"为理论依据和价值准则重新审视和反思自身，逐步确立"以人为本"的新型教育观，实现教育由"政本"到"人本"范式的新转换。具体而言，这就需要思想政治教育回归人的现实生活世界，把"现实的人"的发展放在首要位置，高度肯定人的主体地位和自觉能动性，充分尊重人的个性、人格尊严和需要，努力做到既教育人、引导人、鞭策人、鼓舞人，又帮助人、尊重人、理解人，进而最大限度凸显和释放人性，使自身富含人本性、人文性、生命性等新含义。所以，必须要转变思想政治教育思想，充分尊重受教育者的主体地位，遵循教育工作规律、教育对象成长规律等客观规律，以适应"以人为本"的科学理念要求。

具体来说，一是要转变教学内容，打破统一标准，注意将其具体化、生动化、形象化，转化为受教育者感到亲切的、易于接受的内容，同时还要注意教育内容的针对性和个性需求。二是要转变教学方法，从单向灌输转变为多元互动，充分发挥受教育者的主观能动性，积极主动参与到教学研究过程中来，在与其他受教育者和教育者的讨论交流中，激发出更多的灵感，活跃思维，更好地对教育内容进行消化吸收。三是要转变教学效果评估标准，不能简单地以理论考试来评价思想政治教育的效果。马克思主义理论是科学的世界观和方法论，思想政治教育既是要在受教育者的思想上树立正确的世界观，也就是铸魂教育，使其内化于心、外化于行，其效果关键体现在，能使受教育者的思想得到升华，能成为受教育者平时的自觉行为；又是要为受教育者提供可行的方法论，其效果关键体现为，能用这种科学方法来分析现实问题，并解决问题。因此，思想政治教育教学效果评价标准的制定要从这些维度进行考量，这样不仅能更准确地反映教学效果，而且为下一步教学内容和方法的改进提供了方向性指导，也能进一步提升教学效果。

四、适应全球化环境、数字化时代、文本语境和教学语境变化的新需要

在全面深化改革开放的新的历史转型期，经济、政治、文化全球化的日益发展和社会信息化、信息网络化的不断嬗变，在深刻影响人们的价值观念、思维方式和行为方式的同时，也深刻改变着数字化时代的思想政治教育的文本语境和教学语境，使思想政治教育在迎来空前的发展机遇的同时，也面临严峻的考验和挑战。如何以辩证的理念汲取数字化时代的各种合理资源以适应新的全球化语境、以创新的精神吸收新的时代话语以转换传统文本的表达方式、以科学的视角应用现有的数字技术手段以适应新的教学语境，从而不断更新观念、拓展新视角、吸收新资源，彻底改变传统思想政治教育的思维方式和实践模式，切实提升思想政治教育的实效性和吸引力，成为新时代高校思想政治教育思想发展创新的时代诉求和必经之路。

全球化是现今世界的大势所趋，将世界上各个国家、民族、地区紧密联系在一起，彼此互通有无、相互借鉴，为自身发展汲取足够养分。然而，全球化也给思想政治教育带来了巨大挑战。一方面，经济全球化弱化了民众的马克思主义信仰。经济全球化使得全世界成为了一个大的市场体系。市场经济虽然在提高经济实力、改善民生等方面发挥着很大的积极作用，但是，它本身的逐利性夸大了金钱的地位和作用，使得一些人的价值观发生偏差，形成了"金钱至上"的拜金主义价值观，产生了信仰危机。在这种信仰危机的影响下，一味追求物质利益，而放弃背弃了共产主义的崇高理想。另一方面，文化全球化冲击了马克思主义的权威地位。一是，文化的交流打破了原来封闭的教育环境，使受教育者意识到马克思主义并非之前被灌输的"唯一绝对权威"，在世界上存在着各种非马克思主义的理论和学说。在这些非马克思主义中，有一部分在看似有诸多合理性且极具迷惑性的所谓学术的外衣掩饰之下，对马克思主义进行贬低、否定甚至攻击。一些人在这种影响下，思想发生动摇，对马克思主义权威性产生怀疑情绪。二是，西方发达资本主义国家

凭借其在信息技术上的绝对优势，实行文化霸权。他们利用互联网直接或者间接地将西方的生活方式、价值观念等在全世界范围内进行大肆传播和鼓吹，同时却对其他地区文化进行控制和封锁，以此手段在潜移默化中获取认同、笼络人心，已达到其和平演变的不轨企图。因此，思想政治教育需要更加有针对性、时效性来回答时代问题，才能为我们社会主义现代化建设保驾护航，使我国在全球化的浪潮中勇立潮头，屹立不倒。

宏大的数据信息已经使教育本身超越了国家、民族、区域、文化的界限走向全球化，并兼容各方面的教育信息，超越了传统承载、阅读以及处理模式局限下的文本语境，超越了传统教学语境下教与学的传输——接受模式，思想政治教育在全球化语境、文本语境和教学语境变化过程中对教育资源、教学手段以及教育者都有了新的需要。与此同时，大数据为充实教学资源、丰富教学手段和优化教育工作者队伍提供新的途径。数量巨大、资源丰富、知识多样、提取便捷的数据库为思想政治教育资源信息提供强有力的支撑，不断注入新鲜充足的养分。大数据所搭建的交流平台不仅丰富了教育的方式方法，更是对传统局限于课堂式教育理念的颠覆，社会、家庭与学校一起共享平台、共享信息，实际上都充当了思想政治教育工作者的角色，承担了职能。如 2020 年新冠肺炎疫情期间各级各类学校推迟开学，网课、直播等平台为"停课不停学"的高校教育提供了最大的便利和有效的支撑，对思想政治教育也是从理念到范式再到具体实践的变革。①

文本是思想政治教育的重要载体，各类研究和宣传马克思主义的文献，自马克思主义诞生之日起就在全世界范围内不断涌现。它们从不同视角切入进行解读，以不同文字版本呈现在世人面前，这让我们可以对马克思主义理论有着多重理解，更全面更深入地了解马克思主义理论。然而，各个时代的马克思主义理论家对于马克思主义的理解无疑会受到他所身处时代的影响，所以我们必须在当代语境下对其著作进行整理、翻新和出版。而且，翻译和

---

① 张彩云，许烨.大数据对高校思想政治教育实效性提升的影响研究［J］.湖南邮电职业技术学院学报，2020（2）：87-90.

解读的过程，也是原文原意丢失的过程。改革开放以后，我国思想政治教育是在改革和建设的时代新背景下开展的，随着时代主题与时代任务的急剧转变、国内新问题与新情况的不断涌现、马克思恩格斯的大量手稿尤其是他们晚年人类学手稿的相继问世，思想政治教育关注的重点逐渐从"革命视域"转向"建设视域"，从"社会界域"转向人们的"生活世界""交往世界"和"意义世界"，从"意识形态显性化"转向"意识形态隐性化"。面对新时代文本语境的深刻变迁，列宁时期和斯大林时期的文本解读因其鲜明的意识形态性、单调枯燥的话语体系，已经严重脱离新时代发展的需求，逐渐凸显出历史局限性，严重消解着思想政治教育的实效性。因而，要适应新时代文本语境的深刻变迁。一方面，要变革更新思想政治教育文本的编写理念和编写模式，在深度耕犁经典原著文本的基础上全面推进文本内容和编写语言的"本土化"和"民族化"，用契合中国民众的思维方式和语言风格去思考、分析和阐释社会发展和人民群众的发展问题，形成具有中国风格、中国特色和中国气派的思想政治教育文本体系。另一方面，在习近平新时代中国特色社会主义思想中贯穿着"读原著、学原文、悟原理"的指导思想，因此思想政治教育的关键还是在"读原著、学原文、悟原理"，在对经典原著的文本进行细致深入剖析的基础上，形成独立的判断，并将之付诸当代现实的实践当中进行检验。

思想政治教育的教育者和宣传者的传统话语体系和宣传模式也应进行相应调整，抛弃以往不分场合不分对象盲目套用大而空的"政治话语""学术术语"的方式，在充分把握本土文化教育规律和文本发展逻辑的基础上，将既定的文本内容转化为独具中国语言特色、群众通俗易懂的大众话语，以适应文本语境的发展变化，切实增强思想政治教育的话语说服力。另外，马克思主义文本和非马克思主义文本的比较研究也是思想政治教育当前面临的重要任务。"据统计，中国20多年来出版社所出版的哲学文化论著，非马克思主义文献是马克思主义文献的几十倍，因而受教育者所阅读和接受非马克思主义文本的机会几十倍于阅读和接受马克思主义文本的机会。"①因此,不对两者进行系统合理的比较,就会让我们当前的思想政治教育缺少"他者"的外部刺激缺乏创新,日渐僵化。而且,也让马克思主义理论缺乏接受"他者"挑战并捍卫自己绝对真理地位的能力。故而,当今的思想政治教育的文本需要转化为包含着与"他者"对比的内容。

　　思想政治教育的教学中最大的问题是理论脱离实际。首先,脱离了马克思主义理论的系统性实际。传统的教材都注重的是归纳马克思主义原理,而且将之分割为不同的知识点。其次,脱离了马克思主义理论与其他具体学科教育互通的实际,相互隔阂。马克思主义理论是抽象的理论,如果不能与具体科学结合,打通从具体到抽象的思维方法,很难被生活在当今科技高度发达社会的受教育者们所接受。第三,脱离了世情、国情的实际。马克思主义理论是相对固定的,而世界形势和国家社会的情况是变动的。马克思主义理论最大的特征就是理论联系实际,在新时代下,马克思主义理论教育也需要紧密结合实际,从马克思主义理论体系出发,与其他具体学科融会贯通,在加强对世情、国情的研究中,焕发新的活力,实现最佳的教学效果。尤其是目前现代信息技术尤其是网络技术的发展、普及和应用,从双重维度改变了思想政治教育的教学语境。新时期,继报刊、广播和电视等成为理论教育的舆论阵地之后,互联网和手机等新技术手段逐渐成为理论教育的主要渠道,思想政治教育也随之迈入一个集文字声音、图像和影视等多媒体技术于一体的数字化时代。数字化时代的到来,既为思想政治教育提供了强有力的硬件支持,使理论教育的方式、方法和路径等得到新拓展,使理论教育的表现形态从单一转向多样、静态转向动态、从平面转向立体,从而用图文并茂、生动有趣和形式多样的宣传讲授方式替代传统思想政治教育中"一张嘴、一支笔、一个本""一人讲、众人听"的灌输方式,全面提升了理论教育的实效性,同时也给思想政治教育带来严峻挑战。

---

① 张学广. 马克思主义理论教育的合理语境[J].学校党建与思想教育,2007(1): 12-15.

数字化时代各种泥沙俱下、鱼龙混杂的信息迅速渗透到高校的日常生活中，不断挤占主流文化和中华文化的话语空间，模糊了部分师生的价值判断标准，考验大学生的鉴别力和自控力，给思想政治教育整合社会思想带来难度。另一方面，百年未有之大变局下，剧烈变动的社会现实将思想政治教育置于动态的、开放的和发展的环境中，不断改变着理论教育的教学语境。譬如，新时代以来我国现代化建设进程中腐败问题、就业难问题、贫富两极分化问题、群体性事件频发问题等社会焦点和热点问题的相继出现，在为思想政治教育提供鲜活的现实教育素材的同时，也深刻凸显出马克思主义关于未来社会的基本设想与我国社会现实之间的巨大反差，将马克思主义的真理性、科学性和价值性一再推向风口浪尖，反复拷问着思想政治教育的现实溯及力和实效性。可见，在全媒体时代，思想政治教育工作者既要探索全媒体视域下思想政治教育的方式方法，充分利用数字新技术来妥善解决虚拟领域与现实社会的衔接问题，又要立足现实运用马克思主义对我国统筹推进"五位一体"总体布局、协调推进"四个全面"战略布局进程中层出不穷的社会问题做出符合中国国情和当代意义的解说，为大学生合理解答马克思主义理论与社会现实之间的反差，不断适应变化发展的教育语境。

第二节 "数字化"对思想政治教育实效性提升的机遇

大数据、人工智能、区块链等数字新技术给高校思想政治教育带来了诸多挑战，但也在引导高校正确认识数字化时代带来的社会变化、指导高校思政工作者适应并充分利用"数字化"、提升思想政治教育实效性等方面带来了机遇。坚守社会主义主流意识形态的思想阵地，高校思想政治教育要抓住"数字化"带来的机遇，不断与时俱进。一方面，不能沉浸在过往的思维观念中固步自封，要紧紧跟上思想政治教育的改革创新步伐，提高自觉适应和应用大数据、人工智能、区块链等技术的能力；另一方面，要以"立德树人"为根本，不断提高高校思想政治教育的实效性，培育符合时代要求和社会需要的社会主义合格接班人和建设者。数字化时代，高校思想政治教育的理念、内容、方式、时空等均发生了变化。习近平总书记强调"推动思想政治理论课改革创新"①，"'大思政课'我们要善用之，一定要跟现实结合起来。上思政课不能拿着文件宣读，没有生命、干巴巴的。"②大数据、人工智能、区块链技术为高校思想政治教育创新发展提供了新的方向和空间，在"多样性""及时性""平等性""共享性""交互性"中不断提升高校思想政治教育的实效性。

一、"多样性"对教育思维、理念的转变

大数据催生了"互联网+"的教育思维，形成了多维度的教育理念。首先，高校思想政治教育从"时空局限式"走向"时空发散式"，应树立整体育人的教育理念。教育领域运用信息技术后，教室中原来的课本、黑板变成了语音、多媒体教室，甚至走向了网课与直播间，打破了传统学习的时空局限，构建了新的教育理念。教育的根本任务是"立德树人"，高校思政工作者要充分认识数字化时代的思想政治教育工作是一项系统性极强的工作，需要在以"德育"为首的前提下"诸育并举"，需要关注整个大学生群体的发展，需要利用技术手段掌握学生思想动态的有关数据并积极引导学生在各个学科、课程间相对平衡地发展，需要思政工作者和其他教师群体的整体配合。大学生在网络社会进行的虚拟道德实践活动，其主要载体是符号、数字、图形、声音、影像等，因此要根据大学生道德养成的规律和数字化时代的特征，创新高校思想政治教育的原则、内容、方法、措施、机制。

其次，高校思想政治教育从"单项灌输式"转为"网络互动式"。教育观念和教学方式、方法仍然相对落后，削弱了思想政治教育的效果。以往传统的教学内容设置以单向传输课程知识的做法，既不重视学生的能力培养，学习也停留在理论层面，忽视了实践运用和操作层面的能力培养。应该说，当

---

① 习近平.用新时代中国特色社会主义思想铸魂育人 贯彻党的教育方针落实立德树人根本任务［N］.人民日报，2019-03-19（001）.

② 习近平."大思政课"我们要善用之［N］.人民日报，2021-03-07（001）.

代大学生思想政治状况的主流是积极、健康、向上的。他们热爱党、热爱祖国、热爱社会主义、热爱中华民族，坚决拥护党的路线、方针、政策，对于学习马克思主义理论也具有比较强烈的愿望。然而，也不能否认，有相当一部分学生对思想政治教育存在着抵触情绪，对马克思主义理论课有逆反心理。造成这种状况的原因是多方面的，但思想政治教育观念滞后，教学方式、方法、手段单一、落后是其中的重要原因。而数字化时代多元化的教学活动和教学方式为教师提供了极大的便利。

第三，高校思想政治教育不断走向"开放式"和"自由式"。融合大数据、人工智能、区块链技术的思想政治教育资源更加丰富、形式更加灵活，高校更加着力培养大数据管理队伍和教师队伍，开展系统培训，教师的综合能力得到全面提升。

毋庸讳言，在对思想政治教育性质的认识上，理论和实践中仍然还存在很多不一致的意见，从而直接影响到了思想政治教育的教育观念和教学方式、方法。比如说，马克思主义理论是具有严格科学性和彻底革命性的博大精深的理论体系，它包含着十分丰富的内容，如何把这一科学理论传授给青年学生，帮助他们形成正确的世界观和人生观，正确认识社会历史的发展规律，是一个需要继续深入研究的大课题。长期以来存在一种错误倾向，即片面强调马克思主义理论知识传授的系统性，生怕遗漏了某一个理论知识点，试图做到理论传授的全面性和系统性，而忽略了对马克思主义理论蕴含着的十分丰富的理论品格、思想方法、价值意蕴等方面的讲解和传授，忽略了学生希望通过学习来解决他们思想困惑的实际需求，使马克思主义理论的说服力和战斗力大大降低，削弱了马克思主义理论在大学生中的影响力，甚至使得学生产生逆反心理。

二、"及时性"对教育内容、空间的更新

传统的思想政治教育的教学内容大多数以《马克思主义基本原理概论》《毛泽东思想与中国特色社会主义理论体系概论》《中国近代史纲要》《思想道

德修养和法律基础》《习近平新时代中国特色社会主义思想》《形势与政策以及当代世界经济和政治》课本为主，内容主要涉及国家大政方针、理论政策，以及教育理论，加之课本本身从写作到出版的更新换代周期较长，会对教育内容的时效性产生一定影响，不利于高校思想政治教育对最新理论和科研成果的吸收。传统的教学模式以面授的讲授式为主，教师与学生之间的沟通在一定程度上受到时间和空间的限制，而数字化时代使"各类数据的迅速增长和大量数据库的建立极大地丰富了思想政治教育的资源"①。

首先，数字化时代下的信息资源是及时更新思想政治教育教学内容的知识宝库，大数据提供最新鲜的时政咨询、最前沿的教育理念，人工智能、区块链技术能够提取出最有效、最有价值的信息。目前，思想政治理论课教学内容重复、与现实脱节的现象依然存在。如何设立思想政治教育的核心课程，以切实增强思想政治教育的效果，是党和国家长期以来不断探索的一个问题。建国以来，中国共产党在不同时期为思想政治理论课的教学设置了不同的方案，开设了不同的课程，其目的都是一个，即结合党和国家在不同历史时期的实际和需要，切实加强思想政治教育，充分发挥马克思主义理论对大学生思想素质提高的引导和保证作用。思想政治教育的内容主要体现在思想政治理论课的教材之中，体现在教材中的马克思主义理论具有系统性、普遍性、理想性、概括性等的特点。然而，如何避免各门课程横向和纵向的简单重复，在当前的思想政治教育中仍然没有得到彻底解决，如怎样恰当把握毛泽东思想、邓小平理论和"三个代表"重要思想概论、习近平新时代中国特色社会主义思想课程与中国近现代史纲要课程在内容上的重复，如何把握中学政治理论课教育与大学思想政治理论课教育的有机衔接等问题，都还没有得到完全解决，仍然需要在教学实践中继续深入探讨。同时，教材内容的相对稳定性与社会现实的丰富、复杂性也存在着不可回避的矛盾。社会现实既有积极向上、健康的主流方面，也有消极和阴暗的支流方面。我们花了很大力气去

---

① 田冰.大数据视野下思想政治教育的探索和创新［J］.教育理论与实践，2017（3）：36.

讲授、灌输的马克思主义基本理论，教导学生如何掌握和信仰马克思主义，却往往因学生对社会现实支流的关注而化为泡影。

其次，大数据扩展网络思想政治的教育内容。数字化时代下的技术载体是及时打破思想政治教育空间局限的重要平台，基于数字技术、人工智能、区块链技术创建的网络教学、沟通、反馈评价等教育平台，能够增进青年学生对于思想政治教育的兴趣和热爱，加强师生间的互动交流，进一步打破传统教育在时间和空间上的限制。单纯以物理空间来确定教育内容的方式已经无法满足数字化时代的思想政治教育的内容变革，而应通过物理空间与虚拟空间相结合来选择教育内容。目前大数据提供了有关政治、经济、科技、文化、教育等领域的海量的信息，且其中绝大多数是未经过滤而直接传递给学生，对于那些具有共性的、普遍的数据信息，高校思政工作者应及时做好分辨，积极面对多元化的信息，重构大学生思想政治教育的新内容。

三、"匿名性"对教育关系的"去中心化"

传统的思想政治教育主客体关系十分明确，长期以来教师是知识的讲授和传播者，学生则处于接受者的角色定位。大数据影响下的思想政治教育主客体关系转向"多级主体性、平等对话性和双向建构性"。[①]"去中心化""共生性"的思维代替了主客两分思维，"以教育者为中心的传统理念向学生用户理念转变"。[②] 教师的教育主体地位和学生的教育客体地位受到冲击，二者都成为思想政治教育的主体和参与者，处于相互影响、相互作用和相互渗透的平等对话的基础上。教师和学生同样作为思想政治教育的主体，既可以主动提供知识信息、发布知识信息，对其他主体和周围环境施加影响，也可以依照自身的兴趣、需求主动获取知识信息、分析解构知识信息，对知识信息进行接受或者再次传递。大数据背景下思想政治教育的主客体平等、协同的地

[①] 王嘉.大数据时代思想政治教育的转向[J].学校党建与思想教育，2017（10）：5.

[②] 王功敏.大数据时代大学生思想政治工作导向力研究[J].思想理论教育导刊，2018（2）：137-140.

位作用使教育过程中的各个角色"平等化",中心地位模糊化,教育关系的转换进一步推动教育理念及方式方法的转变。数字化时代,大学生的主体性将得到极大提高。

首先,互联网、移动互联网、物联网、智能终端、可穿戴设备等技术延伸了大学生的感官和大脑,将他们的智力放大,突破了自然限制,大学生接收、处理和加工信息的能力极大提高,交往范围扩大,交往方式改变。其次,信息资源得到了快速的传播,这也同时提高了大学生交往的速度和效率,提高了教育者进行教育预测和判断的能力,提高了大学生思想政治教育实践活动的目的性和实效性,大学生也因为脱离了等级和身份的限制,可以自由地发挥想象力和创造力。第三,建立的众多的信息化公共平台如政府网站、信息门户和大型的数据库系统如数字图书馆等,都是大学生了解、认识、参与社会公共事务的新窗口和新平台。大学生还可以将自己从各种信息化平台和数据库中收集到的信息资源进行选择、组合、匹配、共享。数字化时代的智能终端所营造的数据环境,打破了时间和地域的限制,其所形成的开放数据和开放资源还极大提升了大学生的认知能力,数字化生存方式改变了大学生的行为模式。

四、"共享性"对教育载体、途径的丰富

共享数字化时代的成果是对思想政治教育载体和途径的不断丰富。首先,确立多向互动、自主选择的教育方式。传统的思想政治教育方式的本质是单向且被动的,在当今大数据信息社会下,我们需要明确多向互动以及自主选择的教育理念与方式。在数字化环境下,思想政治教育课堂可以通过网络交互平台把与大学生相关的有益信息加以挖掘、分析,使高校思想政治教育与社会紧密联系起来,高校思政工作者通过引导学生对时政热点问题、现下某些具体道德现象进行关注和深入讨论,对不同的道德思想进行分析,在对这种与生活息息相关的分析讨论的思维碰撞中,最终形成大学生自己关于道德的知识建构。通过拓展网络资源,一方面,打造网络第二课堂,利用互联网

平台打造思想政治教育微课堂、慕课等公开课，微课、慕课的内容精、时间短，呈集中化、碎片化方式表现，能够让学生随时随地学习，这样也更加贴近他们的学习特点和生活习惯，以互联网为平台打造思想政治教育网课、直播课，既可以应对特殊时期的教学需要，更是突出学生主体地位、增进教学互动性的有效途径；另一方面，开展线上平台交流，在微信、微博、贴吧、论坛等开展思想政治教育课程的交流讨论，多方位拓宽教育方式途径，将思想政治教育以润物细无声的方式融入进互联网社交平台，走进学生的学习生活当中，充分实现教学互动、共享。数字化时代下思想政治教育信息数据化、决策科学化、实施智能化，运用数据进行分析、提纯，利用平台开展智能化教学，将进一步增强思政教育工作者的教学能力和服务水平。

其次，发展学校、家庭、社会与网络相结合的教育时空。一方面，好的道德品行有赖于社会"大环境"的浸润；另一方面，高校也要积极面对数字化时代思想政治教育面临的新挑战新问题，主动适应数字化时代，不断加强"数字校园""智慧校园"建设；不断推进思想政治教育工作者进一步加强网络知识的学习，加强运用网络的能力，培育大数据意识和数字能力；不断加强正面宣传引导的广度和深度，打造思想政治教育的"主阵地"。

五、"交互性"对教育实效性、针对性的增强

数字化背景下的思想政治教育工作突破自身的局限性，实现部门联动、师生联动，体现交互性，增强针对性和实效性。"大数据技术的应用给思想政治教育学科建设带来了新的交叉研究领域"①，包括政治学、社会学、哲学、管理学、社会学、心理学等，体系庞大，学科出现交融。大数据已经渗透到高校的各个角落，如何运用数字技术来创新思想政治教育已经不是某个部门或某个老师的单打独斗了，而是要充分挖掘"交互"的信息数据资源、运用信息技术手段开展教学工作，实现部门联动和资源共享。

---

① 谢继华，张茜.大数据在高校思想政治工作中的实践与思考［J］.思想理论教育导刊，2017（11）：151-154.

首先，大学生的个性化发展需求得到更大程度满足。个性化是现实的个人的基本特征。大学生的个性发展是他们实现自我成长的具体体现，正是他们在思想、感情和自我意识方式等方面的不同，形成了个体的独特性和唯一性。大学生的个性发展，就是要张扬大学生的自觉性、积极性、主动性、创造性，根据社会、个人发展的需求，自己做出科学的判断、准确的选择。在数字化时代，更加鼓励个体的存在与自由，从而使得大学生的个性化愈加明显。个性化教育是未来教育的又一重要趋势，如个性化学习计划的制订、个性化学习资源的提供、个性化学习评估的实施，都随着大数据和人工智能技术的发展而成为可能。数字化时代能够为大学生的发展提供个性化教育，即针对不同学生提供不同的教育策略、教育内容和教育模式，因此，个性化教育的实质就是以学生为中心的教育。数字化时代针对学生的个性化思想政治教育，就是通过收集和分析学生学习数据来综合学生的思想和行为等，进而实现主动推送式教育，减轻"信息冗余"的困境，深入了解学生的个性化需求。而数据挖掘技术就是实现个性化教育的核心技术之一。如通过对学生浏览网站的使用数据进行收集、分析和处理，建立起行为和兴趣模型，这些模型可以用于帮助教育者理解学生行为，促进高校改进站点结构，为学生提供良好的个性化教育。

其次，数字化时代可以实现大学生的个性化学习。各种移动技术的发展与普及让无线网络覆盖了整个校园，各种智能终端的流行还为大学生提供了无处不在的学习工具和学习环境。大数据和人工智能技术在思想政治教育领域中的应用，对于大学生而言，他们可以自主选择学习内容、学习方式、学习资源、学习伙伴。教育环境也更加智能，无处不在的传感器可以感知教育情景，可以识别大学生的特征，可以为思想政治教育者提供合适的教育资源，能够记录教育过程，能够评价教育效果。对于教育者而言，大数据和智能化技术可以帮助他们合理地安排开展教育的时间和地点，他们提供便利的教育互动工具，掌握大学生的兴趣特点和学习需求，促进个性化教育的实现。具有丰富内容的思想政治教育资源云，也让网络思想政治教育内容既有思想性又有趣味性。

最后，在高校教育中构建可以互联互通和共建共享的数字化共享平台，形成相互联动的工作机制。师生之间的互动性体现在思政工作者对学生需求的深入了解和学生对老师的反馈评价。思想政治教育的开展需要运用大数据知识和技术对学生的学习、生活、社交状态进行系统分析，只有通过对他们的思想动态、价值理念、心理特点进行个体和群体的总结判断，描绘思想变动轨迹，才能更有针对性地开展思想政治教育；学生运用高校基于数据技术开发的教学反馈评价体系，既反馈教学过程中的学习体会和意见建议，也可以反馈个人思想动态变化和需求，从而进一步提升思想政治教育的实效性。因此，要加大思想政治教育数字化实体建设和数据库建设，加大对数字化发展研究和经费投入，普及个人移动设备，消除"数字鸿沟"，建立起全过程、全领域的数字化教育共享设备，为实现时时教育、事事教育做好顶层谋划和整体布局。

第三节 "数字化"对思想政治教育实效性提升的挑战

强大的信息技术与庞大的数据信息使高校思想政治教育凸显出不平衡性。面对海量信息，传统思想政治教育的"主导""权威"地位受到挑战，如拟像化冲击使得马克思主义理论课意识形态性被不断消解，"信息鸿沟"造成了思想政治教育发展的不平衡性，预见性不足导致思想政治教育面临复杂环境，大数据带来了信息科技理性与信息伦理的冲突，以及话语权失落造成了大学生的不适应等。但是必须指出的是，挑战不应该是阻挡高校思政发展的拦路石，而应该是高校思政工作不断前进的动力，直面挑战，正视、尊重并运用好数字新技术才是出路。

一、高校思想政治教育发展的平衡性冲突

数字化时代对高校教育各个领域都提出了技术与知识的新要求，对高校思想政治教育提出了更高的要求。对于思想政治工作者而言，融合数字新技

术开展思想政治教育存在理念和技术上的难点和不平衡性。从高校整体来看，各个地区、各级各类高校的教育发展水平不一致，思想政治教育发展水平也不一致。从那些从事思想政治教育的工作者来看，他们处理和应用数字新技术的能力更是千差万别，资深的思想政治教育家并不一定具备数据处理的技术能力，而数据处理的行家甚至专家也不一定具备思想政治教育方面的高深理论、丰富知识和实践经验，二者兼具或者能掌握多种技能的"多面手"和复合型人才并不多见。如果要在高校思想政治教育工作当中运用好数字新技术，需要引进或培养专业的思政工作复合型人才，与这种不平衡性相对应的是数字化时代日益增长的思想政治教育期望和学生不断提升的教育需求，短时间内这种不平衡性不易解决。

（一）"信息鸿沟"造成了高校思想政治教育发展的不平衡性

一方面，人们在原本信息环境中使用信息的差别与收集、分析信息能力的差别，一部分能较好占有并利用大数据资源，另一部分人则难以占有和利用大数据资源，给高校在学生数据信息的持续收集分析上带来了难度，容易加大学生信息数字鸿沟；另一方面，当今时代的信息传播方便，文化的多样化也体现得淋漓尽致，多重文化的相互撞击，对于经济发展不平衡的我国来说，是一个挑战。与此同时，由于各高校内部的思想政治教育具体工作的不同，在教育信息传播的过程中容易产生"知沟"问题，造成高校思想政治教育发展的不平衡。

（二）预见性不足导致高校思想政治教育面临的复杂环境

在数字化时代，技术的不断进步突破了传统大学生思想政治教育量化研究的瓶颈，研究者可以通过数字新技术手段掌握大学生思想政治动态的有关数据。但是目前的高校教师普遍缺乏大数据素养和数字素养，还不能得心应手地运用可量化的研究方式去进行相关的实证研究，也就不能很好地预见高校思想政治教育面临的问题并及时提出解决方案。

二、信息科技理性与信息伦理的冲突

数据信息的数量、内容庞大复杂，有价值信息和垃圾信息并行，信息甄别需要做大量工作而且见仁见智，个人难以做到完全理性对待且不夹杂个人主观性，部分信息中夹杂的多元多样的价值观念和方法论对思想政治教育工作者以及学生都会造成一定的冲击。不加甄别的信息潮流中，积极向上的正能量与低俗的负能量并存，弘扬社会主义核心价值观的信息与歪曲事实散布虚假信息的行为并存。青年大学生正处于认知辨别能力和价值观念的"拔节孕穗期"，如不能对此加以正确引导，容易导致青年学生价值观的偏离或缺失。如果能够将数据处理技术融入、运用于高校思想政治教育当中，对信息潮流作出价值、伦理上的判断和甄别，使二者实现观念上、知识上、技术上、实践上的契合，这才是满足大数据时代要求的高校思想政治教育前进的动力和方向。

（一）大数据带来了信息科技理性与信息伦理的冲突

大数据在给我们的生活和思维方式带来革命性改变的同时，也带来了隐私泄露问题、信息安全问题等。一旦信息技术存在安全漏洞，可能导致数据泄露、伪造、失真等问题，影响信息安全。[①] 此外，网络攻击和病毒也日益增多，恶意软件、病毒和勒索软件等威胁着我们的计算机和网络。这些攻击不仅可能破坏我们的数据和系统，还可能导致信息被窃取和滥用。数字化时代的另一个挑战是信息过载和谣言传播。大数据的困扰核心在于我们当前对信息的处理以及有效地利用赶不上信息开采的速度，人类暴露在泛滥的信息之中难免迷失。出于本能，当学生面对这种超出其认知舒适边界的大量信息的时候，很难分辨真相，容易不知所措，产生信息疲劳、信息焦虑，甚至信息恐慌。[②]

---

① 杨维东.有效应对大数据技术的伦理问题［N］.人民日报，2018-03-23（007）.
② 陈鹏.大数据与智能时代的信息乱象及其治理［N］.学习时报，2018-09-05（006）.

（二）对网络舆情管理不力

网络舆情的管理是应对新媒体信息传播的重要方面，然而思想政治教育目前还没有足够的与传播学的交叉研究来证明网络舆情对思想政治教育效果的影响，当然也没有相应的应对措施。高校网络舆情一般没有专门的部门进行监管，在事件的发酵、流传和处置方面，学校往往处于一个极其被动的地位。多数高校更是缺乏应对新媒体网络舆情处置的应急预案，甚至在处置的过程中自乱阵脚，反而产生了更多的危害。还有的高校在网络舆情的处置中，只会闭门造车，没有主动与媒体和公众进行交流，导致错过了最佳的发言时机，舆论引导的主动权已经不在学校的手中。这会使事件逐渐失控，更多的负面信息会对青年学生造成持续的影响。有的网络舆情处置方式只是单纯的"封号"与"删除"，这种堵的态度与做法不但不能正面地解决网络舆情危机，反而会加剧舆论压力，造成更大的崩解，产生适得其反的作用。

三、拟像化冲击使得马克思主义理论课意识形态性被不断消解

思想政治理论课是对大学生灌输主流意识形态的主要阵地。我国的主流意识形态——马克思主义由于各种原因在思想政治理论课教学的实践中被消解。与传统意识形态接受主体相比，拟像化冲击下的网络意识形态接受主体的实际价值内化过程呈现出一些新变化：脱域与在场交织的空间感受；接受与生产共担的参与角色；自我与拟像并存的实践体验；更加明显的价值冲击；民族界限凸显的归属意识。与传统媒介不同，互联网"全民书写"的信息生产机制决定了网络空间中人人都有权力、都有机会描述自身的实践过程，倾诉自身的实践体验。[①] 在这种情况下，学生容易将自身的实践体验移植到网络空间中，构建一种丰富、生动、形象的"他者"实践拟像，在这种全新的实践拟像中进行拟态化的实践体验和实质性的意识形态内化活动。如果学生的这种"他者"体验与自身的价值取向、情感体验不同，其自身实践体验的意识

---

① 朱宏霜，周良书.网络意识形态的接受主体特征及建设原则［J］.社会主义核心价值观研究，2018（2）：42-48.

形态价值判断则会被消解。

第一，大数据改变了思政课堂教学模式，增加了思想政治理论课的教学难度。如马克思主义理论学科不同于哲学社会科学其他学科，不能仅靠直观的数据、图表、模型等形式简单呈现，而要提倡以马克思主义立场、观点、方法解决理论和现实问题。我们在长期的思想政治理论课教学中，已经形成了理论环境和教学方法相统一的"灌输论"。部分思想政治教育工作者只习惯于作为方法的理论灌输，而没有关注受众的接受方式，因此难以引起受众的思想共鸣，也不能满足他们的理论需求。随着大数据的创新发展，"人在线上""网在手中"已然成为一种常态化的生活方式，思想政治理论课教学也进入了实时互动、个性彰显的双向交流时代。借助大数据平台，教学双方可以突破时空限制，实时进行平等交流互动。作为教育者，可以更好地了解受教育者的实际需求，及时获得教育效果的反馈信息；作为学习者，可以定制自己关注的理论问题，创设适合自己的理论环境。比如，慕课（Massive Online Open Course）、翻转课堂（Flipping Classroom）、"私播课"SPOC（Small Private Online Course）以及手机课堂等新媒体交流平台，在为受众提供大量在线网络课程和个性化教育内容的同时，也为教育者提供了信息收集与分析的便捷渠道。在这个过程中，对学习者视频观看的时长与次数、话题讨论的关心度与参与度等信息进行收集与分析，可以发现学习者在学习能力、接受水平和学习模式等方面的差异，精准分析他们的实际理论需求，从而有效提高思想政治教育的个性化和有效性。与此同时，海量信息的爆炸式增长、井喷式涌现，也增加了思想政治教育的难度。伴随着互联网发展成长起来的青年一代，获取知识不再简单地依赖书本、课堂和教师，百度、谷歌等搜索引擎成为解决问题的首要求助对象，微信、微视频、新闻 App、短视频 App 等网络终端成为获取信息的直接来源。他们对于这些互联网衍生出来的新技术、新事物具有极强的适应和接受能力，而且能够借助这些数据资源进行自主学习。在思想政治理论课教学中，由于知识来源更加多样，信息类别更加多元，学习者在某些方面的信息占有量往往比老师还要大。如果教育者不能提供主导、引领、解释这些信息的马克思主义理论知识，而继续采取"强输硬灌"的单一模式，就满足不了学习者越来越高的理论需求，甚至会引起他们对思想政治理论课的反感和排斥。

第二，大数据提高了思想政治理论课的传播向度，消解了马克思主义理论认同基础。大数据作为互联网发展到一定阶段的产物，已经成为当前思想政治理论传播的重要载体。利用大数据，思想政治理论传播的手段更加新颖，形式更加多样，路径更加多向。比如，将马克思主义经典著作、相关论述、理论文章等，通过数据化处理储存于网络介质中，可以实现马克思主义理论的数字化传播，使学习者能够随时随地接收所需要的理论信息。再如，可以利用各类社交媒体、App 应用软件中形象生动的图片、音频、视频、动画等数据信息，把相对枯燥的马克思主义理论变得鲜活起来，有助于激发受众学习马克思主义理论的兴趣，增强他们接受和认同马克思主义的自觉性和积极性。又如，可以利用大数据立体化、交互式的特点，把马克思主义理论融入受众学习、生活、工作的各个领域，使马克思主义理论传播的显性与隐性路径相辅相成、刚性与柔性路径相得益彰，让受众在不知不觉中接触马克思主义理论的机会大大增加。与此同时，大数据带来的多向度传播方式，也促进了其他社会思潮的渗透和蔓延，使受众更容易受到错误思想的影响，一定程度上消解了他们对马克思主义理论的认同。近几年来，虽然我国不断强化意识形态的领导权、管理权和话语权，"建设具有强大凝聚力和引领力的社会主义意识形态"①，"巩固马克思主义在意识形态领域的指导地位，巩固全党全国各族人民团结奋斗的共同思想基础"②，基本遏制了各种错误思潮的泛滥态势，但由于敌对势力对我国进行的"和平演变"是既定战略，随着我们离中华民族伟大复兴目标更近、离世界舞台中央更近，他们对我国进行意识形态渗透、价

---

① 习近平．决胜全面建成小康社会 夺取新时代中国特色社会主义伟大胜利——在中国共产党第十九次全国代表大会上的报告［M］．北京：人民出版社，2017：41.
② 中共中央关于全面深化改革若干重大问题的决定［N］．人民日报，2013-11-16（001）.

值观渗透的力度也在加大。一方面，西方国家凭借在大数据建设方面的技术优势和话语权力，把新兴媒体作为错误思潮传播的基点和放大器，通过各种错误思潮的网络传播，使马克思主义理论传播的舆论场变得鱼龙混杂，极大地消解了主流意识形态的传播力、引导力、影响力和公信力。另一方面，这些纷繁复杂、迷惑性强的理论信息，以及花样翻新、迎合青年、手段隐蔽的传播方式，往往会"乱花渐欲迷人眼"，一定程度上消解了马克思主义理论的认同基础。

第三，大数据创新了马克思主义理论研究范式，弱化了马克思主义理论文本研究。大数据不仅改变了理论认知方式，也改变了理论生发机制和研究范式。正如舍恩伯格和库克耶所指出的，数字化时代人们的思维方式会发生新的变化：关注的不再是随机样本，而是全体数据；不去追求精确性，乐于接受数据的纷繁复杂；不再探求事物之间的因果关系，转而关注相关关系。① 这种思维方式的新变革，必然引起马克思主义理论研究范式的新变化。长期以来，学术界研究马克思主义理论的方法，主要集中于文本研究、思想史研究、认识论研究、价值论研究、跨学科研究等，并辅之以抽样调查、问题访谈等手段。随着数字化时代的发展，同样是"以问题为导向"的马克思主义理论研究范式，越来越关注重大现实问题，越来越重视理论联系实际的方法。抽样调查等实证研究方法，越来越多地应用于马克思主义理论研究。比如，在抽象调查研究中，学者们把需要解决的理论和现实问题，设计成标准化的调查问卷，通过数据统计和理论分析，找寻问题的成因及解决办法，把握教育对象的理论需求和认知状况。之前，由于受到样本设计、样本规模、调查成本、统计方法等方面的限制，调查结果的科学性、典型性、规范性往往难以保证，出现样本缺乏代表性或者数据失真的现象。而借助大数据平台和计算机技术，可以通过对海量数据的处理，实现对抽样样本的无限扩大，甚至是对调查对象的全样本数据采集和分析，从而获取更加真实可靠的调查结果，

---

① ［英］维克托·迈尔－舍恩伯格，［英］肯尼斯·库克耶.大数据时代：生活、工作与思维的大变革［M］.盛杨燕，周涛，译.杭州：浙江人民出版社，2013：29.

呈现出传统调查方法不可比拟的优越性。人工智能技术下实证研究方法的广泛运用，在有效增强马克思主义理论研究生动性、现实性、说服性的同时，也可以通过对海量信息与马克思主义的相关性分析，探究马克思主义理论研究的新重点、新走向。但是，由于当前部分学者在马克思主义理论研究中过于注重实证研究，过于依赖调查数据和分析结论，而忽视和弱化了对马克思主义理论的文本研究，以及基于马克思主义立场、观点和方法的分析，不仅弱化了马克思主义理论的文本研究，破坏了马克思主义理论研究的整体性、学术性和逻辑性，而且助推了马克思主义理论研究的碎片化、功利化和庸俗化倾向。[①]

四、大学生对高校思政教育的适应性矛盾

大数据、人工智能等对于高校学生的影响是多方位的，大数据影响下的高校思想政治教育根据形势必然有所调整和改变，无论是从教学观念、教育载体，还是教学模式、教学实践来看都与以往大为不同。观察整个教育过程可以看到，目前学生接收信息的渠道得到拓展，获取的信息变得海量，学习的方式也丰富多样，这些信息当中不少是优质的学习资源，学习方式的拓展使得学习起来变得更加轻松有趣，对新时代与互联网一起成长的大学生来说更具有吸引力，更能适应。但是海量信息中也不能排除"泥沙俱下"情况下带来一些不符合主流价值观的信息，这对价值观尚未成型又还不具备很强辨别能力的大学生来说可能产生不利影响。教学方式的多样也会带来思想政治教育的不适应性，大学生通过网络平台进行学习的积极性强，但缺少课堂氛围和传统教学模式的束缚力，对于大学生来说兴趣与轻松过后是否真正取得了教育的实际成效、达到了教育的目标还有待进一步研究确定。大数据和人工智能带来的多元化的教学方式、复杂的信息内容在拉近时空间距的同时也容易造成现实交际与虚拟生活的隔阂，这一点值得警惕。

---

① 马福运，张聪聪.浅析大数据在马克思主义大众化中的应用［J］.毛泽东邓小平理论研究，2018（9）：103–107，109.

（一）大学生的道德判断能力被削弱

数字化时代信息传播的丰富性，使得各种有害信息潜伏在网络之中，其包含的价值观念与我国的社会主义核心价值观的要求存在差异甚至冲突，这种观念上的冲突大大加剧了青年学生进行价值判断的难度，特别是削弱了青年学生的道德判断能力。虚拟和现实的二重性也导致了青年学生不能明确拆分虚拟和现实中自己的身份地位，将虚拟和现实环境中的价值认识和价值取向混为一谈，青年学生有很大可能性将虚拟空间的开放的、不受限制的价值判断带到现实生活中来，用虚拟世界的价值观来指导现实生活的实际问题，造成了道德判断能力的下降；严重的情况还可能会引起青年学生对价值观念的困惑和迷茫。

（二）大学生价值取向的功利化

网络带来的便利特别是搜索引擎带来的便利，使得青年学生能够对知识随用随取，能够自由并且主动地获取想要得到的信息，打破了信息屏障，削弱了权威的话语，在青年学生主体性得到充分培养的同时，个体意识也膨胀了起来，导致个人主义等价值取向的抬头，价值观念自我化，人生理想庸俗化，行为取向无政府化。价值取向的功利化也使得一些本来能够通过正常信息传播渠道传播的信息被跳过，无法对青年学生产生足够的影响甚至零影响，同时青年学生所感兴趣的信息，无论是积极的、正面的，还是消极的、负面的，都会对青年学生产生极大的影响。

五、数字新技术对数字校园建设提出了新的要求

大数据的广泛性、多样性、复杂性对高校正在进行的数字校园的建设提出了更高的要求。它不仅仅需要互联互通、无处不在、无时不有的网络，还需要对海量数据进行抽取，经过关联与聚合，通过云计算平台来分析、存储、管理，还要求利用物联网、网络通信、计算机视觉、数据分析等高新技术，打造"安全、便捷、绿色"的智慧校园新格局，如通过 AI 智能视频监控，构

建全方位校园安全防护系统。传统的分析技术如数据挖掘、机器学习、统计分析在数字化时代需要做出相应调整。大数据技术能够在思想政治教育中得到充分应用，首先就是拥有与学生的学习、认知、情感、思维、行为等相关的海量数据，这就对高校现有的网络信息中心提出了技术挑战，因为大数据分析对数据存储技术、数据处理和分析技术均有较高的要求，大数据要求的巨大存储空间也无疑给存储硬件带来了压力。其次，大数据技术在思想政治教育中应用的核心环节，就是采集与大学生道德发展有关的数据，分析并解决大学生思想政治教育中面临的问题，因此，高校的网络信息中心还要面对数据采集技术和问题分析解决技术的挑战。另一方面，如果收集到的大学生思想政治教育方面的海量数据不能融合，那么就发挥不出大数据的价值，如果数据类型由于存储在不同数据系统而不能统一，还会造成数据难以在不同的数据库之间实现共享，从而无法形成统一的数据平台。因此，大数据技术能够在大学生思想政治教育中得到应用，还要求必须彻底打通数据孤岛，将海量数据充分整合、有效融合，只有如此才能形成高质量的大数据，才能发挥数字化时代高等教育信息化对大学生思想政治教育的具体推动作用。

第四章　数字化时代高校思想政治教育的现状与问题

数字化时代，高校思想政治教育面临一些新情况新问题，突出表现在课程体系模式固化、考评机制欠科学、大数据素养缺失、线上线下融合不够、专业人才队伍尚待建立等方面。对待任何事物都应一分为二地辩证看待，解决好数字新技术与高校思想政治教育融合发展的问题是数字化时代继续发挥高校思想政治教育在立德树人中的关键作用、提升思想政治教育实效性的必然选择。

第一节　数字化时代高校思想政治教育的现状

中共中央国务院《关于进一步加强和改进大学生思想政治教育的意见》的颁布，为思想政治教育提供了指导思想和政治支撑，将马克思主义设置为一级学科，则进一步巩固和提高了马克思主义在高校学科布局、学科发展和教育教学中的地位，也为思想政治教育的发展提供了强有力的学理支撑，表明了我们党建设和发展马克思主义理论的决心，也表明了思想政治教育得到高度重视。可以说，地位的保障为思想政治教育提供了很好的基础和平台。但是，思想政治教育在高校教育体系中地位的提高并不能一蹴而就。文件颁布至今已多年，从大学生的总体情况来看，思想政治教育取得了一定成效。但日新月异，面对百年未有之大变局和中华民族伟大复兴战略全局，理论的创新、教材的改革、师资力量的培养等方面仍然没有得到很好的落实与改进，再加上不良社会思潮和市场功利、实用导向对大学生的影响，更制约了思想政治教育的发展。

思想政治理论课是以马克思主义基本理论为依托，具有较强的实践性、研究性和探索性的课程；目的是切实提高学生运用马克思主义的立场、观点和方法分析解决现实问题的能力，帮助学生分清主流和支流，透过现象抓住事物的本质，引导他们分析社会问题产生的原因和解决对策，以达到一般专业课教学达不到的效果。目前，思想政治理论课已成为培养大学生的创新素质和实践能力的素质教育课程。在教学实践中使大学生认识到马克思主义理论的正确性，帮助大学生形成正确的世界观、人生观和价值观尤为重要。但是，我国思想政治理论课程由于受传统学科课程观念的影响，形成了较为狭义的学科德育课程观念，即把德育课程仅仅理解为直接学科德育课程，较为重视直接学科德育课程建设，而忽视其他渠道德育课程建设。

在本次调研中，课题组共在湖南省内各高校发放问卷4000份，回收有效问卷3860份，通过SPSS统计分析软件进行处理分析。根据对调研样本的统计，大一、大二、大三、大四学生的比例分别为 15%、41%、38% 和 6%；所学专业理工类 19%，文史类 35%，经管法学类 33%，其他类 13%；中共党员或预备党员占 22%，入党积极分子占 12%，共青团员占 34%，群众占 27%，其他占 5%。可见，调查样本具有广泛代表性，调查结果信度较高。如，根据"目前思想政治理论课存在的问题"（多选题）调研结果显示，主要问题依次是学生兴趣不浓厚、教学模式类似高中政治课、考核方式以闭卷答题为主、教材内容抽象枯燥等。

一、课程目标定位明确，注重理论性和实践性相结合，但存在"去意识形态化"

要上好思想政治理论课，首先要明确这门课的目标定位。而要明确这门课的目标定位，则应基于对这门课程性质的认识，即它是一门传授党和国家意识形态的课。以往相关文件都强调，要对大学生进行"系统的思想政治教育"。应该说，这个定位虽正确，但是太高，作为一门面向全体大学生的、学分有限的公共课，恐怕很难实现这一目标中"系统"的要求。也有突出"以学生为本"的理念，但实际上，常常是出于课堂教学效果考虑，以满足学生需求为教学目标，而在教育教学实践中却有意或无意地"去意识形态化"，这就把思想政治理论课等同于一般的通识课程，消解了其特殊意义。

思想政治理论课程的主要特色：一是理论性。本课程在突出"马原""毛概""纲要""德法""习思想""形策"这六个组成部分的同时，也以新的视野对马克思主义的整体性进行阐述，力求准确地讲授马克思主义基本理论、基本观点、基本方法。二是实践性。本课程按照"少而精，要管用"的原则，突出主线，突出主题，突出重点，突出实效。及时将党的创新理论、学术界理论研究新成果、社会热点问题有机地融入教学。通过富有特色的马克思主义理论活动周、社会调查、读书报告等多种形式，提高学生运用马克思主义基本原理发现问题、分析问题、解决问题的能力。

二、教材体系有所创新，但课程体系模式固化，过程流于形式

1980 年 7 月 7 日，教育部印发了《改进和加强高等学校马克思主义课的试行办法的通知》，这是改革开放后，第一个关于普通高等学校公共政治理论课的课程政策。1987 年后，高等学校普遍设置"马克思主义理论"课程，包括"马克思主义原理""中国革命史""中国社会主义建设""世界政治经济与国际关系"，设置"思想教育"课程，包括"法律基础""大学生思想修养""人生哲理""形势与政策"等。1991 年 6 月 3 日，原国家教育委员会发出《关于加强和改进高等学校马克思主义理论教育的若干意见》，课程设置为马克思主义原理、中国社会主义建设、中国革命史。1995 年 10 月 24 日，原国家教育委员会印发《关于高校马克思主义理论课和思想品德课教学改革的若干意见的通知》（"95 方案"），规定设置：马克思主义理论教育课程，包括马克思主义基本原理、中国特色社会主义建设、中国革命史；思想品德课程，包括思想道德修养、法律基础、形势与政策。1998 年 6 月 10 日，中共中央宣传部、教育部印发《关于普通高等学校"两课"课程设置的规定及其实施工作的意见》（"98 方案"），规定设置：马克思主义理论课，包括马克思主义哲学原理、马克思主义政治经济学原理、毛泽东思想概论、邓小平理论概论；思想品德课，包括思想道德修养、法律基础。2005 年，中共中央宣传部、教育部发布了《关于进一步加强和改进高等学校思想政治理论课的意见》（"05 方案"），规定设置："马克思主义基本原理概论""毛泽东思想、邓小平理论和'三个代表'重要思想概论"（2008 年改称为"毛泽东思想和中国特色社会主义理论体系概论"）、"思想道德修养与法律基础""中国近现代史纲要"。2007 年 6 月，教育部发出了《关于开设"马克思主义基本原理概论"课的通知》，根据中央的要求，因此，许多高校将原先的"马克思主义基础理论"课改称为"马克思主义基本原理概论"，并开始使用全国统编教材《马克思主义基本原理概论》（本书编写组，高等教育出版社出版），教研室亦改称为"马克思主义基本原理教研室"。

高等学校思想政治理论课承担着对大学生进行系统的思想政治教育的任务，按照中共中央国务院《关于进一步加强和改进大学生思想政治教育的意见》和《中共中央宣传部教育部关于进一步加强和改进高等学校思想政治理论课的意见》的精神，高等学校思想政治理论课包括4门必修课和另外的选修课，是一个有机的课程体系。对于课程体系中的各门课程的指导思想和基本要求是：坚持用发展着的马克思主义武装大学生，始终保持教育教学的正确方向；坚持理论联系实际，贴近实际、贴近生活、贴近学生；坚持开拓创新，不断改进教育教学的内容、形式和方法；力争在几年内，使高等学校思想政治理论课教学状况有明显改善。2017年，中共中央国务院印发《关于加强和改进新形势下高校思想政治工作的意见》；2018年，教育部印发《新时代高校思想政治理论课教学工作基本要求》，进一步明确了指导思想、基本原则，要求继续打好提高思想政治理论课质量和水平的攻坚战，坚持不懈传播马克思主义科学理论，讲清、讲透习近平新时代中国特色社会主义思想的时代背景、重大意义、科学体系、精神实质、实践要求，全面推动习近平新时代中国特色社会主义思想进教材、进课堂、进学生头脑，打牢大学生成长成才的科学思想基础，不断提高大学生对思想政治理论课的获得感。2021年，教育部又印发《高等学校思想政治理论课建设标准（2021年本）》，进一步加强了高校思想政治理论课的宏观指导，规范了组织管理、教学管理、队伍管理和学科建设。其中"马克思主义基本原理概论"是中央规定的高等学校思想政治理论课4门必修课之一，着重讲授马克思主义的世界观和方法论，帮助学生从整体上把握马克思主义，正确认识人类社会发展的基本规律。

在对马克思主义理论课程体系模式的态度调查中，高达71%的调研对象表示"感到疲倦或厌恶"，过半数调研对象认为课程体系模式相对固化，存在教学内容繁多、重点不突出等缺陷。由于中学阶段的政治教学在客观上已将马克思主义理论教条化，对学生造成了惯性影响，强化了马克思主义理论课程与中学政治课程重复的心理意识。此外，就个人收获而言，半数以上调研对象认为学习目的仅在于增添必修课学分，并非在"树立正确的'三观'"或

"获得科学方法"等方面有所收益。可见，思想政治教育缺乏指导学习生活的实效性。

（一）马克思主义理论自身的创新以及与实际生活的结合程度有待加强

马克思主义理论本身是个开放的与时俱进的理论体系，它只有自身不断创新并与我们的实际生活、与我们的时代紧密结合，才会具有强大的生命力和感染力。改革开放以来，马克思主义理论植根于中国的土壤，形成了包括邓小平理论、"三个代表"重要思想、科学发展观和习近平新时代中国特色社会主义思想等重大战略思想在内的中国化的马克思主义理论体系。我们要努力推进这些重要思想与实际生活的结合，使马克思主义理论获得能够吸引并说服大学生的更为强大的生命力。

（二）思想政治教育教材建设相对滞后

长期以来，思想政治教育的教材建设相对滞后，虽然中国化的马克思主义理论已成为马克思主义理论教学的重要内容，但是，由于与社会现实和学生的实际结合得不够，因而教材缺乏吸引力和感染力，这是制约思想政治教育成效的重要因素。要使教材具有永久的生命力，就必须始终坚持推进理论的创新和教材的改革。

（三）社会"大课堂"应用不够

课堂教学不是教育过程的终点。高等学校思想政治理论课是大学生思想政治教育的主渠道，有利于知识的系统传授和教师的连续教学。教师与学生在课堂上共同合作，营造出和谐互动的氛围，有利于顺畅地实现教学目的。离开了课堂，学生、教师便成了分散的个体，缺失了双向交流的空间，传授指向不明确，接受的渠道受阻塞，根本无法维持正常的教育教学活动。因此，必须重视课堂教学已经成为所有教学工作者的共识。但是，如果只重视课堂教学，把课堂教学作为传道授业解惑的唯一渠道，那么即使高质量地完成了课堂教学，其实效性也会大打折扣。因为尽管课堂教学具有其他教学方式无法比拟的优势，但那种纯而又纯、缺乏与实践相联系的课堂教学容易导致学生出现对知识一知半解、理解不透的现象，更谈不上培养学生运用知识进行创新的能力。马克思主义强调理论要和实践相结合，而且马克思主义理论本身也只有和实践相结合才会更具有生命力。因此，高校在课堂上对学生进行思想政治教育的同时，也丝毫不能忽视学校"小课堂"以外的社会这个"大课堂"，不能把课堂教学作为教育工作过程的终点。也就是说，高校应当把思想政治教育活动延伸到课堂以外的社会实践中去，采取多种形式拓展和强化教育工作。比如可以有针对性地组织学生进行一些以改革开放的变化和成就为主题的参观、座谈活动，切身感受社会主义建设成就，感性地认识马克思主义、习近平新时代中国特色社会主义思想在实践中的指导作用。

三、不同高校考评方式各具特色，整体而言考评机制不够科学

新时代高校思想政治教育的价值目标是以理想信念教育为核心，培养学生坚定中国特色社会主义信仰，使其深刻理解习近平总书记关于思想政治教育的重要论述的精神，从而树立正确的世界观、人生观和价值观。大学生对思想政治理论课的学习效果，必然体现在其马克思主义理论水平的提高和优良道德品质的养成上。尽管各级高校按照统一教学大纲和统编教材实施思想政治教育，但因不同高校不同专业学生的差异性，在具体实施过程中各有其特点，其考评方式也各具特色。目前思想政治教育教学效果考评主要是考评教师和考评学生。对教师的考评由学科专家、同行教师、学生负责督导专家组成，主要负责教师职称评审、青年教师考核、教学评优、专项评估等教学水平评价，同行教师开展相互听课评教活动，教师任课班级学生评价任课教师。因学校督导（教授专家）聘用数量有限，评教覆盖面小，难以做到学科专家评价学科教师，使教师难以得到真正督导提高；教师之间相互不愿揭短，导致同行评教流于形式；因不同专业学生程度不同，对教师授课效果认识不同，评教信息缺乏客观公正性。对学生的考评主要有平时考核、期末考试及社会实践考核等方式，结果闭卷考试大面积不及格，开卷考试运用原理能力差，

学生的马克思主义理论水平和思想道德素质提升不明显。如本调查显示：目前学校对马克思主义理论课程实行开卷考试，认为利远大于弊和利大于弊的占42.5%，利弊均等的占44.3%，弊大于利和弊远大于利的占13.2%。显然期末考试的闭卷、开卷各有利弊，需要深入研究。

四、大数据应用滞后于思想政治教育发展，提升空间较大

教育部于 2017 年出台《2017 年高校思想政治理论课教学质量年专项工作总体方案》，明确 2017 年"高校思想政治理论课教学质量年"将通过"三个突出"（大调研、大提升、大格局），提升思政课质量和水平，同时也将进行"全国高校思政课网络集体备课平台"的建设。① 这是上级部门对思政教育的重视，同时也看到了涉及大数据政策的出台不可避免的滞后性。另外，少数高校思想上认识偏颇，重视专业学科教育，由于各种客观原因轻视公共课程教学，思想政治理论课教学流于形式，呈现公式化现象，特别是实践教学成为与大学生思想政治教育相脱节的一种走过场的活动。很多慕课设计针对专业课程，对公共课态度不端正。教学内容手段滞后，方式路径僵化，甚至完全不去理会"互联网＋"时代的潮流，管理机制上更是没有任何更新的概念性，使原本需要学生主动参与、亲身感悟所学理论的实践教学成为一个应试教育痕迹浓重的学分教育，这在很大程度上影响了学生对思想政治理论课的兴趣和积极性。一部分大学生仅仅是为了获取成绩和学分而勉强参加课堂和实践活动，自觉性不高。因为缺乏全面立体动态的评价考核体系，一般高校容易制定简单而易行的考核办法和标准，因此，无法保证同步教学纠正学生的思想偏差、实现提升大学生思想政治信仰和道德修养的教学目的，致使思想政治教育的价值和意义体现不出来，应有的效果不能充分发挥出来。

（一）大数据素养的缺失

在当前高校的思想政治教育工作中，传统的工作方法占据绝对优势，而

---

① 教育部. 教育部将 2017 年定为高校思政课教学质量年［EB/OL］.http：//edu.people.com.cn/n1/2017/0511/c367001-29268991.html.2017-05-11.

大数据、人工智能等新兴技术的应用还在进一步普及之中，思想政治教育工作者主动利用大数据的意识还不强，大数据理念、思维和素养还未形成。首先，在学生信息获取上，高校思想政治教育工作大多数仍然采取传统的方式，信息库建立的速度相对较慢，而且各部门间的数据信息共享难度较大，效率低下，主动运用大数据技术实现信息库快速建立、调取和共享的意识还不强。其次，在高校思想政治教育工作者的数据使用习惯上，更倾向于选择由传统方式建立起来的、相对较为直接且具有针对性的数据信息，而主动运用大量关联数据来全面分析问题原因、找寻解决对策的方法还未得到广泛应用，运用大数据解决问题的意识有待进一步加强。

（二）大数据的处理能力有待提高

大数据所提供的信息是"海量"的，这种"海量"信息的获取能力是一把"双刃剑"。一方面，"海量"信息可以为高校思想政治教育工作者提供教育对象全面、客观的基本情况，帮助教育者制定合理有效的教育对策；而另一方面，"大数据的'大'也伴随着数据'杂''乱''假'等现象"，"海量"信息不可避免地对教育者形成干扰，影响教育者做出正确的判断。[①]归根结底，大数据的作用和效能的发挥，很大程度上取决于教育者对大数据所制造的"海量"信息进行处理的能力。当前，受传统信息获取思维以及工作能力的束缚，高校思想政治教育工作者在面对"海量"的大数据时，发现有效信息、甄别真假信息、剔除干扰信息的能力还比较弱，严重影响了大数据技术优势作用的发挥。

（三）数据安全存在一定的隐患

由于大数据技术的数据采集面非常广、共享能力强，且缺乏行之有效的数据监管，一方面，可能导致无关数据采集过多、过深，无法合理约束；另一方面，一些网络漏洞或人为因素使数据信息存在泄露的风险，影响到学生的

---

① 周学智.大数据时代思想政治工作的坚守与变革［J］.北京教育（高教版），2020（3）：58-60.

个人信息安全。例如，在高校贫困生资助系统的信息采集过程中，为全面了解被资助学生的真实情况，可能将学生的日常行程、消费等数据纳入到采集范围，这其中除了一些必备信息以外，也可能存在数据采集过多的问题。而由于大数据信息共享能力非常强，这些信息通过共享之后能够轻松组建完整的学生个人档案和动态信息库，实质上并非高校教学管理的每个环节都必须要建立这样的完整信息库，数据一旦过多，将不利于学生个人信息安全的保护。另外在一些信息公示环节中，由于信息安全意识淡薄、把关不严，也可能导致非必要的学生个人信息泄露，给学生的信息安全带来隐患。一旦信息被恶意获取和利用，后果将十分严重。

（四）线上线下的融合不够

大数据在高校思想政治教育中的应用主要体现在线上，依托互联网和移动客户端等载体实现线上数据信息的采集、分析与共享，从某种意义上来说，大数据所形成的信息库是具体的，甚至是可量化的"数据"。而传统的线下思想政治教育的地位在目前仍然是无法替代的，线下师生之间面对面的沟通与情感交流仍然是思想政治教育的重要方式之一。对学生思想动态的掌握不仅需要以数据作支撑的理性判断，而且还需要凭借教育者的经验、学生的现实表现进行总体上的印象认知。同时，在对教育对象施加教育影响时，不仅需要通过精准数据分析来找寻主要问题，同时还需要教育者对教育对象进行情感沟通并言传身教。但目前的形势是，线上与线下的思想政治教育形成了两个相对独立的空间，线上教育很难结合线下的情感沟通和直接影响，线下的思想政治教育则很难充分运用线上数据的辅助功能，虚拟与现实存在的隔阂难以消除，不利于数字化时代高校思想政治教育的创新与发展。

（五）大数据专业人才队伍尚待建立

随着大数据技术在高等教育领域的应用越来越广泛，对专业人才的需求也越来越迫切。然而当前高校大数据专业人才队伍尚未建立起来，专业人才十分匮乏。一方面，在高校中能够熟练掌握大数据技术的教师以信息技术专业教师和管理人员为主,这部分教师虽然具备良好的专业技术,但是并没有思想政治教育方面所需的经验和素质,运用大数据开展思想政治教育显得捉襟见肘;另一方面,虽然大多数的高校思想政治教育工作者都具备良好的专业水平,但是在大数据意识、大数据技术等的掌握与运用上还存在很大的能力缺失,很难适应数字化时代高校思想政治教育发展的需要。同时,这两类教师在相互沟通、工作互补上还存在着体制机制的障碍,无法充分发挥各自所长通过协调配合来共同做好大数据背景下的高校思想政治教育工作。①

五、当代大学生对马克思主义的态度分歧较大

(一)观念上存在分歧,但整体向好

课题组调查显示:第一,从大学生对理想信念认知程度及马克思主义与当代大学生理想信念的关系角度来看,当代大学生认为需要理想和信念的占90.2%,但在看待马克思主义与当代大学生理想信念之间的关系上出现分歧较大,39.4% 的人认为马克思主义依然是影响大学生理想信念的主导思想,21.3% 的人认为马克思主义主导地位受到功利主义等思潮的冲击,21.4% 的人认为马克思主义已不再对大学生理想信念产生影响,17.9% 的人说不清楚。

第二,从大学生对马克思主义理论的现实意义及其发展前途来看,认为马克思主义理论不过时的占 46.5%,过时的占 11.5%,有点过时的占 25.6%,未表态的占 16.4%;对马克思主义的发展前途充满信心和比较有信心的占60.8%;一般的占 33.8%,不看好的占 5.4%。

第三,从大学生在马克思主义理论课堂上的态度及其对所修马克思主义理论课的感觉度来看对待课程态度:认真听讲的占 27.4%,有时认真听讲的占42.2%,做别的工作和科目的占 13.8%,有时逃课的占 15%,经常逃课的 1.6占 %;对课程的感觉度非常满意和满意的占 41%,一般的占 49.8%,不满意

---

① 康杰,许烨.大数据视阈下高校思想政治教育的现状、问题与对策〔J〕.中国教育信息化,2021(3):19–22.

和非常不满意的占 9.2%。

（二）学生认识来源单一，学习动力不足

大学生了解马克思主义的主要渠道以"理论课堂学习"为主，占 63%，可见，高等学校思想政治理论课承担着对大学生进行系统的马克思主义理论教育的任务，是对大学生进行思想政治教育的主渠道。高校思想政治教育课的教学目标为"指导大学生树立科学的世界观、人生观、价值观，提高学生的思想政治素质以及明辨是非和分析、解决实际问题的能力"，这也本该是大学生学习马克思主义理论的主观愿望，然而调研结果显示，大学生并不具有学习马克思主义理论的主动性和兴趣点。大学生对马克思主义理论课的兴趣程度：很感兴趣和比较感兴趣的占 39.2%，一般的占 54.7%，反感的占 6.1%。大学生已看过有关马克思主义著作的情况是：看过很多（10 本以上）的占 7.7%，看过一些（5—10 本）的占 12.9%，很少看（2—5 本）的占 23.2%，几乎没看过（2 本以下）的占 43.9%，从未看过的占 12.3%。

（三）教师教学方法传统，倾向灌输教育

就课堂教学而言，86% 调研对象认为老师与学生"没有互动"。另外，80% 以上调研对象选择以"考试前听老师划重点"的方式应对期末考试。可见，教师教学方法缺乏模式创新，倾向灌输教育。目前，思想政治理论课面向全校师生时大多以大班授课的方式进行教学，为教师与学生之间的互动教学带来困难。同时，少数学校的师资力量仍然无法满足日益扩大的招生规模，使得教师无暇顾及教学创新和改革，一直沿用传统模式进行教学。

第二节　数字化时代高校思想政治教育存在的问题

一、数字鸿沟扩大

数字鸿沟是大数据理念与技术影响下的基于海量研究基础的大学生思想政治教育的一个必然结果。所谓数字鸿沟，即不同的社会群体或是个人在拥

有和使用现代信息技术上产生的信息隔阂与差距。随着计算机网络技术的发展，高校教育工作者及大学生由于自身状况的美异，在数字化时代浪潮中逐渐形成了数字鸿沟，并逐渐地呈扩大态势。我国是一个发展中国家，并且处于社会主义初级阶段，地域性差距较大，政治、经济、文化发展极不平衡，相应的教育信息资源也不均衡。高校大学生来自全国各地，他们之前的教育背景差异较大，导致不同经济地位及不同信息教育背景下的大学生在数据利用上有所差距，不可避免地产生数据鸿沟。

数据鸿沟存在于同一高校的不同大学生之间。一部分学生拥有较好的信息网络技术，他们在入学之前就受过良好的信息网络教育，这使其在大学能够很快地适应和融入数据化的思想政治教育活动。而另一部分大学生，由于地域、经济、民族、心理等方面原因，很难尽快地适应和融入数据化的思想政治教育活动。这两部分大学生之间的差距就产生了所谓的"数字鸿沟"。后者在参与大数据条件下的思想政治教育活动时将处于劣势地位，其教育效果必然受到一定的影响。比如，来自经济发达地区的大学生，他们在使用互联网技术上有着天然的优势，在数据化思想政治教育过程中表现得更加积极主动，对多元化的社会思潮更多的是一种开放态度；来自相对贫困落后地区的大学生，他们在信息技术的运用上较为保守，在数据化思想政治教育过程中缺乏主动性。

数字鸿沟也存在于不同高校的思想政治教育之间。由于教育资源不均衡、专业人才的欠缺等原因，不同高校思想政治教育工作也千差万别。在数字化时代，信息化建设水平是衡量一所现代化高校的重要指标，也是关系高校可持续发展的至关重要的因素。就全国范围而言，高校之间信息化建设水平的不平衡是进一步加大思想政治教育数字鸿沟的主要原因。

二、教育工作者的主导地位被动摇

教育历来是非常重视因果关系的，认为学生有什么样的行为模式必定是由其相应的思想意识来指挥的，数据分析也是通过因果关系而得出结论。而数字化时代，面对海量数据，易使教育者忘却"因"，从而淡化了因与果之间的关系。对大学生思想政治教育进行的大数据分析，要求教育者既要具有思想政治教育方面的专业知识与能力，还要具有一定的数据挖掘能力、一定的数字素养和创新能力等。高校思想政治教育工作者所面对的分析平台是多学科集成的，必然就要求他们具有数据能力和思想政治教育能力，因为，如果高校思想政治教育工作者不具备数据挖掘的能力，就很难通过所掌握的有关大学生思想政治教育方面的大数据做出有效的学生道德行为趋势方面的预测分析，如果数据分析家不懂得大学生思想政治教育，就很难从大学生思想政治教育的大数据出发去寻找数据背后的大学生思想政治教育的规律。

　　然而目前，思想政治教育的大数据分析还存在一定的技术难度。以大数据库为基础对大学生思想政治教育的现状及问题进行数据分析并最终形成解决方案，还不能顺利地实现，原因就在于大数据库是由关联子数据库组成的，目前的难点就在于它们之间的语义格式不能有效兼容，必须进行人工操作。另一方面，由于掌握了大量的与大学生思想政治教育有关的大数据，一定程度上会使教育者对所谓的数据产生的预测结果盲目自信，从而形成对大学生思想政治教育数据进行选取与整合的困境。教育者需要不断地提升自己的数据分析能力，因为思想政治教育的大数据中，有用信息和无用信息、有益信息和无益信息并存，对于教育者而言，面对海量数据，要提升大学生思想政治教育的专业水平，并不是掌握的数据越多越可靠，而是要借助丰富的个人经验和教育实践，掌握体现因果关系的可靠的数据，并验证数据的来源是可靠的，确保数据的质量是优良的，把握数据分析的结果是有用的，掌握了具有高度可信度的数据，才能使之在高校思想政治教育中发挥作用。

三、意识形态性被不断消解

　　以数据量海量、异构为主要特征的数字化时代，大量消极数据信息也接踵而来。例如，大学生在网络环境中会受到各种社会思潮的吸引，如果缺乏相应的分辨能力，就极有可能被腐朽的甚至消极的价值观念同化，从而对社会主义核心价值观产生怀疑。西方发达国家凭借其经济实力和技术优势，占领了全球绝大多数的数据资源。一些西方敌对势力趁机利用互联网平台对我国大学生进行思想意识形态渗透，竭力地向大学生传播资本主义价值观念及生活方式，以此弱化我国主流社会主义核心价值观教育，试图把青年大学生进行"西化"，从而达到和平演变之目的。此外，在大数据这个庞大的数据场中，很多低俗的信息吸引着大学生的眼球，降低了大学生的文化品位，使其难以形成高尚的道德情操，加重了思想政治教育的负担。

总之，大数据使大学生思想政治教育的主流意识被纷繁复杂的多元文化所分解，高校思想政治教育工作者对大学生思想意识进行引导的难度越来越大。在数字化时代，如何增强大学生对数据侵害的免疫力是高校思想政治教育研究者和实践者的现实大难题。

四、教育工作者数据处理的难度增加

数字化时代给思想政治教育带来的变革，其最深刻之处便在于量化，这意味着教育者对受教育者的把握将进入一个前所未有的阶段。在宏观层面，可以对大学生的世界观、人生观、价值观等的认知状况总体上进行把握和揭示，因为大学生无论在虚拟世界还是现实社会，他们进行社会活动时都会产生数据和信息，而教育者通过大数据技术收集到与大学生思想政治教育相关的海量数据，就可以把具有不同行为活动的大学生进行分类，仔细分析不同类型的学生对不同的道德现象有什么反应，从而从宏观上了解不同类型的大学生的马克思主义理论学习是如何发展的，规律如何，道德认知状况如何，接受思想政治教育的效果如何。而从微观上看，与大学生的马克思主义理论等有关的信息不断累积，这些信息被转换为数据，教育者就可以运用大数据技术对这些数据进行详细分析，然后了解每个学生关于马克思主义理论的认知水平与道德行为发展的情况，为开展智能化的因材施教给予数据上的支持，从而极大地提高大学生思想政治教育的效果。所以，不管是宏观层面还是微观领域，数字化时代都对教育者的数据分析与应用能力提出了挑战。要求教育者必须强化对大学生思想政治教育数据的敏感度，对数据具有敏锐的洞察力和鉴别力，善于对数据所承载的重要信息进行准确和完整的解读，进而高度重视与大学生思想政治教育相关的信息的收集、储存和分析，并能够将之应用到实际教育活动中。这一切都对思想政治教育技术提出了新的要求，对思想政治教育工作者提出了新的要求。

数字化时代，要挖掘与思想政治教育相关的大量数据，需要找到相应的技术与方法，如数理统计、深度学习等，并且通过对大学生的学习行为进行数据建模，通过数据挖掘技术掌握的大量有用数据，结合其他变量的相关内容，对学生未来的道德发展的趋势进行预测。因此，高校在教育技术方面，需要建立一个能够从整合多个预测变量推断单一被预测变量的模式，如：通过学生在线参与道德事件讨论的情况预测学生是否有不道德行为的风险；通过集群，根据学生在不同的在线互动模式中的表现将他们分成不同的群体，从而提供不同的教育信息，组织适合不同群体的教育活动；通过关系挖掘，找到学生的道德思想和道德行为的相关关系，改进教育内容的呈现方式和序列以及教育方法；等等。

第三节　数字化时代高校思想政治教育存在问题的原因

对任何事物都要"辩证"看待，这从侧面提醒人们不能对"数字化"带来的优势进行过高估量，还需要对数字化时代带来的问题保持警惕心理。反观现实，教育权威被打破，浅学习带来的浮于表面探究，同质化信息推送将大学生圈养在信息茧房中，量化思维使得数据被过度依赖等现象，会让思想政治教育难以有效推进。

一、重马克思主义理论研究，轻思想政治教育实践研究

重理论研究而轻实践操作形成了提高思想政治教育效果的瓶颈。思想政治教育就是要通过广大教师（思想政治教育工作者）通过一定的形式、采取一

定的方法把马克思主义理论等内容传授给广大青年学生，这离不开两个方面的要求。一是教师自身要有较强的扎实的马克思主义理论功底，二是教师要具备较高的开展思想政治教育活动的技巧，这两个方面缺一不可。而问题是长期以来，在教学实践中形成了重视对思想政治教育思想理论的研究，而轻视对思想政治教育规律、教学方法的研究，使得如何把科学的理论传授给广大青年学生缺乏有效的手段，制约了思想政治教育效果的提高。以马克思主义理论课为例，对学生进行马克思主义教育，不能停留在马克思主义理论的表层进行普泛性的介绍，而应当引导学生深刻准确解马克思主义的基本观点。这是思想政治教育课程教学的基本要求。但是在教学实践中，却往往片面地理解了这一要求，不是将马克思主义的一些基本观点从马克思主义思想体系中断章取义地加以"深化"，就是事无巨细地将马克思主义的所有观点平铺直叙地加以介绍，以保证马克思主义理论体系的"完整性"。其结果不是对马克思主义基本观点的片面理解，就是将马克思主义经典作家的一些具体结论视为绝对真理。缺乏对思想政治教育的规律、方法和手段的研究，缺少把马克思主义理论与大学生的思想实际有效连接起来的手段和桥梁，是造成这种现象的根本原因。轻视对思想政治教育规律、方法和手段等方面的研究正日益成为制约思想政治教育效果不断提高的新的瓶颈。

二、结构扁平化，动摇教育主体权威

与传统教学模式相比，网络社会扁平化的结构消解了现实社会科层制结构中的权威①，导致了教师传统权威的消解。同样，数字化时代催生出的"个性化"服务打破着师生地位的平衡。一方面，教育主体的知识权威性被打破。科技日新月异，部分大学生一般会把线上广泛流传的、与教育主体讲授不一致的思想政治教育内容误认为"真理"，这极大地削弱了向师性，使得教与学分离。在数字新技术的传递下，"前喻文化"特征愈发明显，处于教育"下位"的大学生有时能占领知识"上位"，这在一定程度上会消融教育主体独占知识

① 郑永廷.思想政治教育学原理：第二版［M］.北京：高等教育出版社，2018：9.

的权威。另一方面，教育对象的平等性诉求增强。信息数据技术颠覆和解构权威的趋势使大学生的权利意识觉醒，渴望与教育主体进行平等互动，极大动摇着教育主体的权威。

大数据技术的普及，AI人工智能的广泛应用，必然会带来大学生思想政治教育研究范式的转变。思想政治教育研究的对象大学生——首先是"人"。过去的实证研究，最困难的方面就是数据采样，因为我们一直认为无法对人的行为和情感实现量化研究，而数据采样的困难度与真实性就成了大学生思想政治教育实现量化研究的思想和技术阻力。在数字化时代，技术的发展突破了量化研究的瓶颈，教育者可以通过技术手段掌握大量的与大学生情感和行为有关的数据。虽然教育过程是充满感情的，但它也可以通过定量的数据而被描述出来，数据将在大学生思想政治教育的量化研究中发声，并对研究结果起强大的支撑作用，这就要求大学生思想政治教育的研究者具备数字素养。但是，教育者、研究者能够得心应手地运用可量化的研究方式并不是一朝一夕的事，这种研究方式是在新的基础上重建该研究领域的过程，它不是简单地修改或扩展旧的研究范式，这种重建是要改变研究范式的方法和应用，改变思想政治教育研究领域中某些最基本的理论概括。大数据创造了前所未有的可量化的维度，它必然会改变生活、工作、思维的方方面面。原来的研究领域中，思想、情感等被认为是难以实现量化研究的，因为这种研究被基于假设和抽样调查的有限数据所束缚。但是在数字化时代，对与大学生思想政治教育相关的大数据的收集、存储、分析和应用将实现定量研究。未来，大学生思想政治教育将从社会科学变成实证学科，大数据将成为研究思想政治教育的基石。

三、学习表面化，削弱教育客体认知

在数字化时代，"一目十行"的学习习惯会让大学生偏向浅学习。同时。"伴网"大学生在遇到学习困难时，可能会下意识地浏览数据引擎搜索栏呈现出的"词条"，这类行为倾向容易造成碎片化学习状态，使其本能地过滤掉在

思想政治教育过程中遇到的困难，进而在面对海量思想政治理论课信息时难以克服信息异化，滋生负面效应。一方面，会形成数据依赖和数据崇拜。有些大学生思考问题缺乏理性，对相关信息不分主次、不抓重点地浅阅读，使其主体性消解，成为信息的"佞臣"。另一方面，会产生数据焦虑和数据恐慌。在信息大爆炸时代，取之不尽、用之不竭的数据信息令大学生目不暇接，致使唯数据主义愈演愈烈，许多大学生成为"数据信徒"，进而不能有效判别和选择。数据信息模糊着大学生观念，削弱其认知。

四、推送同质化，导致教育信息窄化

在数字化时代，算法运用中的数据收集和分析、个性化推荐和数字过滤机制的广泛运用催生出了"信息茧房"效应，这可能会使一些大学生犹如"井底之蛙"一般封锁于同质化的思想政治理论信息中。一方面，部分大学生难以突破自身的惯性认知获取全新的思想政治教育内容。"信息茧房"将某些大学生禁锢在个人感兴趣的"孤岛"上，缩小了其获取思想政治教育相关内容的广度，造成文化传播效率低下。另一方面，可能导致个别大学生接收到更为"专制"的思想政治教育内容。根据大学生的"用户属性"，"过滤泡"将大学生隔离在具有同质性的思想政治教育资源的"泡沫"之中。这样虽然迎合了一部分学生的喜好，但算法过滤机制使部分大学生无法摆脱算法设定中的各种偏见和意识形态影响，从而沉浸在自己思维的"贫民窟"中。

五、评估模型化，依赖教育数据反馈

"大数据＋思想政治教育"的显著特点之一是思想政治教育的全过程皆可用"数"诠释。然而，数据过载催生了"万物皆可数"的数据决定论，使得评估者可能深陷数据陷阱，量化思维使一些评估者过度注重思想政治理论课的学习数据信息表象，而忽视了数据背后的情感和态度。一方面，教育对象数据化。教育对象在思想政治教育过程中的"行径"往往通过数据呈现，使得部分评估者仅将数据作为评估标准，脱离个体内在思想和情感进行评估。

大数据技术将思想政治理论课的教育评估建立在"全数据"基础上，这可能会让评估者脱离大学生的伦理维度和审美维度，将"数据"作为思想政治教育的评估标准。这在一定程度上也将大学生抽离成数据组成的抽象物，使其被牵制为牺牲了质的丰富性的"数据集"。① 另一方面，思想政治教育过程的数据化。某些大学生通过研究思想政治教育效果评估的标准细则，滋生形式主义和投机心理，导致敷衍式打卡学习、利用技术拖动进度条等行为，降低了量化评估的科学性。

---

① 唐永，张明.大数据技术对社会心理的异化渗透与重构［J］.理论月刊，2017（10）：44-49.

第五章 数字化时代高校思想政治教育的原则与内容

根据教育主体的平等性、教育活动的可视化、教育内容的个性化、教育方式的及时性和教育方向的前瞻性原则，数字化时代高校思想政治教育实效性的提升要牢牢坚守马克思主义意识形态主导地位、紧密结合马克思主义理论中国化发展的新要求、不断适应信息时代变化发展的客观要求、继承与借鉴传统和国外思想政治教育内容。

第一节　高校思想政治教育实效性

"实效性"问题贯穿于思想政治教育研究的始终。有学者着重对影响思想政治教育实效性的因素作了深入探讨，认为正是由于思想政治理论课课程本身的性质决定了实效性提升的难度，学生主体地位的缺失限制了实效性的发挥，体制和机制的不完善阻碍了实效性的提升。[①] 也有学者指出，教育实效性较低历来是影响思想政治教育发展的核心问题，而要彻底打破这种尴尬状态，就必须对教育理念、教育内容和教育路径等进行全方位创新，"积极寻求理论体系和内容的科学性教育方法与时代和教育对象特点的适应性"[②]。还有学者提出，要对本科生硕士生和博士生实施"分层"教育，通过确定不同阶段的培养目标和教学方法精心选定教学内容编著高水准的教材，使这三个层次保持由少而博、由浅入深的内在联系，[③] 从而切实提升思想政治教育教学的实效性。值得特别注意的是，在"实效性"的研究中，由于"教学方法"被人们视为影响实效性的关键性因素，因而有关这方面的研究往往被人们单独列出加以着重考察。近年来学术界在深入考察时代新发展、思想政治理论课特有的学科规律及教育对象的思想特点的基础上，在理论探索和教学实践中逐渐构建起案例教学法、探究式教学法、情感教学法、信息技术教学法、实践教学法等众多较为典型的教学方法。

可以说，作为一种客观存在的实践活动，思想政治教育的实效性也就是大学生思想政治教育活动在满足人们的相应需要、实现人们的相应目的方面

---

① 杜利英，杨晓．影响高校马克思主义理论教育实效性的因素［J］．教育与教学研究，2010（12）：56-59.

② 王平，康秀云．高校马克思主义理论教育创新的几个维度思考［J］．东北师大学报（哲学社会科学版），2005（6）：4.

③ 刘俊奇．高校马克思主义理论分层教育刍议［J］．中南民族学院学报（人文社会科学版），2001（2）：134-136.

所表现出的积极特性①；也就是在大学生思想政治教育实践活动中，大学生对思想政治教育的预设目标和思想政治教育主体的主观意图或目的和结果的实现程度，即高校为培养德智体美劳全面发展的社会主义建设者和接班人而开展的思想政治教育活动的育人成效，受教育者、教育对象、教育内容、教育媒介和教育环境等因素的影响。它也是衡量思想政治教育工作成功与否的重要标准。概括而言，高校思想政治教育是由多个方面组成的，这几部分相互关联，其实效性包括外在效果和内在效果的统一、高效益与低成本的统一、个体效益和社会效益的统一。思想政治教育是一种具有鲜明意识形态性和明确指向的实践活动，在大学生思想政治教育活动过程中，突出地表现为思想政治教育理论内容和"教育"的引导作用。"教育"引导的目的在于使大学生接受马克思主义，掌握马克思主义的基本原理，学会运用马克思主义的立场、观点、方法去分析问题和解决问题，把大学生培养成为有理想、敢担当、能吃苦、肯奋斗的社会主义事业的建设者和接班人。正如大学生是否接受马克思主义，不能靠强迫和命令，它是一种通过教育的引导作用，使大学生自觉自愿地接受马克思主义的认识行为和实践行为，因而大学生是否接受马克思主义理论具有很大的选择性。大部分在校学生受到各种积极因素的影响，有学习和接受马克思主义的愿望，同时也有一部分大学生受到社会上消极落后因素的影响，对马克思主义存在着怀疑、否定甚至抵制、抗拒的情绪，西方各种资产阶级的意识形态思潮也有可能成为他们选择的对象。这种客观事实严重影响着思想政治教育目标的实现。具体而言，高校思想政治教育实效性具有如下类型：

一、短时间效果和长时间效果

思想政治教育的短时间效果是指通过浏览各网站网页、打开手机微信订阅公众号或者手机移动新闻用户端、腾讯自动实时新闻等方式，在较短的时

---

① 沈壮海. 思想政治教育有效性研究：第三版［M］. 武汉：武汉大学出版社，2016：20.

间内接受到各种时政新闻、文化娱乐新闻、社会新闻等信息，马上显现出来的接受反映。又比如，大学生在学校听了一堂精彩生动、触动灵魂的多媒体思想政治理论课，听了一个奋发向上、积极乐观的先进人物优秀事迹报告会，听了一场有思想、有学识的专家学者的讲座，经历了一次难忘有趣的真人秀体验等，这些行为往往能够在大学生身上产生快速的效果。当代大学生对生活充满好奇与发现，乐于接受新鲜事物，是树立正确的世界观、人生观、价值观的重要阶段。在此期间，敏感的大学生可能会由于老师的一句重话、同窗一件微不足道的小事、谈了一场不欢而散的恋爱等在互联网上进行非理性谩骂和人身攻击，这对他们的影响在某种程度上也是不容小觑的，影响结果也是深远和长久的。因此高校思政教师要正视大学生思想政治教育的短时间结果，充分运用新媒体教育载体，充实教育内容，踊跃开辟新的教育渠道，将思想政治教育内容有机地融入教育实践活动中去，以获得良好的、可使得大学生短时间接受的效果。新媒体环境下大学生思想政治教育接受的长时间效果，它是作为接受主体的大学生经过循环反复的从理论、实践、理论、再到实践的接受活动历程，无法在短时间内显现出接受效果，需要一个长时间的观察和磨合。大学生思想政治教育接受效果的长期性是内外因相结合的结果，内因是因为大学生是属于不同性格的个体，有不同的成长环境和不同的接受信息渠道，外因是大学生的接受环境复杂多样，比如社会环境的不断变化、互联网环境的推陈出新、家庭环境的转变等。新媒体环境下，大学生思想政治教育的接受活动都是从低级到高级、从量变到质变的不断变化过程。它的选择、内化、外化等接受环节都是不断进行思想斗争，行为转化，并在各个环节中反复进行，以取得长时间效果。人的正确认识要经历由感性认识到理性认识，由初级阶段到高级阶段的进程，通过不断实践才能完成。因此，新媒体环境下，从取得短期效果到长期效果，需要一个漫长的过程，我们要准确把握好大学生思想政治教育"灌输和接受"的基本矛盾，建立一个接受动力反馈系统，找到科学的教育方式，知道他们需要什么样的思想政治教育，引导大学生进行自我调节，从而激发他们接受的自觉性和主动性。

二、正面效果和负面效果

在数字化时代，大学生对思想政治教育信息的接受有正面效果和负面效果之分，也可以称作为积极效果或者消极效果。比如，运用新媒体进行马克思主义理论教学，对不同的大学生会产生不同的接受效果。学习态度端正的大学生，会通过课程接收到有效信息，比如曾经看到一句经典的励志名言，说到了心坎上；老师通过播放视频短片，分享一个奋发向上、不向命运低头的奋斗故事，引起了心灵共鸣，从而内化为自身行动，激励自己，不断前行。学习态度不端正的大学生会认为这个课程生搬硬套，枯燥乏味，不接地气，认为老师讲课不够生动活泼，从而产生消极抵制课堂的不良接受心理，产生负面效果。因此，不管是正面效果还是负面效果，都是通过马克思主义理论课，反馈给不同的学生的认知、态度和行为上的接受反映。大学生对思想政治教育信息的接受，最直接的效果类型就是有效和无效、正面和负面，这也是判定课堂成败的检验标准。当然，不能直接就判定我们的老师授课不好，毕竟大学生的行为规范和思想道德修养，需要时间和过程来检验。大学生因为拾金不昧、尊老爱幼、自强不息、遵纪守法等品质上了抖音热点、微博实时热搜榜、百度舆情沸点等，给社会大众树立了学习的榜样，这都是我们的思想道德修养与法律基础课取得了好的接受效果。事物都具有两面性，我们分析事物要一分为二，辩证地看待问题。新媒体环境下的大学生思想政治教育，提升了大学生的整体素质，提高了他们的自主性和自我学习能力，通过互联网，有目的有计划地学习，把学习变成一种生活新常态，这是正面效果。但是由于网络信息的泛滥，多种声音聚集，会导致大学生选择困难，淡化道德行为和法律意识，对自我认识错误等，这是负面效果。正是因为有了正负两面的效果，才会敦促我们思想政治教育工作者不断改善教学方法，更新教学手段，给大学生更多的正面影响，把负面效果降到最低。

三、预期效果和非预期效果

思想政治教育的实效性可以根据教学内容，预先设定教学目标，通过网上测评结果，量化考核和定性考核相结合，我们把它划分为预期效果和非预期效果。大学生思想政治教育通过"反应、选择、整合、内化、外化、行动"这六个接受过程，取得预期效果，主要表现为大学生主动接受教师传递的网络思想政治教育信息，例如给思想政治理论课教师的精美 PPT 课件点赞、微信分享拍个视频、录个抖音和收藏一篇深度好文、微博转发一条公益救助活动等，它是一个完全接受客体信息的接受活动，并心服口服，内化为自觉行动，做到知行合一。而非预期效果则分两种情况，一类是大学生主体接受客体信息时，完全排斥、抵触和否认客体信息的接受活动，主要表现为"口不服心不服"；另一类是大学生主体接受客体信息时，选择性地接受部分信息的接收活动，主要行为表现是"口服心不服"或者"口不服心服"的情形。思想政治教育接受的效果如何取决于接受主体的动力，而主体动力主要包括以社会需要为核心的外在被动力、以自身需要为核心的内在主动力以及二者的合动力。而我们的预期效果主要是达到以自我为核心的内在主动力，接受主体达到预先设定的目标，比如大学生自我修养的提高、思想政治觉悟的高涨、法律意识的清晰等。非预期效果主要是达到以社会需要为核心的外在被动力以及内外在被动力的合力，比如社会文明进步、社会稳定安全、社会风气良好等。预期效果和非预期效果，二者互为补充，联系紧密，共同构成大学生思想政治教育接受效果的类型。对大学生思想政治教育接受的预期效果和非预期效果，我们可以通过新媒体接受环境的优劣，接受客体信息内容的主题、观点、价值取向，接受主体的态度和行为等元素来评判。

第二节　数字化时代高校思想政治教育实效性提升的基本原则

要实现"思政课程"与"课程思政"、思想政治教育与网络行为引导的有机结合，数字化时代高校思想政治教育实效性的提升要遵循教育主体的平等性原则、教育活动的可视化原则、教育内容的个性化原则、教育方式的及时性原则、教育方向的前瞻性原则等。①

一、教育主体的平等性原则

现如今，高校学生的主体意识已然形成，思想政治教育中形成了一种新型的主客体交互关系——教育主体"去主体化"与教育客体"主体化"。注重教育主体的平等性原则，一方面是新型主客体关系的内在要求，有利于紧密贴合高校学生主体性发展的特点，不断激发高校学生的主体意识，满足其培养需求；另一方面是思想政治教育课堂的变换和网络思想政治教育的出现，教育主体难以维系"话语主导权"，教育客体在信息选择上的自由、自觉权利加大，使得思想政治教育主客体关系的平等性日益突出。确立教育主体的平等性原则，需要从两方面入手：一是要强化青年中心化，树立青年主体地位，充分掌握高校学生的各种需求，根据青年学生的思想行为特点，面向他们存有矛盾的学习、生活，探寻青年学生的接受规律和接受方式，进行针对性的引导；二是要注重培养并发挥高校学生的自我教育能力，正确引导其利用正确思想面对与解决困难，在不断的思索中实现思想政治教育目的，有力提升教育工作的实效性。

二、教育活动的可视化原则

当今课堂教学研究中以知识可视化和思维可视化的研究最为常见。知识可视化指的是有助于传递复杂知识或益于知识创造的可视化手段，其目的在于提升知识的传达与创造，并且帮助提升接收者对其理解的准确性与应用性。而思维可视化则是指借助于视觉形式，将思维实现可视化。可视化技术对于教育活动而言，不仅为其提供了一种由抽象到具象的手段，更为其教学形式与方法的突破提供了支持。其直观性与易操作性特点在教学过程中得到很好

---

① 许烨.大数据时代提升高校思想政治教育实效性的策略研究［J］.湖南社会科学，2022（3）：134—139.

的展现，可以很好地为教育活动服务。

三、教育内容的个性化原则

个性化教育源于"因材施教"思想，其关注每位学生自身所具备的不同特点，由此进行不同的个性化教育，注重培养学生的优势与个性。对于新时代的思想政治教育而言，这种个性化教育同样适用，且被一致认为是促使学生实现全面发展的最佳方式。高校应尊重学生之间的不同个性与喜好，并由此面对不同学生，采用不同的教育内容与模式，满足学生的个性化成长要求，进而满足社会对于个性化人才的需求。因此在思想政治教育中，开展个性化培养和教学的模式有着非常重要的现实意义。

四、教育方式的及时性原则

数字化时代的教育方式发生了重大变革，与传统的教育方式相比，人工智能技术拓展了大量新颖的教育方式。及时性原则是当今时代对于思想政治工作的较高要求，代表了高校所采取教育方式的实时性与高效性，反映出高校的快速应变能力。在信息传递如此便捷的数字化时代，高校可以借助数据平台及时获取学生的思想情况，从而快速准确地采取相应教育手段进行正确引导，实现思想政治工作有效性的大幅度提升。在思想政治教育过程中有很多对矛盾，比如说教与学的矛盾、学与问的矛盾、知与行的矛盾、知与信的矛盾。思想政治教育能否解决矛盾、提高实效性，其关键在于能不能解放和发展好老师"教"的能力、学生"学"的能力，一切影响老师"教"的能力和学生"学"的能力的束缚都要破除。比如清华大学在思想政治教育改革当中，也积累了一些做法和经验。遵循价值塑造、能力培养和知识传授"三位一体"的教育理念，清华大学以又红又专、全面发展的培养特色在新生入学教育阶段便强化思想政治教育。从2004年时任校党委书记陈希为新生作成才报告开始，校党委书记、校长为新生讲授入学第一课成为优良传统。在院系层面，主要领导讲党课也成为新生专业教育的重要环节。研究性教育激发老师的主体性、主动性，研究性教育激发学生的积极性。不但要教，还要带着问题教；不但要学，还要带着问题学。还有就是注重因材施教，理论性教育与专业性教育相结合，注重学生的学习兴趣、学习方式、思想特点、专业特点进行针对性教育。

五、教育方向的前瞻性原则

对于思想政治教育工作而言，除了做到与时代同步，更重要的是着眼未来，从长计议，保持前瞻性态度，对新的问题采用新的对策。如果不进行前瞻性的研究，没有超前意识，等到问题积累起来之后，就会陷于被动的局面。因此，必须围绕数字化时代高校学生的突出特点，提前发现问题，提前解决问题，构建高校学生思想政治教育工作的新框架。加强对思想政治教育的研究，把握思想政治教育的正确方向。在多样性、价值观念多元化的背景下，我们必须深刻地认识到，思想政治教育是马克思主义理论本身的内在要求，是事业不断成长、创新的实践需求。我们要不断加强科学研究，深化对思想政治教育的科学性认识，把思想政治教育放在"事关国家和社会的历史走向"的高度加以认识，切实增强思想政治教育的自觉意识。旗帜鲜明地高扬思想政治教育的主弦律，把握高校思想政治教育的正确方向。把高校针对大学生开展的思想政治教育与提高大学生思想政治素质的目标紧密结合起来，避免思想政治教育与学生需求实际脱节的现象，科学把握思想政治教育的内在特点。张澍军教授对此有着深刻、精辟的分析，不失为我们正确认识思想政治教育的性质和特点的重要参考。他指出，"毋庸回避，在当代多元文化的现实背景中，对于学生'日常生活细节问题'具有一定解释力的，已不像20世纪五六十年代那样只有一种思想文化，而是有多种思想文化的存在。但马克思主义理论教育的根本优势在于给人们提供建设主流文化思想的理论基础，在于给学生指明社会发展和人类生活的历史走势和正确方向，在于为学生的现实和未来生活、工作中遇到大是大非问题时积淀正确的行动指南和价值判断准则。因此，大学生的马克思主义理论教育在根本上是'准备性'的、积淀性的。"①我们应该以此为契机，不断深入探索思想政治教育的内在特点和规律，增强思想政治教育的自觉性和科学性，准确把握高校思想政治教育的正确方向。

第三节　数字化时代高校思想政治教育实效性提升的主要内容

一、牢牢坚守马克思主义意识形态主导地位

马克思主义是思想政治教育的生命线，是最根本的世界观和方法论，是应毫不动摇始终坚持的理论武器。习近平总书记在庆祝中国共产党成立100周年大会上发表重要讲话，他指出："马克思主义是我们立党立国的根本指导思想，是我们党的灵魂和旗帜"；"中国共产党为什么能，中国特色社会主义为什么好，归根到底是因为马克思主义行！"②回顾百余年党史，我们党之所以能够取得一次又一次的胜利，取得一次又一次的辉煌成就，根本原因就是我们党坚持马克思主义的指导地位不动摇。为什么中国共产党在中国革命、改革和建设时期能够取得伟大成就，关键就在于坚持马克思主义的指导地位。坚持马克思主义的指导地位是实现中国式现代化、实现中华民族伟大复兴的理论支撑。习近平总书记强调，"我们的高校是党领导下的高校，是中国特色社会主义高校。办好我们的高校，必须坚持以马克思主义为指导，全面贯彻党的教育方针。"③对高校的思想政治教育而言，坚持马克思主义，就是守住了根本和方向；要将高校思想政治教育推向更高的水平，就必须要始终坚持马克思主义。在推进高校思想政治教育提质增效的过程中，要始终坚持马克思主义

---

① 张澍军.论高校马克思主义理论教育的若干重要问题［J］.思想理论教育，2007（3）：4-8.

② 习近平.在庆祝中国共产党成立100周年大会上的讲话［N］.人民日报，2021-07-02（002）.

③ 习近平在全国高校思想政治工作会议上强调：把思想政治工作贯穿教育教学全过程开创我国高等教育事业发展新局面［N］.人民日报，2016-12-09（001）.

中国化。高校在培养大学生的过程中，要坚持为实现中国式现代化服务，坚持为新时代中国特色社会主义现实需要服务，坚持为中华民族伟大复兴服务。以马克思主义为指导思想，为高校思想政治教育提供了丰富的理论基础和历史底蕴，只有守住了马克思主义的根和魂，高校思想政治教育才能真正做到提质增效，才能真正培养出有能力有本领有底气的社会主义建设者和接班人，才能真正为推进实现中国式现代化和中华民族伟大复兴源源不断地输出人才。数字化时代的高校必须牢牢坚守马克思主义指导地位，始终坚持以习近平新时代中国特色社会主义思想为指导，牢牢把握新时代高校教育改革发展大势和立德树人根本任务，结合高校学生现实生活和成长发展需要，以为党育人、为国育才的政治高度教育青年、培养青年，强化青年使命担当来做好相关思想政治教育工作，为高校学生奠定一生的坚实思想，用党的科学理论武装青年，用党的初心使命感召青年，将中国梦传递每一位高校学生，不断夯实马克思主义意识形态在高校思想政治教育中的指导地位，管好长远工作。

二、紧密结合马克思主义理论中国化发展的新要求

马克思在《黑格尔法哲学批判》一书的导言中说过："哲学把无产阶级当做自己的物质武器，同样，无产阶级也把哲学当做自己的精神武器；思想的闪电一旦彻底击中这块朴素的人民园地，德国人就会解放成为人。"①这句话到现在仍具有很强的现实意义，要求高校教师要抓住思想武装这一利器，用马克思主义的真理性去武装、感染、感化大学生。

方向决定道路，道路决定命运。党的百余年辉煌历史充分证明，只有社会主义才能救中国，只有中国特色社会主义才能发展中国，只有坚持和发展中国特色社会主义才能实现中国式现代化和中华民族伟大复兴。高校在进行思想政治教育过程中，更要坚持中国特色社会主义这个方向。高校思想政治教育中的"守正"，这个"正"指的是社会主义，指的是具有中国特色的社会主义。"只有社会主义才能救中国，只有坚持和发展中国特色社会主义才能实

---

① 马克思恩格斯选集：第 1 卷［M］.北京：人民出版社，2012：16.

现中华民族伟大复兴。要给学生讲清楚这一被实践证明了的历史逻辑和现实逻辑，增强学生对中国特色社会主义道路自信、理论自信、制度自信、文化自信，不被任何干扰所惑，立志肩负起民族复兴的时代重任。"①高校要持续推进"四史"教育，将党史、新中国史、改革开放史、社会主义发展史贯穿于思想政治理论体系，要树立"大历史观"，科学把握历史主流和本质，在展示历史复杂性的同时阐明历史的必然性。②让学生深刻感受到社会主义制度的优越性和中国特色社会主义道路的来之不易，增强学生对中国特色社会主义的信念，培养学生为实现中国式现代化和中华民族伟大复兴而努力学好知识和本领的自觉心，增强学生坚定走中国特色社会主义道路的意志和实现共产主义的信念。

思想政治理论课是高校思想政治教育工作的重要阵地，也是高校对于党的先进思想、理念进行传达的重要阵地。对于当下的高校思想政治教育工作而言，只有紧密结合马克思主义理论中国化发展的新要求，把握教育改革所趋与青年所需，将习近平新时代中国特色社会主义思想贯穿于教育全过程，并应用于实践，如紧盯关键时机点抓教育，充分利用开学第一课、升旗仪式、开学典礼、毕业典礼、五四青年节、建军节等关键时机节点，将理想信念教育、爱党爱国、爱校爱荣等内容融入学生日常生活，或是将思想政治教育元素融入志愿服务、辩论赛、运动会、文艺活动、劳动实践等日常活动中，如此才可以更好地发挥高校思政工作者的"教育者"和"领路人"身份，更好地提升思想政治教育的实效性。

三、不断适应信息时代变化发展的客观要求

在开展思想政治教育过程中，高校应充分认识并正视信息时代所带来的

---

① 习近平．以史为镜、以史明志 知史爱党、知史爱国［J］．新长征（党建版），2021（8）：4–8.

② 吴琼，邹丽群．以"四史"教育推动高校思想政治理论课守正创新［J］．教育教学论坛，2022（23）：13–16.

一系列便利条件，在此基础上增强自身技能，将之应用于教育活动中，创新教学思路，提高教学效率，不断推进思想政治教育工作的形式与理论创新。综合来看，我国高校思想政治教育40余年的历史充分证明，其内容也随着历史的演进而进步和发展。在不同的历史条件和不同发展阶段，虽然高校思想政治内容的性质不变，但由于生产关系和上层建筑中某些环节的调整，必然要对其内容作出与时俱进的改变。当前信息时代除了其本身的便捷与高效特点之外，其所形成的新颖有趣的教学形式又可以吸引学生的兴趣，进一步深化教育效果。因此，在当前数字化时代背景下，高校应积极调整自身，不断适应信息时代变化发展的客观要求，掌握高等教育信息化的发展趋势特点，把握和顺应高等教育信息化发展的脉搏，并将其引入思想政治教育工作之中，大力提升工作成效。

四、继承与借鉴传统和国外思想政治教育内容

对于我国一直开展的思想政治教育工作，我们应大力传承，或对其进行整改后继承，不断总结经验，并结合我国实际，对现有工作进行创新，使其工作得以持续不断地发挥功效。另外，对于国际思想政治教育工作也应进行借鉴与学习。当今时代是信息高速发展的时代，国外关于思想政治教育的先进思想和成功理念对于我国的思想政治教育工作的推广有很大的借鉴作用，如隐蔽式和渗透式教育方法，就是在诸如"公民权利和义务教育""国民精神教育""公民道德教育"等旗帜下悄无声息地进行思想政治教育。再比如，通过全民整体教育施加思想政治教育影响，诸如新加坡的"能力教育""双语教育""道德教育"，日本的德育模式等，都是从整体层面提升国民精神，从而达到思想政治教育的潜在目的。因此要认真学习和总结国外的教育内容与工作经验，在此基础上不断完善我国现已开展的思想政治教育工作，营造良好的社会环境，注重大环境熏陶，从而科学解决现如今我国教育工作面临的诸多难题。

第六章　数字技术赋能高校思想政治教育

数字技术的迅猛发展，推进了整个社会的数字化转型。党的十九大对建设网络强国、数字中国、智慧社会作出了战略部署。党的二十大报告提出要"构建新一代信息技术、人工智能……等一批新的增长引擎"，"推进教育数字化转型"。因此，探索数字技术赋能高校思想政治教育全要素、全流程、全领域的价值意蕴，审视其所面临的困境，运用不断升级的数字化环境、技术、思维逐步构建以数字化引领的思想政治教育创新发展模式和路径，能够进一步提升高校思想政治教育在数字化背景下的自觉性、科学性和实效性。

数字技术的迅猛发展，推进了整个社会的数字化转型。党的十九大对建设网络强国、数字中国、智慧社会作出了战略部署。① 党的二十大报告提出要"构建新一代信息技术、人工智能……等一批新的增长引擎"，"推进教育数字化转型"。② 这是顺应数字化潮流的重要举措，也是适应"触网一代"大学生多样化需求的行动。随着区块链、人工智能、大数据等信息技术的高速发展，数字技术赋能高校思想政治教育已成为一种趋势，有助于推进思想政治教育数字化转型。按照教育部思想政治工作司 2023 年工作要点明确提出的"要进一步强化数字赋能"这一具体要求，高校要抓住数字化发展的新的历史机遇，用数字化培育新动能，"用新动能推动新发展，以新发展创造新辉煌"③，努力实现思想政治教育成果"遍地开花"的目标。

第一节　数字技术赋能高校思想政治教育的价值意蕴

在数字化时代，数字技术的应用为思想政治教育带来了许多契机。数字技术作为一个技术体系，主要涵括了大数据、云计算、物联网、区块链和人工智能技术等。数字技术主要是侧重于数字化媒体应用技术，包括数字视频、数字音频、图形图像处理、虚拟现实、游戏开发等方面，它是对传统媒体和现代数字技术的结合和创新，强调视觉效果、用户体验。大数据提供的海量教育资源、人工智能催生的虚拟现实产业、物联网带来的互联互通信息和作为数字设备的云计算技术等要素，分别促进了高校思想政治教育过程、场景、内容和评价的创新发展。

---

① 习近平. 决胜全面建成小康社会 夺取新时代中国特色社会主义伟大胜利——在中国共产党第十九次全国代表大会上的报告［M］.北京：人民出版社，2017：25.

② 习近平. 高举中国特色社会主义伟大旗帜 为全面建设社会主义现代化国家而团结奋斗——在中国共产党第二十次全国代表大会上的报告［M］.北京：人民出版社，2022：30.

③ 习近平. 习近平致首届数字中国建设峰会的贺信［N］.人民日报，2018-04-23（001）.

一、数字技术赋能高校思想政治教育过程从"单调刻板"转向"隽永多样"

在传统的高校思想政治教育过程中，思想政治教育者通常利用"灌输"的模式，将社会所要求的思想观念、道德观点和行为规范输送到大学生的头脑中。在大学生的刻板印象里，这类以思想政治教育者为主导的、单向传输的、"无效"互动的思想政治教育，常常以"重复施教"的形象存在。由于思想政治教育的理论性过强、课程案例过于陈旧等原因，难以引起学生的情感共鸣，以致大学生的学习主动性不强、积极性不高。但数字技术赋能高校思想政治教育过程，使教育者、教育对象和教育媒介发生了变化，极大程度上发挥了数字技术的价值，扭转了传统被动的局面。

一是利月数字技术可以搜索大体量的教育数据源，为思想政治教育者提供许多不同类型的数据，便于教学互动。除了传统的文字形式，还有图片、音频、视频等，这大大减少了同一数据的"出场率"，还能维持大学生对思想政治教育过程的新鲜感。随着可挑选的数据逐渐增多，思想政治教育者也不再把眼光放在"又红又专"的、带有说教性质的数据上，他们会尽可能地选择带有"网感"的数据，这迎合了大学生的"网络情结"，能调动他们学习的主观能动性，提高其参与度，并激发其互动热情。二是数字技术还能极快并高效地处理数据，能够帮助思想政治教育者在短时间内准确地挑选出大学生所喜爱的数据类型，以增强思想政治教育过程中的互动性。由于部分思想政治教育者的教育惯性，他们在教育过程中"换汤不换药"，这也就造成了大学生抬头率不高、不愿互动的景象。而思想政治教育者在充分利用数字搜索引擎后，能极快地分辨出大学生真正感兴趣的热点数据，进而加强互动，引发师生共鸣。三是数字技术能够将零散数据关联起来，既能加强思想政治教育者所选数据的联系，又能让大学生不再孤立地了解某些事件背后的意义。由于思想政治教育过程日渐复杂，反复使用同一数据，会显得单调、没有深度，还会降低大学生的信服度，所以要加强数字技术与高校思想政治教育的耦合，做到"因事而化"，根据具体问题，具体设计思想政治教育过程，这样才能抓住大学生的注意力，激发其互动欲望。

二、数字技术赋能高校思想政治教育场景从"满堂灌输"转向"沉浸体验"

在数字化浪潮来临前，思想政治教育者大多通过课堂授课的形式，对大学生进行理论教育。因此尽管思想政治教育者在"呕心沥血"地讲授理论知识，但由于忽视了大学生的主体性，导致部分大学生面对大班授课且"单方面输出"的场景时，往往只会习惯性地聆听老师讲道理，并没有做到入脑、入心。这种"注入式"的传统教育场景制约了大学生的创造性。而随着数字技术的应用，"元宇宙"的概念出现在了大众视野。元宇宙作为沉浸式的、虚拟的、不断演进的电子空间，能打造出真实、逼真的虚拟场景，因其强烈的"具身性"，还可以让大学生有身临其境之感。① 这极大程度上改变了思想政治教育"只可远观，不可亵玩"的局势。此外，数字技术将虚拟和现实因素进行融合，催生出了虚拟现实场景，为大学生创造了沉浸式体验的条件，不仅能让大学生体验高质量的情景，还大大增强了思想政治教育的吸引力，能够有效促进大学生在思想、互动和行为方面的发展。

一是就思想方面而言，数字技术能够模拟革命遗址场景，让大学生切身感受到中国的革命胜利来之不易，帮助他们坚定理想信念不动摇。此外，数字技术还能模拟中华民族历史上的革命事件，使得真实的感官体验、连续的叙事场景都猛烈地冲击着大学生的思想，有利于提高大学生的国家认同感。二是就互动层面而言，虚拟场景提供了"一对一""一对多""多对多"的虚拟场所，在具有极强交互性的场所中，思想政治教育者和大学生能够一起"探险"革命岁月，寻找增强信念感的"密码"，深层次的交往互动促进了主体间的交流，还能减少彼此间的疏离。三是就行为方面而言，由于虚拟场景增强

---

① 胡乐乐. 元宇宙赋能我国高校思想政治教育工作：技术特性、内在机理、风险挑战［J］.南昌大学学报（人文社会科学版），2022（6）：102-113.

了大学生的共情力，部分大学生不仅能自觉地将价值观念和民族信仰落实到日常行为中，还能对现实生活中缺失信念感的行为进行反思。在与不同意见观点交锋时，大学生也能"主动出击"，将理论力量转化为实践力量，批驳错误的观点。所以，沉浸体验式的思想政治教育不仅能够全方面地塑造大学生的知、情、意、信、行，而且能够使思想政治教育场景做到"因势而新"。

三、数字技术赋能高校思想政治教育内容从"死守教材"转向"充实新颖"

数字技术的不断发展，提高了思想政治教育内容的精度、温度和深度。第一，提高精度，即思想政治教育的内容因数字技术而变得具有"仪式感"和"精准性"。在传统语境下，某些思想政治教育内容没有呼应时代要求，同时，部分思想政治教育者也只看重书本内容，没有恰当地融入大学生感兴趣的"个性"内容，导致大学生带入感不强。数字技术恰好满足了大学生对"仪式感"的要求。思想政治教育者需提前布置搜索内容，大学生便能积极利用数字引擎，既能收集到体现"个性"特色的内容，又能提高自身的参与度。这不仅兼顾了学习的"仪式感"，还体现了内容的"新潮性"，能让思想政治教育的内容更具吸引力。第二，提高温度，即思想政治教育的内容因数字技术而变得具体直观、生动鲜活。传统的思想政治教育者通常用文字和语言表达的形式来传授抽象内容，冷冰冰的文字加上深奥的专业语言，让个别大学生打了"退堂鼓"。而数字技术却能够将文字形式的内容转变为可视化的内容、生动的 Gif 图像或动漫故事。以《领风者》为例，鲜活的人物形象提升了内容的温度，有助于调动大学生的情绪，引发情感共鸣，让他们在动态化的内容中深化情感认同。此外，思想政治教育者通过数字技术，能高效地学习"网言网语"，推动学术话语向大众话语转变，"接地气"的语言也提高了内容的亲和力。第三，提高深度，即思想政治教育内容因数字技术而变得容易接受、便于落实。思想政治教育的内容侧重于政治性和思想性，这在一定程度上将其束之于"空中楼阁"，导致部分内容固化，一些大学生只能"隔空仰望"，浮于表面地学习。利用数字技术，可以制作关照现实需求和情感体验的内容模型，将抽象空洞的内容变得朴实易懂和可感知，大学生便可以清楚地感知内容的前因后果。极强的操作性深化了教育内容，扩大了思想政治教育的辐射力，得到了大学生的认可、接受并利于他们身体力行地落实，进而扩大了思想政治教育的影响力。所以，数字技术赋能高校思想政治教育，有利于助推其内容"因时而进"，实现政治性与学理性的统一。

四、数字技术赋能高校思想政治教育评价从"片面固化"转向"系统动态"

传统的思想政治教育评价方式单一，且大多来自评价者的主观经验，也有基于面对面的交谈、问卷调查和考试成绩的数据。由于这类评价方式周期长、时效性低、类型不全面，并且评价对象的思维方式和心理活动会不断发生变化，导致人们对其评价结果不够信服，更有甚者认为其评价不过是在"走过场"。步入数字时代，思想政治教育评价逐渐朝着数字化、多样化和动态化发展。思想政治教育评价的数字化，有利于评价者掌握原始的、真实的第一手数据。一方面，在逐渐加强数字化覆盖的高校里，思想政治教育者的教育行为、教育过程，以及教育对象所呈现出来的思想状态和行为特点等数字痕迹，都会以结构化或非结构化的形式被高校数字平台记录，最终会汇聚成数字化的教育实践信息。[①] 另一方面，高校师生在每天的业余时间里都可能会在互联网中留下"数字化脚印"，他们在互联网中的评论留言、观点决策和价值取向等都会被线上后台储存。这些数字信息为思想政治教育评价者进行全面、客观、公正的评价奠定基础。思想政治教育评价的多样化，有益于对与评价相关的数字资源进行整合，大大减少了人为控制的几率，使评价更为全面系统。一是评价主体的多元化，使得评价者不再局限于思想政治教育从业者，既可以是思想政治教育"大咖"、高校教育工作者，也可以是大学生抑

---

① 王莎. 新时代高校思想政治教育评价的数字化变革［J］.思想理论教育,2021(12)：62-68.

或是家长。二是评价方式的多样化，使得评价行为能够超越时空限制，评价者可以"在线"和"不在线"评价，从而在一定程度上为系统评价积累数据。三是评价平台的多样化，让思想政治教育评价不再是"高校限定"，被评价者在校外的各类行为，都能通过线上的平台记录整合。四是评价结果的动态化，这意味着每一次的评价都将更具有连贯性和可视性。数字技术可以将评价信息进行提炼、归类并制图，最终的数字图像所呈现出的是关联数据动态图，有利于评价者深度理解数据意义，进行精准评价。所以，数字技术赋能高校思想政治教育评价可以提高其实效性，推动其智慧化发展，实现"因数而智"。

第二节　数字技术赋能高校思想政治教育的现实审视

数字技术为高校思想政治教育带来了令人可喜的变化，推动着其育人范式与时俱进，但人们必须合理、理性地使用数字技术。反观现实，数字技术赋能高校思想政治教育也存在一些问题，育人效果弱化、师生情感分化、意识形态淡化和评价方式异化等都值得反思。

一、品味区隔——信息污染导致育人效果弱化

随着数字化时代的到来，大学生以文字评论、视频 Vlog、图片 plog 等形式进入数字空间。在虚拟空间中，大学生可以进行无限的数字信息创作，亦可以"品尝"到不同类型的数字信息。表面上看，数字技术给予了大学生生产数字信息的权利，并扩大了其实践的范围。但事实上，数字技术也将大学生"圈禁"在某种低俗"品味"的数字信息文化类型中，并形成了"品味社区"，将他们与思想政治教育者区隔开来。一方面，信息污染使得数字空间中的低俗信息急剧增长，导致大学生会渐渐被博人眼球的"流量"信息毒害。"土味""油味"和"恶搞"信息等都属于"流量"信息，生产"流量为王"的信息可能会增长热度、提高点击量，但这类信息中所蕴含的大部分内容都存在价值观上的争议，低品质的内容会让部分大学生的"三观"发生偏移。所

以，无序化的数字信息不仅会荼毒大学生的思想，还可能侵袭他们的精神世界。另一方面，顺着"网线"传播的反动信息，也可能会让大学生生活在被挑唆的数字信息氛围中，逐渐形成反动思想。大学生群体中，会存在个别意志摇摆的个体，如若他们长期浏览与反动思想有关的信息，其反动思想会逐步走向固化，还可能受挑唆，炒作敏感事件，这都反映着一些大学生价值观的偏离。加之思想政治教育者大多关注的是社会主义主流意识形态，这一类对思想品德的形成起着积极引导作用的文化往往政治性较强、娱乐性较低，难以引起大学生的情绪认同。思想政治教育者与大学生之间所存在的年龄、性别、喜好等差别，都代表着一道"沟"，都可能导致两者间的互动减少，思想政治教育对大学生的辐射作用也将随之降低，日益严重的信息污染，最终会弱化育人效果。

二、智能依赖——交互技术造成师生情感分化

数字交互技术提供了"沉浸式"体验场景，推动了数字教育的进一步发展。但现实存在一种"怪圈"，相比较思想政治教育者而言，大学生对数字设备更"唯命是从"，因为大学生只有依赖数字设备，才能进入虚拟现实场景，但广泛使用数字技术，会模糊现实与虚拟的边界，带来智能依赖和情感忽视等问题，容易造成人的自我异化、人与人的关系异化、人与教育关系的异化等问题。一方面，虚拟化的育人场景会让大学生难以复归贫瘠的现实世界，进而陷入"数字镜像世界"，造成对思想政治教育者的不信任。在"沉浸式"的育人场景中，思想政治教育的系列资源大多变得具有可触性、可视性和互动性。由于大学生的"数字分身"，在数字场景中具有"真实"的感官体验，一旦大学生复归贫瘠的现实世界，体验到虚拟与现实之间的巨大反差，可能会对数字设备产生依赖，迷失在虚拟的数字世界中。虚拟世界展现出的"超前"感知，现实世界还没有能力进行复刻，进而降低了大学生对思想政治教育者的认同，消解了主流价值观的影响。另一方面，数字技术打造的体验场景是虚拟的，虚拟化场景减少了思想政治教育对人的关怀，使大学生陷入情

感缺失境地的几率大大增加。进入数字化时代，大学生多数通过数字平台获取多样的知识资源，学习理论知识，并在虚拟场景中编辑内容，同照片或视频进行互动。长此以往，"人—物"的交流互动会让一些大学生产生审美疲劳。由于一些大学生会隐藏负面情绪，使得思想政治教育者不能直接感知其内心活动变化，无法及时变更教育场景，不仅降低了思想政治教育的温度，还无法及时给予大学生人文关怀。因此，部分大学生在现实与虚拟世界穿梭时，虚拟交互技术可能会让其颠倒是非，无法分清现实自我与数字分身，师生情感的分化是必然结果。

三、深度伪造——算法投喂致使意识形态淡化

在数字化时代，数字技术衍生出了"深度伪造"技术，该技术基于数字算法进行深度学习。尤其目前"深度伪造"技术已被应用于政治领域，正威胁着意识形态领域的安全，从而引发重大风险。而算法推荐技术通过大学生群体的喜好进行分析，就能轻而易举地将大学生引入"深度伪造"技术的意识形态圈套中，并对他们进行精准投喂，使之陷入"信息茧房"。高同质化内容的重复推送不仅缩小了大学生的信息接触面，而且也使思想政治教育内容的完整性和系统性受到挑战，容易造成大学生的认知局限和思想偏离，以至于虚假信息会动摇某些大学生的理想信念。一方面，"深度伪造"技术的大众化降低了准入门槛，容易扰乱大学生的坚定意志，导致其信念崩塌。随着数字技术的飞速发展，"深度伪造"技术不再是专利产品，普通大众因其使用成本低、准入门槛低、操作简便，也能在不具备专业知识的前提下，使用该技术合成、生产"特定内容"。恶意利用该技术所生产的内容可能具有一定政治指向性，他们通过合成负面照片或视频抹黑领导人的形象，亦通过编造虚假新闻引来"吃瓜"大学生。这类行为利用"眼见为实"的原理，通过深度伪造技术引起大学生对国家的不信任，使得主流意识形态的影响被消解。

另一方面，算法技术对大学生"投喂"合成的虚假信息，容易造成群体极化，形成"沉默的螺旋"效应。算法技术会根据大学生的数字化生存痕

迹形成标签，进而根据标签为大学生推送合成的虚假信息，这会让大学生被困在"信息毒圈"中，久而久之便容易受其毒害。同时，某些大学生还不具备独立判断真假信息的能力，但他们的好奇心又使其易被营销号"牵着鼻子走"。在陷入有害信息的漩涡后，一些大学生在面对正面积极的观点时，持有"嗤之以鼻"的态度。由此社会主流意识形态就会被冲击，甚至被逐渐淡化。

四、闻数色变——量化自我引起评价方式异化

数字技术赋能高校思想政治教育评价，使评价方式、评价内容、评价标准等发生了一定程度上的变革。基于量化思维的激发、数字技术的全面应用以及线上线下的紧密联系，思想政治教育评价更为注重"数"的结果。由于客观存在的事物可以用数量表示[①]，因而量化思维的不断发展，可能会让评价者走向"一切皆可量化"的极端，从而忽视了思想政治教育过程中人们的心理、思想及行为等方面的变化。一方面，"量化自我"易导致被评价者过分关注数字结果，而忘记了评价的本质。"量化自我"原本是盖里·沃夫和凯文·凯利提出的用于分析自身生命活动的方法，现在也开始应用于教育领域，意味着用数字来衡量思想政治教育带来的变化。被评价者通过量化数据图能清晰地看见自身的变化，长此以往，他们可能会产生数据依赖，被数字控制。如果没有达到理想的数字标准，被评价者甚至可能会"闻数色变"，产生焦虑情绪和心理压力，造成"主客颠倒"的后果。

另一方面，评价数字化导致部分评价者量化思维加剧，进而建立一种以"数"为先的价值标准，混乱了工具理性和价值理性的地位。评价者利用数字技术，将评价标准、评价结果等要素转化为数字后，误以为根据数字进行持续追踪，可以对被评价者进行"精准评价"，殊不知，"用数字说话"的行为已经让他们颠倒了"工具"和"价值"的地位。这种不合理的数字赋值，只是在进行死板的实证分析，在一定程度上导致了人与人的分离。因此，数字技术与思想政治教育评价相结合的方式，会让一些评价者和被评价者盲目地

---

① 戴海崎，张锋．心理与教育测量：第四版［M］．广州：暨南出版社，2018：35-36.

追求数字展现的"完美"结果，而不注重思想政治教育带来的过程变化，本末倒置只会引起评价方式异化。

第三节　数字技术赋能高校思想政治教育的整体思路

数字赋能高校思想政治教育正逐渐成为社会关注的焦点，但对于数字化育人模式引起的现实问题，人们还需要进一步审视和反思，不断深化理论认知、优化实施路径，以增强高校思想政治教育的针对性、亲和力、思想性和信息化。

一、凝练育人风格，实现精准发力，增强高校思想政治教育的针对性

数字技术的开放性，便利了大学生在片段时间中获取、浏览、学习碎片化的数字信息。但在思想政治教育过程中，某些具有诱导性的数字信息易被混入其中。这类被"污染"的数字信息往往具有蒙蔽性和传播性，在一定程度上削弱了思想政治教育者的传统地位，使大学生有了背师性的倾向。因此思想政治教育者要增强"排污"能力，对大学生进行"精准画像"，帮助他们走出低俗的"品味社区"。

第一，思想政治教育者要着眼于"供给侧结构性改革"，塑造大学生喜闻乐见的教学风格。思想政治教育过程是信息传播的过程，但某些思想政治教育者单向性的表达主宰着这一过程，使得部分大学生只能被动接受，互动的欲望不足。所以，思想政治教育者要重新认识和把握自身的"客体"属性，针对大学生的个性风格，将其感兴趣的热点数字信息进行"包装"，使其既贴近实际生活，又具有育人属性。只有增强思想政治教育的通俗性，并贯穿教学始终，才能打破原有模式化的育人风格。

第二，思想政治教育者要深入大学生群体，学习一些"网言网语"，进行青年化阐释，提高话语的趣味性。生硬、冷漠、固化的言语极大地减弱了思想政治教育的感召力，使得某些大学生把思想政治教育看作是"万金油"学

科。所以，思想政治教育者要想学生所想，转变传统的话语体系，在抽象、规范的话语中增添一些向上向善的"网言网语"，减少话语中的"教条感"，体现时代感，提高话语的生气，进而提高思想政治教育的感染力。

第三，思想政治教育者要加强大学生分辨信息的能力，提高他们的"免疫力"。"授人以鱼不如授人以渔"，大学生筛选信息的能力还有待加强，思想政治教育者不仅要为大学生提供优质的正面信息，还要向其传授分辨"污染"信息的技巧，以提高他们的"排污"能力，进而在面对海量数字信息时，大学生也能够高效地提取出有价值的信息。在数字技术赋能高校思想政治教育过程中，思想政治教育者要对教学内容进行适当调整，只有将大学生的心中所想与学科特色融合，推进学科建设与大学生培养的融合发展，创造更多的共同语言，才能更好地发挥思想政治教育的价值，增强其针对性。

二、提高知识素质，构建和谐关系，提高高校思想政治教育的亲和力

在数字化时代，数字技术开拓了虚拟学习场景，为思想政治教育者和大学生开辟了新型育人场景，形成了数字教育空间。基于数字化的师生交互关系丰富了传统师生的内涵，建立了一种新型的师生关系。但数字交互技术引发的新问题，裂解了师生关系，使大学生的"数字分身"与思想政治教育者处于对立状态，所以，思想政治教育者必须对此作出回应。

第一，思想政治教育者要广泛涉猎教育学、心理学等学科知识，并应用于实践，增强对大学生的人文关怀。数字技术所开辟的新场景，满足了部分大学生的好奇心，增长了其见识，使他们沉浸在被解答疑惑的"幸福眩晕"中，导致部分思想政治教育者忽视了教育反馈和后续的教育反馈。因此，思想政治教育者需要广泛学习教育心理学知识，预判数字技术可能给大学生带来的问题，并提前做好预备方案，为他们提供"一条龙"服务。同时，思想政治教育者要牢记自己"引导者"和"陪伴者"的身份，一方面帮助大学生保持理性和批判性的思维，以正确的态度对待数字技术；另一方面要维持"人—人"间的持续交流，保证责任感、热情、关照等交往品质的质量不变稀

薄 ①，以承担好数字时代下的新责任。

第二，要不断研发应用于思想政治教育者和大学生之间的共同沉浸体验技术，实现现实与虚拟世界沟通的一致性。思想政治教育数字化转型要以人为中心。② 思想政治教育者和大学生是一个学习共同体，所以二者的"数字行为"也需要同步。在数字技术的研发中，要将"人—人"间的身体、情感和人格互动看作重要因素，不断增强思想政治教育者和大学生在虚拟世界的联觉效应，遵循育人的互动属性。同时，还要警惕数字技术中存在的去中心化教学，利用虚拟——现实"无缝衔接"式的对话模式，努力打造虚拟、现实世界中的"共存"性互动、合作平台，构建思想政治教育者与大学生共同发展型共同体，提高二者间的共情能力。所以，客观冷静地对待数字技术，还原"数字本真"，反思"数字之恶"，推动数字和"真身"融合，才能真正提高高校思想政治教育的亲和力。

三、净化数字空间，加强个体自律，强化高校思想政治教育的思想性

数字技术推动了现实空间向数字空间的延伸，为大学生的自身发展拓展了新空间。但在数字空间，鱼龙混杂、良莠不齐的内容充斥着大学生眼球，各类价值观对大学生的思想造成了很大冲击。由于发达国家掌握了更先进的数字技术，他们以技术为载体，以更加隐蔽的方式在数字空间推行"和平演变"战略。西方意识形态的渗透会给大学生的身心发展带来不利影响，因此，必须净化数字空间，并提高大学生的分辨能力，以坚定其意志。

一是要持续开展"清朗""净网""护苗"行动，营造风清气正的数字空间。尽管"积极推进互联网内容建设，弘扬新风正气，深化网络生态治理，

---

① 熊国荣，刘久睿. 数字媒介传播中身体的重要性：以彼得斯为起点的探讨 [J].现代传播（中国传媒大学学报），2021（11）：21-25.

② 卢岚. 思想政治教育数字化转型的现实基础与行动框架 [J].思想理论教育，2023（5）：12-19.

网络文明建设取得明显成效"①，但依然不能松懈。大学生是建设社会主义现代化强国的主力军，高校必须要进行数字空间生态治理，持续排查意识形态风险点；全面推进数字校园建设，建设一批智慧教室、智慧教学平台、虚拟实验室、虚拟教研室等，全面提升数字化水平；进一步培育健康、积极、向上的数字文化，让大学生在主流意识形态的熏陶下成长，以保证他们"根正苗红"。此外，还要"双管齐下"，从时间和内容方面强化"青少年模式"，以免让该模式沦为形同虚设的摆件。

二是通过开展议题互动，帮助大学生明辨真假信息。要想思想政治教育做到入耳、入脑、入心，主要靠"吸引"，而不是"灌输"。激发大学生的兴趣，思想政治教育者要做好"引领者"，筛选大学生喜爱的议题，通过议题式互动，把正面反面情况讲清楚、说明白，让大学生了解其中的利弊。还可以利用数字模型向大学生讲授、展示"深度伪造"的原理，进而提高他们分辨真假信息的能力。

三是要加强数字伦理和数字安全教育，使大学生不断强化在数字空间的道德自律，做到"不信谣""不传谣"。数字空间的匿名性以及大学生浮躁的人格，都很容易让其成为"网络喷子"，丢了大学生的"风度"和"气度"。所以，大学生作为数字空间的主体力量，必须要加强个体自律，学会"慎独"，强化责任意识，对带有错误意识形态倾向的流量帖子，做到不跟帖议论、不传播分享，以减少大学生在数字空间"失能"的情形。总而言之，强化高校思想政治教育的思想性，离不开数字空间的生态治理和大学生的自律行为。

四、优化教育队伍，提升数字素养，加强高校思想政治教育的信息化

数字评价的广泛应用，导致了评价者"唯数据论"倾向严重，过度追求表面数字呈现出来的完美状态。脱离被评价者本身进行的数字评价造成了评

---

① 习近平. 广泛汇聚向上向善力量共建网上美好精神家园［N］. 人民日报，2021-11-20（001）.

价方式的异化，而高校思想政治教育评价体系作为一个复杂、动态的系统，需要评价者不断反复地进行"运行—反馈—完善—运行"调试，以实现数字评价和被评价者身心发展的统一。所以，评价理念、评价指标和评价系统急需调整。

第一，要更新评价理念，实现"数字＋个体"的统一，通过提取数字教学平台中生成的全数据，对思想政治教育者和大学生的情感态度、价值观变化进行价值判断和全面科学的评价。保持理性的数字评价理念，是高校思想政治教育评价的精神指引，其目的是推动思想政治教育者和大学生的综合素质发展。因此，高校只有引进专业人才，优化教育队伍，帮助评价者用发展的眼光看待数字评价，紧紧围绕评价目标开展评价工作，提升数字化评价能力和水平，才能实现数字理性和价值理性的统一。

第二，要不断完善和改进数字化评价指标，构建科学可持续的评价指标体系。就评价指标的设计而言，既要满足评价规则，也要促进思想政治教育者和大学生的素质提升；既要体现定性分析和定量分析的结合，也要体现育人价值，以符合相关的政策要求。就评价指标的构建而言，要突出系统性和层次性。评价者要对评价要素进行反复比较和归纳，通过选取适配的算法，建立多维度数字化评价模型，具体包括思想与行为转化过程中重要的认知提升转化节点、关键时间区域、标志性事件、典型特征行为等①，以获得更为全面、真实、客观的数据源。

第三，高校要整合信息化建设，搭建"测试—运行—反馈—修正"的有效评价系统。要保证高校思想政治教育数字评价高效运行，不仅需要高校打通壁垒，实现各线上平台间的数据交换，以整合数字化的评价数据，保证数据测试的稳定性，还要通过反复运行评价系统，查找评价漏洞并进行反馈、修正，才能搭建兼具效度和温度的评价系统，提升思想政治教育评价的有效性。

---

① 王莎. 数字化赋能高校思想政治教育过程论［J］.思想理论教育，2023（4）：92-98.

　　高校必须加强思想政治教育队伍的数字技能培训和数字化学习，通过专业培训逐步提升教师的数字素养——如计算机素养、信息通信技术素养、信息素养和媒介素养①，激发教师高效准确推进数字技术融入思想政治教育教学的主动性，才能从"根"上加强高校思想政治教育的信息化。

　　数字技术对高校思想政治教育的驱动是显而易见的，它不仅推动高校思想政治教育过程、教育场景、教育内容、教育评价的变革，也推动高校思想政治教育朝着数字化、智能化和精准化的方向发展。可以说，数字技术是引领新时代思想政治教育高质量发展的新动能。②但数字技术是一把双刃剑，我们也要正确理解和看待"数字技术赋能"，警惕数字技术带来的"品味区隔""智能依赖""深度伪造""闻数色变"等人与自我、人与人、人与教育的关系异化问题。按照国家教育数字化战略行动的整体部署，必须进一步明确数字技术在高校思想政治教育中的价值定位，确保高校思想政治教育在数字赋能中的主导性；必须凝练育人风格，实现精准发力，不断增强高校思想政治教育的针对性；必须提高知识素质，构建和谐关系，不断提高高校思想政治教育的亲和力；必须净化数字空间，加强个体自律，不断强化高校思想政治教育的思想性；必须优化教育队伍，提升数字素养，不断加强高校思想政治教育的信息化。只有如此，才能确保高校思想政治教育在数字技术迭代升级中实现高质量发展。③

　　① 沈伟. 智能时代的教师［M］. 北京：教育科学出版社，2021：62.

　　② 王学俭，冯瑞芝. 数字技术与思想政治教育高质量发展的耦合逻辑及风险防范［J］. 北京工业大学学报（社会科学版），2023（3）：41-49.

　　③ 许烨. 数字技术赋能高校思想政治教育：价值、困境和路径［J］. 湖南社会科学，2023.（4）：156-163.

第七章　基于大数据的思想政治教育实效性提升

大数据赋能高校思想政治教育，是积极利用大数据技术推进思想政治教育转型的必由之路。针对大数据技术引发的现实困扰，需要侧重量化集成，强化跨界思维，注重个性强化，提高精准预判，多管齐下，不断优化实施路径，在思想政治教育的深度、高度、广度和精度上突破"围墙"，以达到高校思想政治教育实效性提升的目标指向。

第一节　基于大数据的思想政治教育实效性提升的着力点

大数据技术推动思想政治教育朝着数据化、智能化、沉浸化和精准化的方向发展。基于此，懂得大数据，用好大数据，增强利用数据推进各项工作的本领，不断提高对大数据发展规律的把握能力，能使大数据在提升思想政治教育实效性中发挥更大作用。

一、进一步提高大数据意识

大数据技术作用的发挥对于新时代高校思想政治教育的创新发展来说至关重要。高校思想政治教育工作者要积极转变思维方式，树立起大数据思维，主动将大数据融入高校日常思想政治教育工作之中。首先，在学校层面要高度重视大数据的应用，将大数据方法纳入到学校工作创新计划，鼓励和引导高校思想政治教育工作者主动应用大数据来分析解决工作中面临的问题，提高大数据的利用率。其次，在日常教育活动中要主动提高思想政治教育工作者对数据的搜集、整理、归档和共享的意识，提升对数据的敏感性，逐步形成运用大数据开展和改进思想政治教育工作的习惯和理念。最后，随着互联网技术的发展，目前很多高校都建立起了数字智慧校园，"基本形成了良好的校内外数据链接以及校内数据闭环，这为利用大数据开展实践育人、资助育人、服务育人、管理育人、文化育人、心理育人、组织育人等工作提供了实践基础"。① 要深刻把握互联网发展的新形势，依托数字智慧校园等信息化建设工程，提升全校教职工和学生的大数据意识，推动形成运用大数据开展高校思想政治教育的良好氛围。

---

① 胡启明.大数据视域下思想政治教育研究反思［J］.思想理论教育，2020（4）：75-80.

二、进一步提高数据处理能力

大数据是一种以数据作为基础和支撑的信息技术，相对于传统的数据信息，"大数据具有'5V'特征"。所以，需要全面提升教育者对数据的认知和处理能力，以最大限度地发挥大数据在高校思想政治教育中的作用。首先，要提高数据的发现和收集能力。思想政治教育是做人的工作，影响思想政治教育成效的因素众多，涉及学生学习生活的方方面面，思想政治教育工作者要提升发现有效数据的能力，并及时收集整理有关数据信息，从而不断更新和完善思想政治教育数据信息库。其次，要不断提升数据的鉴别能力，在"海量"数据信息中培养对数据的去伪存真、去粗取精的能力，提升数据的精度和效度。最后，要进一步加强对数据分析和研究的能力。在日常生活中收集的数据信息往往是相对"碎片化"的，难以在实际工作中发挥效能，需要强化对"碎片化"数据的整合能力，仔细分析和辨别数据之间的异同、产生的原因以及相互之间的关联信息，从而将数据信息库打造成一个逻辑严密、相互联系的整体，提升数据信息库的使用效率。"人类使用数据，不应该仅仅局限于用数据说话，用数据来支持自己的观点，而是要通过数据获得启示，发现新的知识和规律。"①

三、切实做好数据的安全防护工作

大数据信息量大、覆盖面广，且易复制、易传播的特点使其安全防护问题成为十分重要的课题。一旦出现数据安全问题，其影响的范围将十分广泛，造成的后果将难以估量。高校思想政治教育在应用大数据技术时，应当充分保障数据信息的安全。首先，在大数据采集阶段，应当出台相关规定，制定相应的数据采集标准，严格要求只采集高校思想政治教育所必需的数据信息，而与之无关的数据应当尽量避免过多采集。另外还要严格规范各类信息的发

---

① 徐子沛.数据之巅：大数据革命，历史、现实与未来［M］.北京：中信出版社，2014：85.

布，对即将公开发布的数据信息要认真审核、落实责任，杜绝出现泄漏学生个人隐私或其他涉密信息的行为。其次，要注重对思政大数据库的信息维护工作，由专业的技术人员负责信息安全防护工作，定期排查数据库可能存在的安全隐患，及时修补安全漏洞，确保数据信息的安全。

四、加强线上线下间的数据融合

大数据的信息来源和运用不应仅仅停留在线上，而应统筹线上线下两方面的数据资源，从而构建起真正全面、立体、多维的大数据体系。从数据来源上看，线下维度包括图书馆、食堂、宿舍、教室、心理咨询等方面；线上维度包括言行数据、交往数据、关注数据、阅读数据、转发数据、浏览数据等。线下数据体现具体行为，更加具象和直观，而线上数据则更多地体现学生的思想和意识，较为抽象和宏观，应该充分考虑两种数据的不同特点，将两种数据有机融合起来，这样才能更好地发挥大数据的功能和实效。例如，在对学生的某种思想行为进行预判和教育引导时，可以先通过线上数据了解其思想动态，从语言数据、阅读数据等要素上分析其对某种特定事例的观点和看法，再结合线下的日常行为数据，验证其将某种观点和看法转化为实际行动的可能性，从而有针对性地进行教育和引导，以提升思想政治教育的实效。

五、建立起专业的高校大数据思想政治教育人才队伍

要做好大数据时代的高校思想政治教育，人才队伍的建设是关键。第一，要加强顶层设计，确立阶段性的人才队伍建设目标以及长远的人才队伍建设规划，自上而下高度重视高校大数据人才工作，为专业人才的培养、使用提供制度保障。第二，要加强大数据专业技术的培训，采取自学与集中培训的形式，提高思想政治教育工作者的大数据技术水平，从而建设一支具备优良大数据技术基础的思想政治教育师资队伍。第三，要进一步加强高校大数据专业技术和管理人员的思想政治教育意识。在党中央、国务院"三全育人"要求的指导下，任何一名教师和管理人员都要自觉承担起思想政治教育责任，

从而为大数据时代储备更多优秀的思想政治教育人才。第四，要紧跟时代的发展，加强人才引进力度。大数据思想政治教育人才的培养需要跨学科知识背景，高校要加大对既具备优秀的大数据技术基础、又懂得思想政治教育的复合型人才的引进力度，从而逐步建立起专业的高校大数据思想政治教育人才队伍。

第二节　基于大数据的思想政治教育实效性提升的主要方法

一、侧重量化集成，使网络道德教育与现实道德教育相结合

随着数字化时代的来临，高校的道德教育已经发展成为了网络与现实两种道德教育，它们既相互区别又相互联系。网络是新时代的产物，网络道德教育是一种新型的教育方式，是基于传统现实教育发展起来的，同时又是其良好的补充与扩展，两者的有效结合将会对大学生道德教育的成效产生很大提高。注重网络与现实之间的结合，可以不断贴近高校学生的日常生活；正视网络道德教育的重要性，不仅可以吸引"伴网"大学生对思想政治教育产生兴趣，还可以用网络新形式来积极引导高校学生建立正确的人生价值观，进而从根本上提高其思想政治素养。因此，高校要优塑网络育人空间，探索增强网络思政实效，与现实空间的思政教育同向同行，无缝对接。

思想政治理论课教学，要达到帮助学生掌握马克思主义基本原理，形成正确的世界观、人生观和价值观，提高思想觉悟和理论素质等目的，就必须考虑教学对象——大学生的实际，从教学对象的实际出发来组织教学。要联系改革开放和社会主义现代化建设的实际，联系大学生的思想实际，把传授知识与思想教育结合起来，把系统教学与专题教育结合起来，把理论武装与实践育人结合起来，切实改革教学内容，改进教学方法，改善教学手段。把整体性的思想贯穿于思想政治教育的全过程。一是坚持主旋律和吸引力相结合。要深刻认识到网络思想政治教育不仅是形式，更是内容，不仅是手段，更是目的。在这一过程中，我们必须清楚地认识到，马克思主义作为一个

科学的理论体系，是由其内在各个要素（原理、形态等）组成的一个有机整体，任何肢解马克思主义整体性的做法都是违背马克思主义本来要求的。因此，无论在开展网络思想政治教育还是现实思想政治教育的过程中，都必须把马克思主义作为一个整体，向学生进行传授和教育，使他们获得关于什么是马克思主义的科学观念，用科学的马克思主义武装学生，使他们能够从整体性上深刻理解马克思主义理论的精神实质。而不是像过去那样只是从不同的组成部分中获得一些有时自己都很难统一起来的支离破碎的个别结论，只见树木而不见森林，无法把握马克思主义的整体面貌和精神实质。要坚持以习近平新时代中国特色社会主义思想为指导，强化议题设置、内容供给，推进传播层级和深度，唱响主旋律，进一步加强网络思政的资源可用性、在线支持可及性、在线学习过程的协作性，增强网络思政的沉浸体验。当前，各个高校正在实施新的思想政治理论课课程设置方案，这一方案应"坚持思政课建设与党的创新理论武装同步推进，全面推动习近平新时代中国特色社会主义思想进教材进课堂进学生头脑，把社会主义核心价值观贯穿国民教育全过程。坚持守正和创新相统一，落实新时代思政课改革创新要求，不断增强思政课的思想性、理论性和亲和力、针对性"。①"马克思主义整体性为新一轮思想政治理论课改革指明了方向并提出了更高的要求，新时期进一步加强思想政治理论课改革必须贯彻并体现马克思主义整体性。"②这些论述都充分说明了在当前乃至今后的思想政治教育过程中，必须把整体性的思想贯穿于思想政治教育的全过程。既看到思想政治理论课各门课程之间的横向整体性，又看到思想政治理论课各门课程各自纵向上的整体性，还要看到思想政治教育各个环节内在的整体性，按照思想政治教育的内在要求和系统性特点来开展思想政治教育，避免内容上的简单重复，克服思想政治教育孤军奋进、单打

---

① 中共中央办公厅　国务院办公厅印发《关于深化新时代学校思想政治理论课改革创新的若干意见》[J].中华人民共和国教育部公报，2019（9）：2-7.

② 张耀灿，肖应连．马克思主义整体性对思想政治理论课改革的启示 [J].学校党建与思想教育，2006（10）：9-12.

独斗的缺陷，切实增强思想政治教育的实效。

二是坚持网上和网下相结合。网络既是现实的人的延伸，又是现实社会的延伸，具有虚实二重性和相互模塑性。要积极建立现实和网络两个空间的全域性思想政治教育机制，实现在线离线整合。坚持将互联网移入、泛在、嵌套于传统的现实教育空间，创新实践育人、文化育人和榜样育人等"互联网 +"和"+ 互联网"双向路径。①

二、强化跨界思维，使数据思维与传统经验相结合

随着高等教育的不断发展，高校思想政治教育活动已经积累了相当丰富的经验，这些经验成为了当今教育实践的风向标与领路者，极大丰富了教育理论内容，为高校提供了多样化的教育方案、值得借鉴的教学经验，不断推动着高等教育的良好发展。数据思维是指基于客观数据，面向于数据的分析而产生思考的思维方式，它是一种量化的思维模式。数字化时代下的思想政治教育拥有大量的数据资源和技术，高校思政工作者既要掌握传统的教育方法，传承优秀的传统经验，同时也应进行自我革新和突破，树立数据思维，消除思维阻挡，避免自我限制，将数据思维与传统经验有机结合起来。

（一）使用便携式智能教育载体

大数据时代技术的先进性，使得思想政治教育的方式比以往更具有灵活性以及多变性。大数据具有高速性，体现在数据生产、更新、处理的及时以及智能化和高速化的采集搜索，这便于实时生产、整合、流通和更新思想政治教育数据，以此创造出更多反映时代价值的思想文化。相对于以前的传统的媒介如报纸、书刊等，大数据时代的智能载体有着更强的优势，例如平板电脑、智能手机在大学生中间起着很强大的载体作用，因为它们所具有的灵活性的优势更受大学生的青睐。目前的思想政治教育工作者可以利用微博、微信以及相关的信息发布平台使大学生接受思想政治教育的信息，供大学生

---

① 陈宁.做好高校思想政治教育工作的三重维度［N］.光明日报,2019-01-08（006）.

实时学习。正如在党的二十大开幕会结束后，大学生不仅通过网络及时学习到党的二十大报告内容，还能关注到其中的一些新提法，并领悟其精神。教育者还可以在上面设置新的议题，再结合自身关于思想政治教育的实际经验，严把入门关，做好网络把关人，将积极、正面、正确的思想政治理论知识推送给学生，关注学生的道德情感，磨炼学生的道德意志，引导学生的道德行为，从而能够大大地拓展思想政治教育活动的范围，并突破时空的限制，使思想政治教育活动呈现出流动的状态。①

（二）将教育信息精简

教育载体的迷你在一定程度上决定了大学生思想政治教育信息的精简。信息的碎片化将思想政治教育活动的时间进行了分割，学生更愿意选择零散的时间来接收教育信息。大数据时代，阅读速度的加快以及阅读内容的篇幅越来越短小使得大学生越来越浮躁，从而催生了快餐式阅读，"传播和建筑一样，越简洁越好"②。因此，思想政治教育必须根据社会的发展而不断变化，将传统教育经验中沉淀下来的马克思主义经典的教育内容变得更加简短、新颖、有重点、有吸引力，在教育形式上则可以通过微博、微信等传递图片、语言、视频等。这些信息形式具有篇幅短小、实时性以及趣味性强的优势，学生对此类信息的关注度就会比较高，兴趣度相应也比较高。与此同时，篇幅短巧、灵活多样的教育内容，在思想政治教育传播过程中也更容易通过网络被快速地传递出去，从而达到扩大教育范围和提高教育效果的目的。

（三）把受教育者分类

通过大数据分析，可将大学生相应分成不同的群体类型，教育者根据不同的分类情况对学生进行个性化的教育。如可通过数据分析，将大学生按照

---

① 王婧.大数据时代大学生道德教育研究［M］.北京：现代教育出版社，2016：124-125.

② ［美］杰克·特劳特，史蒂夫·瑞维金.新定位［M］.立正栓、贾纪芳，译.北京：中国财政经济出版社，2002：8.

成绩、来源地、性别、家庭状况、性格特征等分为不同类型，开展分类型的教育。首先，学生按照自己的需要对相关的信息进行符合自身的选择。其次，教育者可以通过不同的学生的个性化特点，来对自己的教育方案进行不同的调整，并在这些信息发布的平台进行自己所需要的信息的收集与整理。这样可以很好地解决不同类型学生的各种问题，使学生更加认可、理解、接受思想政治教育，实现思想政治教育的个性化与精准化。

三、注重个性强化，使数字技术与人文精神相结合

数字技术是思想政治教育的必要技术。正如前文所述，数字化技术是人类迄今为止最伟大的技术成果之一，它是网络的一个主要特征。数字化，顾名思义，便是将各类繁杂的文字、图片、声音、录像等，通过转码的方式，变成一串数字或符号，然后再将其转化为一系列计算机可以识别的二进制代码，存放在计算机内部并通过计算机和网络传播。虽然网络上的信息浩如烟海且表现形式各异，但归根到底，所有的信息都可以统称为"数字信息"，因为它们最终都是以数字的形式而存在。数字化技术是支撑思想政治教育的重要手段。思想政治教育技术的数字化是指由数字化思想政治教育资源库、教育资源传输网络、教育资源检索浏览前端平台等组成的用于教育者教学的信息化的教育技术。数字信息技术是思想政治教育的核心技术，离开了数字技术，依附于其上的其他各种大学生思想政治教育技术将成为无本之木。而大学生思想政治教育数字化的本质，无非是通过信息化、数字化的技术支持，以大学生思想政治教育为建设核心，从认知、理论、实质、模式、方式等方面构建一套完善的教育模式。通过将此种模式不断运用、推广，让大学生思想政治教育能够基于数字化得到一定的提升，最终发挥巨大作用。

基于大数据的思想政治教育的数字技术主要包括三种。第一种是信息选择方法，是指教育者根据教育目标和实际要求，利用大数据信息收集技术，从互联网或实时追踪的视频中选择相关的思想信息，并对其进行分析和加工，使之成为思想政治教育信息的一系列方法。主要有数据信息相关法、数据信

息定位法、数据目标甄选法等。第二种是信息传播方法，是指利用大数据信息传播技术，在网络环境中对思想政治教育内容信息进行传播的一系列方法，如信息推送法、数据库法、对比反馈法、监督预测法。第三种是信息反馈方法，是指受教育者通过大数据技术、方法将受教育者的思想信息反馈给教育者所采用的一系列方式，如内容反馈法、信息追踪反馈法。

凡事有利有弊，信息技术也是这样。数字技术的发展突飞猛进，并且已经广泛应用于高校教育工作，它虽然给我们带来方便和快捷，但同时也带来了诸如信息污染等不利因素。与此同时，高校人文精神也日渐没落。就数字技术而言，虽然它的发展带给了我们诸多便利，但若是脱离了人文精神，则往往无法净化教育信息，去除或抵御其中的糟粕成分，因而，大数据时代的高校思想政治教育必须紧密结合数字技术与人文精神，实现两者的互相补充、互相监督，充分发挥数字技术的优势。两者的结合方式大致分为三类：一是内容的控制上结合，例如实现教育信息的筛选、过滤；二是教育的方式上结合，利用成熟的数字技术实现思想政治教育方式的多样化；三是内容的传播方式上结合，在多种类型的传播方式中实现人文精神道德教育内容的有效传播。

因此，在思想政治教育中，数字信息技术必须与人文精神教育相结合。首先，要在内容的控制上将数字技术与人文精神有机结合起来。充分利用数字技术、网络技术等对信息进行分类、过滤；给网络注入人文色彩，充分发挥人对不良信息进行控制的作用，尽量以正面事件和正面能量来引导学生；对学生的行为进行数据挖掘和分析，以便对其未来的可能的行为趋向做出预测；对不同的学生进行不同的人文精神教育内容的推送。其次，在教育的方式上将数字技术与人文精神有机结合起来。治水先治源，人文精神如果想要对整个网络环境产生有效的影响，必然先从源头上进行治理，还要把大学生放在整体道德环境建设的核心地位。人文精神在具体的学生的身上表现在追求、信念、道德、人和、气质和修养等各个方面，每个方面都有特定的人文内涵和文明理念，而发达的数据技术的运用将在大学生人文精神教育的方式上实现多样化。如大数据技术催生出来的数据学习平台、虚拟学习助手、仿真头盔体验使得现实世界和虚拟世界实现了"联动",沉浸式体验、虚拟化交流、仿真性参与等人文应用场景助推思想政治理论课课堂"活"了起来。大学生可以利用"小度""小爱""Siri"等智能系统进行技术赋能,进入数据创设的情境体验,真切感受诸如革命战士们所经历过的恶劣情景和艰苦生活,进而领悟革命精神。最后,在内容的传播方式上将数字技术与人文精神有机结合起来。数字信息技术使人文精神的传播获得了超越时空的普遍意义。因此,在大学生道德教育的过程中,教育者要快速传播大学生道德教育的内容,将思政热点数据从"幕后"推向"幕前",引起大学生的情感认同和互动热情。教育者必须学会并善于利用各种数字信息技术手段,将体现了人文精神的道德教育内容有效展现给学生。

四、提高精准预判,使情境认知与泛在教育相结合

泛在教育即"普遍存在、无所不在"的教育,云计算、物联网、全媒体、手机、电脑等构成了泛在教育的基础。思想政治教育模式在大数据时代发生了巨大变化。随着网络的普及与全方位覆盖,大学生随时可借助网络来获取所需信息,针对当前泛在教育的现象及趋势,高校思想政治教育必须做出回应。

(一)创造适合于高校学生所需的泛在学习情境

如今的大学生基本上是伴随着网络的发展而成长的,他们同时生活于现实世界和网络世界中,一个孩子从出生就在接受着现实世界的教育,也接受着网络世界的教育。通过大数据,可以对高校学生学习所涉及的设备、内容、资源等进行最优化的选择,并为学习活动提供相应服务。大数据的多样性为大学生提供了来源多样、类型丰富的思政资源,结构、维度、类型、格式多样化的数据可以为"干瘪"的思政资料注入生机和活力,让其变得立体、生动、有趣。"活"起来的泛在学习情境,增强了思想政治教育的"场感",能够让思政内容变得接地气、变得生动,从而让学生在学习过程中更有体

验感。

（二）通过情境模型实现泛在教育信息的推送

所谓情境感知是指通过传感器采集或感知被服务对象的情境信息，根据情境信息分析判断被服务对象当前的状况，然后选择并提供适当的业务服务。[①] 现如今大数据时代思想政治教育因各种信息的集聚以及传感网络的发展而逐渐具备了相应的情境感知能力，可以更好地实现现实生活与网络技术的信息融合。随着大数据技术的不断发展，思想政治教育可以借助所产生的大量情景数据，实现情境感知模型的创建，由此根据所掌握的学生的个人特性的不同，"因材施教"，实现个性化教育信息的推送。

（三）利用大数据技术实现泛在学习效果的综合评估

泛在教育创建了各种情境增强学生的学习效果，高校可以借助大数据技术将所获得的学生学习的"全数据"，如学生在现实世界与学习系统中的活动、使用各种学习资源的情况、与他人交互的情况、心理和情感状态、个人喜好的变化、知识和技能的变化、所处的位置以及与这些位置相关的活动、参与的社会实践活动等，利用 OLAP 技术，如设计大数据仪表盘（Dashboard）整合连续性的数据、观察数据"起伏"，还有常见的如 Apriori 算法分析学习成绩与学习方法、行动等因素之间的关联性、回归性等，最终找到影响因素，从而进行深入分析，根据系统、动态、客观完整的数据，全方位、多视角地评估出情景认知与泛在教育结合所取得的客观效果，提供可视化诊断报告，从而改善由评估效果所反馈出的问题，更好地提升高校思想政治教育的实效性。

五、多管齐下，以达到高校思想政治教育实效性提升的目标指向

当今大数据时代，我国社会正在以一种前所未有的速度发展，多种教育

---

① Staunstrup J, Tong F, Yu L, etal. Services in context［J］.*Computer Systems Application*, 2009(6): 161-167.

形式与手段也开始出现，如数字智慧校园的兴起、大数据素质的培养等，这些都对当今的高校思想政治教育提出了新要求。应积极拓展教育新视角，灵活运用各种方式进行教育实效性的探索。

（一）要努力克服形式化倾向

我们把相当多的精力放在改善思想政治教育的方式方法上，这是没错的，但是，真正对学生发生本质性影响的还是思想政治教育的内容。应当与时俱进地更新、完善教学内容，特别是要把马克思主义中国化最新理论成果及时地、完整地、系统地融入思想政治教育的系统中，将习近平新时代中国特色社会主义思想全面融入思想政治理论课的课程教材。要始终坚持以人为本，突出学生的主体地位，克服思想政治教育过程的形式化倾向。

（二）要努力克服碎片化倾向

思想政治教育理论体系是一个非常丰富的理论体系。教什么，不教什么，老师有选择权。正是因为理论的丰富和复杂，所以我们采取的办法是重点讲授、重点讲解。在这个过程当中，容易盲目地适应学生的碎片化的阅读习惯，着重把重点放在零碎知识的讲授上，这使得学生对诸如马克思主义理论、习近平新时代中国特色社会主义思想缺乏整体性、系统性把握，导致只见树木，不见森林，甚至导致只看到马克思主义理论的个别观点的局限性，而看不到整个马克思主义理论本身的科学性。善用"大思政课"之"大"，需要从大视野、大历史、大体系视角，构建起胸怀"两个大局"、跨越百年历史维度、多维时空协同育人的思政课新形态，克服传统思政课存在的时空局限和"孤岛化"等困境，实现"大思政课"的时空场域拓展、内容不断丰富和教育模式变革。①

（三）要努力克服娱乐化倾向

在思想政治教育过程中，要提高青年大学生的抬头率、入脑率，最简单

---

① 张宏.高校完善"大思政课"体系的三重维度［N］.光明日报，2024-01-04（006）.

的办法就是通俗化。但这种办法走过头就会变成娱乐化，这种娱乐化的形式毕竟是一种形式，而不是一种公式。我们要思考的是，如何通过通俗化的形式把我们的教学内容贯穿其中。目前某些盲目的娱乐化，会使学生产生一种印象，好像学理论是很简单的、很容易的，缺乏对理论学习的困难性、艰巨性的准备，导致很多学生不愿意在理论学习上下苦功夫。

（四）要努力克服知识化倾向

思想政治教育过程中，知识是基础。正如马克思主义理论本身是科学的，因此思想政治教育一定要建立在打好知识的基础之上。但是，在讲清楚马克思主义理论科学性的同时，要把科学性和先进性相结合，只有这样，我们对待马克思主义教育才不会像西方那样，只是把它作为简单的知识点去传授，而忽视对马克思主义先进性、实践性的把握。

（五）要努力克服功利化倾向

在谈到思想政治教育实效性时，往往以学习成绩和入党率为标准。要克服短期的功利目标，认识到进行思想政治教育就是要在学生心中扎根，要在扎根上多做文章，多做工作。① 因此，高校应以担负起中华民族伟大复兴使命的态度，在激烈的社会竞争中守住教育底线，避免对短期效应的过于看重，应对功利主义教育思想的腐蚀。

第三节　基于大数据的思想政治教育实效性提升的策略

信息技术是一个不断发展的技术群，这些技术不但促进知识、信息在全球范围内更加快捷广泛地传播，而且使知识和信息的传播具有开放性、非线性、非中心化等特点。② 面对大数据带来的机遇和挑战，高校思想政治理论课

---

① 艾四林.谈提高高校青年思想政治教育的有效性［N］.中国青年报，2016-08-16（003）.

② 张瑜，张再兴.网络思想教育研究的现状、问题与展望［J］.清华大学教育研究，2004（2）：84-88.

程如何趋利避害，最大化地利用大数据技术实现自身教育实效性的提高，成为了当前高校思想政治教育思考的重要问题。应把大数据作为提升思想政治教育实效性的切入点，进一步明确思想政治教育的目标指向，丰富和拓展思想政治教育的内容和载体。

一、基于大数据的思想政治教育各要素的培育

习近平总书记在 2019 年学校思想政治理论课教师座谈会上指出："办好思想政治理论课关键在教师，关键在发挥教师的积极性、主动性、创造性。"[①] 目前的高校教师普遍缺乏大数据素养，还不能得心应手地运用可量化的研究方式去进行相关的实证研究，也就不能很好地预见高校思想政治教育面临的问题并及时提出解决方案。工欲善其事，必先利其器，高校思政课教师一方面要掌握相关软件的操作，充分利用好信息技术这一教育教学工具，不断培养大数据素养；另一方面要革新教育理念，坚持"数字化教学"方法，用数据驱动教学，在大数据的基础上树立个性化的人才培养目标。

（一）积极培育教育要素

1. 教育主体

从体制机制入手，将大数据理念、技术和工具提供给思想政治教育工作的全员要素，尤其是要打造一支政治过硬，懂得大数据、会用大数据的思想政治教育工作队伍，以及一支能实施大数据信息化工作的技术保障队伍。构建基于大数据平台的教育教学管理服务一体化、思想政治教育各渠道各阵地一体化的组织领导和协同工作机制。共享学校各部门的数据，将数据提供和更新责任落实到各个部门，利用大数据平台有机连接教师、学生辅导员、行政人员、后勤服务人员等全体教职员工，形成全员育人、层层落实的良好格局。

---

① 习近平.思政课是落实立德树人根本任务的关键课程［J］.求是，2020（17）.

2. 教育客体

根据学生的特长特点、兴趣爱好，形成个性化的学生成长培养方案；针对学生群体经常遇到的学业压力、失恋、家庭贫困、同学关系、就业工作等问题，形成团体辅导、个性化教育、朋辈帮扶等多种思想政治教育模式；利用大数据探索学生成长发展规律，总结归纳思想政治教育经验，形成思想政治教育工作方案库和策略库。采用大数据的方式，对学生的成长进步做定量化的刻画，充分发挥学生在自身成长进步中的主体作用。学生可以通过大数据了解自己与优秀同学在各方面的差距，了解自己所佩服的"牛人"的行为习惯是怎样的，从而形成榜样示范教育。①

3. 教育载体

将大数据思维和信息化技术嵌入思想政治教育的活动载体、文化载体、传媒载体和管理载体，打造线上线下虚实结合、灵活多样的教育活动。构建基于大数据的智慧化网络课堂、微博、微信和线下的智慧教室等思想政治教育阵地，为开展大数据条件下的思想政治教育提供丰富的功能和便捷的手段。基于大数据平台，依托数字技术、网络技术、移动通讯技术，将微博、微信、微公益等"微"载体，手机 App 客户端、手机报等手机载体，虚拟社区、网络游戏、网络购物等网络生活与娱乐活动载体纳入现代思想政治教育载体体系，有机连接学校、社会、家庭，形成"载体合力"。新媒体条件下，整合网络大数据资源，运用青年学生喜闻乐见的文字、音乐、微电影等载体，创作精品课程、精品活动，丰富思想政治教育的大数据资源。②

4. 教育情境

运用大数据手段，实时监测网络舆情，发现青年学生热议话题，挖掘其

---

① 梅茹.大数据时代大学生思想政治教育工作的优化研究［M］.北京：中国纺织出版社，2019：45.

② 梅茹.大数据时代大学生思想政治教育工作的优化研究［M］.北京：中国纺织出版社，2019：45.

中的情感态度，给予及时的响应和正确的引导，打造绿色健康的网络环境。通过大数据平台所采集的学生学习成绩、课堂表现、门禁出入、日常消费、思想动态等方面的数据，采用异常检测方法，及时发现其中的反常现象，比如大量学生的晚归、上课迟到等，挖掘背后的原因，纠正不良行为风气。运用大数据监测学生的宿舍、班级、专业及整个校园的学习氛围、行为风气和思想潮流，营造适合学生成长发展的舍风班风校风；监督学校及下属各单位的思想政治教育全员、全过程、全方位育人格局的落实状况，建立基于大数据的考核评估指标体系。

（二）培养大数据意识

大数据时代的变革力量日益改变着世界和人们的习惯，数据化的生存方式将是未来的趋势。在传统观念中，我们认为世界是由自然现象、社会现象和人类思维活动构成的，这当然没有问题，但是在信息化社会，大数据时代的到来，人们的认识不得不发生根本性转变，那就是要认识到世界在本质上是由各式各样的信息构成的。与此同时，"一旦世界被数据化，就只有你想不到，而没有信息做不到的事情了"[1]。生活在这样的大数据时代，个人没有选择的空间，只有一条路，那就是主动适应它。而要想适应这个时代，首先就要对大数据本身是什么、意味着什么、带来什么变革、未来发展趋势如何等一系列的问题进行全面的了解和分析。在此基础之上，才谈得上进一步面对的问题，那就是大数据时代对我们的个人生存、生活和发展会带来什么影响，特别是给自身所处的行业带来的机遇和挑战。而了解和分析数据的能力不是一朝一夕就能培养起来的，因此，大数据意识的培养是一个长期工程、系统工程。首先必须具有明确清晰的数据意识，强化对数字的敏感度。其次要确立对数据的全面认识，培养敏锐的洞察力和鉴别力，能够迅速并准确地判断数据出处、采集和处理方法，对数据的价值和局限性要有充分的评估，善于

---

① ［英］维克托·迈尔－舍恩伯格，［英］肯尼思·库克耶. 大数据时代：生活、工作与思维的大变革［M］. 盛杨燕、周涛，译. 杭州：浙江人民出版社，2013：125.

对数据所承载的重要信息进行准确和完整的解读，能够吃透各种统计结果、调查报告等所传达的丰富意义。可以说，数据就是机遇，只有充分认识到数据在大数据时代是能够带来革命性发展的关键钥匙，充分了解大数据所蕴含和承载的海量信息和丰富意义，才能真正确立起强烈的数据意识，进而高度重视对各种信息的收集、储存和分析，为个人的未来发展提供强大的数据支撑。

（三）培养数据挖掘和分析、预测能力

确立重视大数据的意识，提高学习能力和搜集数据的能力只是完成了第一步工作，更重要的是对数据进行科学合理的分析。面对浩如烟海的海量信息，我们要培养的数据分析能力包括哪些呢？首先是数据认知和挖掘能力，必须以敏锐的洞察力对数据的价值和意义进行初步的判断，这是在海量数据中进行数据筛选的重要条件。其次是数据收集和整理能力，这个比较简单，我们可以利用网络对数据进行收集，然后按照数据的属性和特点进行归类和整理，为最后的数据分析奠定基础。最后是数据的表述能力和探究能力，表述能力是指对数据丰富含义的解读和转述，探究能力是对大量数据进行分析和综合，并最终得出结论的能力。数据挖掘、分析、预测能力的提高并非空中楼阁，而是建立在坚实基础之上，基础就是高超的思维能力、系统的数据分析方法以及明确的数据应用需求。只有以数据应用需求为牵引，利用科学方法才能制定科学的方案，对分析过程进行合理的监视、评价，选用适当的统计图表或统计量表描述数据的波动性、典型性以及相关性，揭示数据背后的规律，并对分析结果进行反馈、调节和修正，这个过程也是零散的数据系统化、条理化的过程。

（四）培养数据安全意识

伴随着科技进步，互联网及移动互联网的快速发展，数字化时代的到来，人们的生活正在被数字化、被记录、被跟踪、被传播；同时出现的个人数据信息安全及隐私保护方面的问题也成为了社会关注的热点。每天人们在互联网的活动以及使用移动互联网的过程中产生了包括文字、图片、视频等信息在

内的各类数据，以文件、数据库、多媒体等形式存在于计算机信息系统的数据，各类数字设备所采集的数据，如摄像头产生的数字信号、医疗物联网中产生的人的各项特征值、天文望远镜所产生的大量数据等，都以爆炸式方式在增长。数据的爆炸式增长使得数据安全与隐私保护成为大数据时代的关键问题之一，而"棱镜门"事件更加剧了人们对大数据安全的担忧。大量事实表明，大数据未被妥善处理会对用户的隐私造成极大的侵害。大数据时代保护个人数据信息安全，除了需要法律和政策方面的监督、管理和保护，同时也需要个人提高数据信息安全保护的意识和能力。要有数字化节制意识，不能随意将个人重要信息和照片发布到社交网站上，更不要随意在社交媒体上透露个人行踪，如果发布了相关信息，最好是通过设置访问权限的方式，防止陌生人特别是违法犯罪分子的侵入。在注册论坛和网络账号时，最好不要将个人姓名和生日等信息作为账号或密码，防止被非法分子破译并利用，同时不要通过手机短信和QQ、微信等即时通信工具发送网络账号和密码，特别是支付宝等涉及财产安全的账号密码。另外就是通过主动学习，提高个人的信息防护能力，通过接受相关教育，认真学习网络运营商的安全隐私协议和提示，掌握相关的隐私设置方式，切实保护好自身信息安全。

二、基于大数据的思想政治教育模式的优化

（一）针对教育理念的大数据思维模式的构建

面对时代的变革，思想政治教育主体必须主动确立数据意识，意识到大数据资源所拥有的价值。所以从思想上革新教育主体对大数据的认知理念是资源配置工作进行的前提。思想政治教育资源配置工作的开展依托于对资源配置现状的充分了解以及对资源配置工作发展方向的正确把握。应深化思想政治教育主体对大数据的认知理念，提高其数据运用的技术水平，运用大数据来预测教育客体的需求，分析思想政治教育资源配置存在的普遍规律，使得大学生思想政治教育工作更加科学，进而让学科能够在大数据时代背景下，

不断利用科学信息数据的指引稳步发展。

目前，教育领域大数据发展利用面临大数据结构标准不统一、大数据共享机制不明确、大数据应用不成熟、大数据发展制度安排不健全、大数据人才支撑不充足、大数据安全隐私保障不完善等问题。因此，首先要做好顶层设计，制定高等教育大数据发展战略，完善制度供给。在大数据时代，高校的思想政治教育逐步趋于现代化，它融合了组织结构、教育观念、管理方法的变革，我们要把作为教育现代化的技术支撑的高等教育大数据信息建设纳入国家战略，进一步明确高等教育的主管部门、大数据企业、教育机构等各个部门的权利与责任，给予必要的资金、政策、人才、技术方面的支持，制定高等教育大数据的标准、共享、管理、存储、安全和应用规范，积极引导思想政治教育大数据健康发展。大数据的出现使得传统的思想政治教育理念面临冲击，如果不科学认识大数据的性质和特点，将无法应对这种变化。因此，应当首先从认识大数据开始，重点将大数据时代的核心思想融入思政教育理念当中，树立数据思维。这样，就能够以新的思维理念指导大学生思想政治教育工作的展开，促进大数据时代大学生思想政治教育实效性的提升。

（二）针对决策者的大数据科学决策模式的构建

大数据时代信息获取来源的范围之广、成分之多，使得通过大数据技术所获取的信息呈现出明显的碎片化特征，这对思想政治教育决策者在数据整合能力方面提出了更高的要求，需要思想政治教育决策者充分运用大数据分析原理，多角度、多层次来分析这些海量数据信息，从而在数据中发现隐藏信息和关联信息，只有这样才能更加全面、准确地把握思想政治教育数据。大数据类似于人工神经元系统，具有分布式信息存储、大规模并行协同处理等特点，通过建构"DW 神经系统"决策模型①，可以为决策者补充他们认知经验所缺乏的智慧。因此，大数据时代，一是要求教育决策者具备数据思维方式，即思维的敏捷性、开放性、前瞻性和个性化。教育决策者只有具备数

---

① 牛正光，奉公.基于大数据的公共决策模式创新［J］.中州学刊，2016（4）：7-11.

据思维方式，对与大学生道德相关的信息的把握才会更加全面、及时、可利用。教育决策者必须对数据是敏感的，这能使决策者在大数据的背景下充分发挥个人的特性，从而使得大数据可以有效利用。二是确定教育决策目标和待解决的相关问题，整合相关数据。广泛收集关于大学生道德方面的结构化及非结构化大数据，其对于整个教育情况的开展与运行还具有监测的作用，这也有助于教育决策者发现和解决问题，并且在正确的时间正确的地点做出正确的决策。三是进行数据分析。教育决策者可以运用定量和定性结合的方式对学生接受的道德教育的情况进行分析，实现隐性数据向显性化转变，进而发掘大学生道德教育的规律，以便对他们道德未来的发展趋势进行预测。四是反馈展示信息。教育决策者在了解教育的发展规律的进程时，通过分析结果，判断是否满足决策目标，若不满足，则重新整合、分析数据，直至满足决策目标，做出科学决策，大数据可以为其提供更加有效和科学的数据支持。

（三）针对教育者的大数据知识服务模式的构建

以大数据为依托开展的知识服务是种基于多网络包括互联网、电信网、广播电视网等，用来处理、解决结构化和非结构化以及半结构化的数据的信息服务模式，使得信息服务业能够智慧化、协作化和先觉化。这种服务模式是嵌入式多方协作的一种知识性服务模式，也体现了现代信息服务的理念。这种模式集成和优化了使用者、技术、能力、资源等知识服务生命周期中的要素，是大数据服务模式的核心，大数据知识服务模式面向的是智慧服务和自主需求的知识服务。

在大数据知识服务系统中包含着数据来源、服务能力、服务过程以及服务资源等，并且这些因素全部都由使用者决定，所以大数据研究和服务应该以使用者的需求为重心，充分发挥使用者自身数据的重要性。因此基于大数据技术优化为教育者提供服务的环境，就得充分进行数据的存储、获取、组织和分析，充分整合相关方资源，这包括，使用者、大数据制造方、大数据运营方和大数据处理方，这是一个大数据知识服务的生态系统。

大数据知识服务依托于第三方平台，通过信息的获取、存储、组织和分析，将资源、知识、能力及过程转化为大单项的数据知识服务，利用第三方服务平台形成知识服务资源池，对大数据进行统一管理和处理。针对不同行业、领域或不同需求，在原有技术体系的基础上，形成专业性较强的异性技术体系的大数据知识服务体系。利用知识库、模型和数据处理框架以及专家库，真正实现大数据获取、存储、组织、分析和决策过程中能力、知识、资源和过程的全面共享。使得教育者可以从大量分散的异构数据中提取出有用的数据，提高数据的利用率，在这个过程中就需要充分利用群体创新的力量，提高大数据的利用率，实现数据、知识及服务增值，以支持科学和教育。

（四）针对大学生的大数据个性化教育模式的构建

随着经济社会的快速发展，人们接受教育的机会越来越多，获取教育资源的途径更加便捷，教育条件也得到了改善，当代教育进入了大众化阶段。教育的大众化一方面带来的是受教育者人数的激增，另一方面却导致了教育者的短缺。传统的教育模式受制于教育者与受教育者之间的不均衡关系，因人施教、因材施教的难度进一步增加，受教育者个性化教育需求难以实现。大数据技术的发展彻底打破了传统的教育模式，一对一、一对多、多对多的教育模式实现了教育资源利用效率的最大化，教育者能够根据受教育者个性化的需求进行有针对性的教学设计和教育资源供给。具体而言，大数据时代的思想政治教育工作者可以通过海量的数据抓取来分析学生的知识储备、思想动态等信息，聚类分析甄别学生的"类特包"，基于数据关联规则给每个学生的个性设计个性化的教学方案，采用与学生个性相匹配的教学方法，根据相关性分析探寻个性化教育的潜在因素，使因材施教成为一个可以实现的目标。国际个性化协会对于个性化教育的定义是，教育者能够根据学生的潜质和自我认知以及与学生相关的人的需求，通过对学生进行的综合调查研究、分析、考核和诊断，制定适合学生个人的培养方案，整合相关的学习管理和知识管理技术，制定教育计划和目标，训练学生的心态、观念、信念、思维，充分地释放学生的潜能，突破他们自身发展的限制，使他们能够超越自我，从而实现自身的价值。大数据时代，大学生的个性化道德教育，将会在对学生已有的道德知识、道德情感、道德意志、道德行为等方面搜集到的海量数据进行整合、挖掘和分析的基础上，揭示出每个学生的行为模式，并在此基础上对学生的行为模式进行预判和构建，从而为学生量身定制道德教育的目标和计划，并通过量身定制的方法和技术，使每个学生在道德的发展中实现自我成长和自我超越，实现思想政治教育的个性化实施。

三、基于大数据的思想政治教育资源配置的优化

效益的实现是思想政治教育的目标所在，思想政治教育价值的直接体现便是其所取得的效益，所以实现效益最大化是思想政治教育资源配置必须遵守的原则，即实效性原则。思想政治教育过程中的所有主体活动都应该是有目的的，资源配置的成本付出与获得效益的多少是资源配置工作的重点。提升资源配置的实效性，思想政治教育资源配置最完美的结果便是付出最少的成本却获得了最大的效益。大数据时代背景下信息资源的获取更加方便，信息资源的利用成本低廉，这就使得思想政治教育可利用的信息更容易被共享，大大减少了思想政治教育网络教育中的成本，提高了信息被使用的效率。再者，思想政治教育信息以当今发达的网络技术为依托进行传播和交流，在信息的传播与交流中，思想政治教育主体能够第一时间通过数据信息分析总结发现教育客体所面临的问题，从而快速地开展相应的教育工作，这对思想政治教育的互动化发展提供了可能，也增强了思想政治教育资源配置的实效性。

（一）促进思想政治教育资源配置的融合发展

思想政治教育资源配置工作体系内各要素虽然各自独立存在，但是又可以相互联系。

第一，大数据时代，越来越普遍的在线学习使得学习过程逐渐成了一个

个性化需求的过程，学生可以根据自己的需要选择自己想要学习的内容。每一个个体可以获得的信息和知识量是空前庞大和繁多的，并且获取也极其容易，学习的个性化趋势越来越明显。在这种前提下，教育者就可以根据学生在网络上的相关应用数据来了解学生的偏好和需求，以个性化地服务学生。在今天，个性化的教育不再是一种设想，通过对大数据的运用来分析个性化的教育已经成为可能，并将代表未来教育的发展趋势。思想政治教育学科也应该把握这次变革的时机，改变传统的单方面的灌输所导致的教育及其资源配置缺乏针对性的状况。大数据时代的思想政治教育呈现出新的特点，即面向小众、师生互动、师生拥有平等的话语权，受教育者可以通过网络寻找各种教育信息，选择知识内容等。思想政治教育的资源配置工作也同样由传统的学校主导转变为可由学生选择进行可能的分配，很好地遵循了资源配置的"效益最大化"原则。

第二，推动数字校园建设，促进线上线下资源的融合。互联网的使用使得时空的限制不同于以往。网上拥有极其丰富的思政理论资源，云端的使用也已经开始成为一种流行趋势，并必然会很快被运用于教育领域。2021 年，教育部印发《高等学校数字校园建设规范（试行）》，对高等学校数字校园建设各方面内容提出了通用要求。在信息素养方面，提出融合线上与线下教育方式，开展以学分课程为主、嵌入式教学活动和培训讲座为辅、形式多样的信息素养教育活动。应用服务方面，遵循应用驱动、数据融合的原则进行建设，如在使用时，受教育者可以在任何时间任何地点通过网络云对想要的学习资料进行下载获取。随着技术的不断进步和社会发展的要求，线上与线下的资源会不断得到发展与革新换代，不断进行融合，实体的教学也将受益于线上资源的不断丰富。

第三，推进信息与技术资源的融合。信息资源总要通过载体才能发挥其作用，而相关技术也只能通过对信息的承载而实现自身的价值，所以如何推进信息资源与技术资源的融合，对思想政治教育资源配置工作的进行至关重要。想要让思想政治教育大数据资源得到合理的利用，相关的资源管理系统是其存在的必要载体。所以，应自主研发校园思想政治教育资源管理系统，以信息为载体，整合学校的人才培养、教学科研、管理服务、交流合作、文化传承等业务系统等；以信息共享为原则，实现思想政治教育资源的合理配置。

第四，大数据的特性决定了其在思想政治教育资源配置的运行机理系统运行中发挥联动作用。一是通过大数据丰富工作信息的接收反馈机理。通过学生、教师对资源的使用情况以及资源配置的实效进行数据分析，定期将资源配置的各种状况进行处理，及时完整地将数据信息反馈至资源配置工作部门，确保思想政治教育资源配置的实效性。二是通过大数据使得思想政治教育资源集散整合机理得到丰富。对思想政治教育的财物资源、人力资源等相关资源通过数据的收集，在它们之间建立沟通联系，使其整合与协调配置，使资源效益最大化，使得整体配置层次得到提高。三是通过大数据丰富资源配置的创新机理。大数据使得思想政治教育资源配置的内容得以创新，比如基于数据分析的配置内容的灵活化、配置方式多种多样等。四是通过大数据丰富思想政治教育工作对象的参与互动机理。通过对学生活动的数据分析，可以为思想政治教育资源配置工作提供方向与指引，使教育主客体之间形成真正可能的互动与反馈机制。

（二）开创基于大数据的思想政治教育资源配置的新方法新技术

1. 要加大思想政治教育资源开发的信息化和数字化建设力度

信息化是指对事物包含的所有信息内容进行挖掘与分析，并将其成果转化为实际应用的过程。数字化是指将纷繁凌乱的数据模型化并将其转变为二进制码在计算机内对其实施分析处理的过程。[1] 思想政治教育资源开发的信息化和数字化建设主要体现在资源开发的智能化和网络化。思想政治教育资源开发信息化以基础设施的建设为基本保障。由于云计算能很好地解决数据存

---

① 梅茹. 大数据时代大学生思想政治教育工作的优化研究［M］. 北京：中国纺织出版社，2019：84.

储以及计算的大难题，于是各高校都在大力建设以云为中心的教育教学环境，以提高教育资源的利用率。一种全新的利用内存检索技术、数据实时反应技术等 Hadoop 技术，构建一个基于云计算的大数据信息处理平台，对数据进行基于 Map Reduce 编程的模型管理的教育资源分析方法在大数据时代被提出来，大大提高了数据分析效率。这一方法的工作原理是，先收集基础信息数据、教室信息数据、搜索信息数据、学生信息数据、学习信息数据等教育信息资源的各种碎片数据，再筛选碎片数据，将连续的、低信息粒度的数据提炼形成优质数据，再交于上层并进行数据分析。学生的协作能力、学习行为、娱乐行为和课后行为可以通过这个数据处理平台进行分析。然后对已经进行了数据分析之后的数据，运用聚合算法、分类算法、回归算法等数据挖掘算法进行挖掘，为做决策找出数据背后隐藏的有价值的信息作为参考。另外，数据分析还可以用来评估教师目前的教学效果和学生的学习效果，进而预测未来的教学效果。再给师生提出基于分析、挖掘预测结果的最佳策略。毋庸置疑，结合云计算依然是大数据时代对数据挖掘的主要方式，基于此对教育资源进行挖据，可以找出隐藏的、对教师和学生非常有价值的信息，并以此提出预警和指导。

2. 要增强思想政治教育资源配置的灵活化和动态化程度

大数据时代资源配置工作的重点是改进资源配置方式，使其灵活且有针对性地进行思想政治教育资源配置。一是教育资源的数据化服务。高校可以根据汇总和分析过的学生上网实际情况的数据来调整资源配置。如高校教育资源服务的分配途径、方式模式变化就可以作为此类的典型。将来高校可以通过数据的挖掘、汇聚、筛选、分析等操作为师生们提供更具针对性的服务，如根据学生对于学术、艺术及娱乐等活动的需求量的差异而调整已有的思想政治教育资源配置，以更好地为学生的发展服务。二是资源服务在大数据时代背景下，将会更加灵活、更加贴近师生的实际需求。目前，各高校借助"数字校园"纷纷进行资源系统整合，以提高资源的利用率。如此一来，高校师生对资源的应用可以物尽其用，在这一过程中也可以协助资源平台建设、服务评价等交互式工作的进行；反过来，系统亦可根据收集到的师生在平台上留下的"痕迹"来动态获取他们的资源需求，从而及时满足其差异化需求。因此，极大提高了师生们的认可度，并且资源中心也会进一步增强主动服务的意识。三是通过数据分析及时得知学生的心理与精神状态并提供资源。一旦发现学生存在心理和精神问题，学校可以及时有效地调整主体资源的配置，为他们答疑解惑。大数据的运用可以实现线上与线下思想政治教育资源配置的结合。

3. 要提升思想政治教育主体资源配置能力的专业化和技术化水平

专业技术水平高的分析人员是大数据的分析利用的基础性主体，然而目前我国大部分高校的思想政治教育工作者的数据素养和相关技术还未达到可以对大数据熟练运用分析的要求，既精通思想政治教育专业知识和又精通数据运用技术的人才屈指可数。因此，必须提升思想政治教育工作者的数据素养和相关技术水平，才能真正使用好大数据。对此，可以选拔有潜力的辅导员和年轻教师对其进行专业技术培训。当下我国高校中的网络信息量还有学生的各种生活学习相关的数据都在与日俱增，高校要分析与处理的数据非常多，思想政治教育学科也不外如是。着力提升教育主体的资源配置能力的专业化和技术化水平，是大数据的运用和相关建设的基础条件，所以大数据时代高校应该加大对思想政治教育工作者能力提升的投入以及管理方法的革新。首先，于高校管理者而言，数据化管理可以给其提供清晰的管理依据。数据化有利于管理思路的理清，让工作目标化、制度化，减少人为失误，形成科学的管理行为。其次，于高校的教育工作而言，教育工作中时刻存在数据，数据化有助于教育者条分缕析地记录、分析、处理平时的教育工作，形成良好的工作习惯，使高校的教学过程更富条理性，同时还可以让高校的管理方式方法的改善与创新在数据的基础上有的放矢地进行。再次，于高校发展而言，数据化管理可以推进高校管理精细化，推动教育目标分解的细化和落实，使高校的改革发展规划能精准有效贯彻执行到每个环节。真实、准确的数据采集是相关的数据分析研究的有力保障，从而帮助决策者做出最优的决策，制定最科学的发展规划，建立数据标准，优化工作流程，改善教育结构，助推高校的高质量发展。

四、基于大数据的思想政治教育平台的建构

通过大数据对思想政治教育领域的相关信息进行挖掘，可以了解到每一个学生的性格、习惯、学习动态，了解每一届学生的整体情况，有针对性地挖掘与分析这些数据，构建起学生生涯发展规划平台和学科发展平台，着眼于学生的主体性作用，充分发挥学生的主动性，更有效率地促进学科的建设发展和学生的深造规划，提高思想政治教育的实效性。在大数据的思维方式下，在思政课的教学过程中也可以应用大数据分析技术，从不同类别的学习环境中挖掘有价值的数据要素，根据学生的特征和需求对教学目标进行确定和细化，从而根据教学目标进行教学要素的选择和设计，对教学内容、教学方式进行优化加工，形成稳定的教学程序和教学结构。以思想政治教育学理论、网络信息学、计算机大数据学与统计分析学为理论先导，大学生思想政治教育大数据平台运行机制将以"怎么建""怎么用""怎么管""为谁服务"为架构核心。

（一）基本原则

从教育者、学习者、研究者与宣传思想工作者的实际需求出发，探讨高校思想政治教育大数据平台运行机制的内涵与特点，得出高校思想政治教育大数据平台运行机制的目标、价值与作用。同时，既要有良好的理论基础，也要把握好运行机制的原则，即党的领导原则、思想政治教育原则、一元与多元共享原则、决策与管理原则、使用与发展原则、引导与过滤原则。

（二）领导与管理

在"两个大局"相交织、"两个一百年"相交汇的今天，架构思想政治教

育大数据平台有效运行机制，使其成为我党高校宣传思想工作的新力量、新载体与新工具，可以发挥以下几个方面功能：首先，充分认识到党在高校宣传思想工作中的领导与决策核心地位；其次，要发挥高校思想政治教育大数据平台的宣传影响力，突出高校思想宣传工作的作用；再次，利用好高校思想政治教育大数据平台的舆情监测与分析功能，大力提高舆论引导力，加强互联网舆论管理；最后，通过管理好高校思想政治教育大数据平台，有效弘扬社会主义核心价值观，发现与培养具有坚定理想信念的大学生，从而更好地为高校宣传思想工作服务。

（三）方式与内容

高校思想政治教育大数据平台建设方式主要有数据分析内容组织、数据源采集信息接收与存储、大数据冗余、过滤与初步联机分析、数据模型的人机联合分析，最后将大数据分析结果以可视化图表方式反馈给决策管理者，呈现了多角度、多步骤与多层级的特性。数据的结构化程度较低，需要通过ETL、数据挖掘、语义分析等多种数据处理方法才能获取到信息。大数据平台建设内容方式包括：思想政治教育内容介入、党政宣传内容介入、舆论平台与舆情分析介入、思想心理干预与监控介入等。思想政治教育大数据平台运行机制包括：分析、控制与反馈机制；引导、协调与整合机制；防范、扩散与教育机制；宣传、管理与决策机制。

（四）路径与模式

大数据分析路径主要依赖采集与储存数据库知识的发现，因此大数据分析路径将采用奥尔森模式中的聚类①与概要事后描述方式。首先，进行聚类分析，通过发现 AHP 法②确定各分类数据目标权重，再对海量大数据之间相似性进行分组聚类，做出聚类结果评估与初步结果描述、解释，从而形成基础性树状图结果。其次，进行回归分析，利用 SAS、SPAA 软件分析找到数据之

---

① 聚类分析是一种无监督的分类方法，数据集中的数据没有预定义的类别称号。
② 层次分析法，美国运筹学家萨蒂提出的一种定性与定量相结合的决策分析方法。

间自变量与因变量关系，得到稳定数据分析模型。再次，搭建高度平行处理的神经网络，通过神经网络将其结合为统一整体，通过录入数据，神经网络可以自动识别、记忆与思考，最终得出数据分析结果。再应用贝叶斯统计方法① 以及 MCMC 算法② 对思想政治教育大数据分析模型进行模拟与检测。基于网络日志分析、社会网络分析、关联分析，进一步优化决策过程。大数据平台分析模式包括目标理解、数据理解、数据准备、建立模型、模型评估、分析发布等六个方面，其中目标理解与数据理解是大数据分析模式的基础，数据准备与建立模型是大数据模式核心，模型评估保障大数据分析模式的稳定与安全，分析发布是大数据分析模式的作用与影响。

（五）作用与反馈

主要从高校思想政治教育大数据平台运行机制内容之间的联系、作用与影响等方面阐述制定大数据平台运行的标准，包括指标核心、数据目标、平台运行体系、使用途径与运行联系等，进而通过多元化的大数据平台分析其对高校思想政治教育的教育方式转变及发展的作用，对思想政治教育学科科研的影响与作用，对思想政治教育优化资源与经济价值的影响及作用，对思想政治教育决策与管理的影响及作用，最终为实现新时代高校思想政治工作的目标、推进高校思想政治工作发展服务。

五、以实效性提升为目标导向的思想政治教育评价体系建构

要构建科学的评价体系，优化评价指标，明确评价内容，采用科学评价方法，以发挥其正向功能。

（一）评价体系的侧重点

目前，各高校均积累了大量的教育数据，但是由于过量的冗余数据和数据的不一致，使得教育数据没有充分地发挥其应有优势作用，在教育决策与评

---

① 一种系统的统计推断方法，由英国学者托马斯·贝叶斯提出。

② 即蒙特卡罗方法和马尔科夫链。

价过程中无用武之地。在大数据时代，思想政治教育评价需要运用多种评价指标，使多个评价主体对教育的全过程进行全方位和整体性的评价。在进行评价时涉及的内容包括学生学习情况，教师教育情况、研究情况等方面，通过对这些方面的数据进行积累和挖掘，从中提炼出有用的信息，从而对影响学生与教师正常发展的因素进行分析，提出有效提高教育效果的对策办法。但是，目前的教育评价体制在数据的综合使用方面都相对比较单纯，不能综合内部与外部的数据进行统一地分析，不能有效地抽取教育数据形成统一的格式。现阶段的教育评价技术的主要缺点在于数据的多位分析。而数据仓库的出现对于消除冗余数据来说是非常有效的，通过这一技术能够将真正有用的数据信息保存下来，剔除那些冗余、无用的数据，在数据仓库中更加合理有效地处理数据。随着教育评价的主体更加多元化，不同的主体都希望从各自的角度来进行数据的分析，针对这一情况，现有的教育评价技术的效率其实是比较低下的，而通过数据挖掘技术进行的数据分析可以从多角度、多维度进行数据的查询与分析，将所需要的信息及时展现出来。比如，评估人员要在设计评估指标权重的基础上，将"显性"和"隐性"指标结合，并对原始指标数据进行"清洗"和甄别，进而量化思想政治理论课学习效果，评估学生的真实学习情况，从而进行精准反馈。数据仓库提供的联机分析处理工具，可以提供各种分析处理功能并将数据可视化，将教育评价的结果直观地提供给评价人员，此外评价人员也能够自主地选择需要研究的数据，不同的分析角度与分析结果可以让他们对数据的分析更加深入。

首先，做好高校思想政治工作供给侧的评估。高校是教育的摇篮，其承担着国家人才供给侧的重大责任，为培养更多优秀的人才而不断努力。特别的，对于思想政治教育，作为供给侧的高校更是主战场，做好其评估工作意义深远。当今高校不仅需要提高人才培养的质量，实现产教融合，还要以思想政治教育供给侧的身份，大力推进开展思想政治教育工作，切实提高高校学生的思想政治素养。其次，做好高校思想政治工作需求侧的评估。当今大数据时代高校学生的思想政治需求主要体现在：理论基础的需求、需求重要性、特殊群体思想政治教育需求。对于当前的高校思想政治工作而言，只有做好大学生这一群体的需求侧的良好评估，才可以借此发现高校供给与学生需求之间存在的不平衡因素，通过评估更好地实现两者之间的供求平衡。如若未达到平衡，便会出现一系列问题。供大于求时，造成了相关工作资源的浪费，使得思想政治教育工作投入大而收效低；供小于求时，无法满足学生的需求，意味着思想政治工作没到位。只有两者供求平衡才可以很好地发挥高校思想政治教育工作的作用。最后，做好高校思想政治工作管理层的评估。对于管理层而言，要做好高校思想政治工作，必须始终坚持马克思主义指导思想地位，落实相关思想政治理论课程，正视思想政治工作重要性。对于管理层的评估，主要体现为三个层次：一是对应学生的自身需求，高校应时刻以学生为本，充分考虑学生所需开展相应思想政治教育工作；二是管理层对于自身本领的提升，应时刻坚守求真务实精神，紧跟时代潮流，提升自身本领；三是夯实管理层队伍基础，整体推进高校干部团体、教师团体等队伍的思想政治教育建设。

（二）评价体系的建构方法

1. 基于新媒体的思想信息收集法

思想政治教育的实效性，主要体现在思想政治教育受教育者的思想转变情况，思想的转变非常复杂、多变，并且难以观测，这也是为什么思想政治教育的实效性评价是个世界性的难题。客观、真实地收集受教育者的思想信息，是实效性评价的关键环节。新媒体的使用，虽然无法彻底解决这个难题，但却在很大程度上推动了其发展。基于新媒体的普及，可以运用自媒体收集法、平台收集法、信息选择透视法对受教育者的思想信息进行收集。

首先，自媒体收集法。自媒体是新媒体的一种形式，又称"公民媒体"或"个人媒体"，是指私人化、平民化、普泛化、自主化的传播者，以现代化、电子化的手段，向不特定的大多数或者特定的单个人传递规范性及非规范性信息的新媒体的总称。①自媒体的低门槛、易操作、自主性使其更平民化，每一个人都是自媒体的中心。自媒体所传递的内容没有既定的核心，没有功利性，是个人世界观、人生观、价值观最直接的体现。受教育者在自媒体上传递的内容，包括其对某个热点事件的看法与评论，对外部事物的态度和价值取向，都可以作为思想信息收集的对象。并且，通过自媒体传递的内容具有公开性，使收集容易操作。

其次，平台收集法。这里说的平台是指新媒体开放环境下的公共言论平台，如论坛、贴吧等。人们通过平台发表自己的看法，形成大多数人认可的意见，或者在某些问题上出现意见的分歧，形成意见流派，这些平台成为了体现人们思想的窗口和收集思想信息的途径。平台收集法比较简单，操作性强。但需要注意的是，由于参与公共言论平台的人都是匿名参与，通过这个途径只能收集到群体的思想形态，基于此所进行的评价只能是群体思想的评价。另外，由于参与平台的人可能不是思想政治教育的受教育者，所以在进行平台收集法的时候必须注意甄别，优先选择内部平台进行收集，例如高校内部的论坛、班级的贴吧等，确保参与者都是接受思想政治教育的客体。

最后，信息选择透视法。当今社会的人们，每天都会面临海量信息的冲击，从心理学的角度来说，个人对信息的选择性注意，是折射思想状态的一个窗口。通过收集思想政治教育的受教育者对于信息的选择，可以透视其思想状况。其收集途径是多方位的，涵盖了观察、测试、互动、交流等多种途径，例如观察受教育者对案例的选择性回应、对热点问题的选择性关注、对有争论的观点的立场选择等。选择透视法的过程中，必须注意一些极端信息的观察和收集，例如个人极端主义、宗教极端思想等。

2. 基于新技术的思想行为评价法

在收集了受教育者的思想信息之后，接下来的问题便是以思想信息为基

---

① 王莎. 新时代高校思想政治教育评价的数字化变革 ［J］. 思想理论教育, 2021（12）: 62-68.

础，评价受教育者的思想和行为，进而评价思想政治教育的实效性。基于四维评价模式，必须对思想政治教育的具体工作、传播过程、接受程度和客体行为四个环节进行评价。首先，对具体工作和传播过程的评价。这两个方面的评价相对来说比较容易操作，可采用绝对评价法，利用新的信息技术辅助统计数据，进行定量分析。绝对评价法是指为思想政治教育的具体工作和传播过程设立一个标准，评价时把采集到的数据和标准进行比较。例如在思想政治教育工作中设立工作程序、人员配备等标准，在传播路径中设立一定的数量标准，通过与实际情况的对比，检验有没有达到这些标准。实际情况的采集和统计可以借助现代信息技术，使之更加高效，例如采集思政教育的实践课程种类，统计传播途径的数量等。其次，对接受程度和客体行为的评价。这两个方面的评价相对来说比较抽象，不易操作。可采用相对评价法，进行定性分析。所谓相对评价法，是指在评价对象中找一个基准点，把评价对象与基准点进行比较。思想政治教育对象的接受程度和行为，可以从纵向和横向两个方面找出基准点。一是在纵向上，将接受思想政治教育之前的思想和行为作为基准，将现在的自己与以前的自己进行比较。二是将没接受过思想政治教育的群体作为基准，将现在的自己与周围的他人进行对比。应当注意的是，进行相对评价法的时候，其结果是不精确的，是模糊的、指向性的，这种模糊是允许存在的。此外，在评价的过程中也要注意排除其他影响思想的因素。

（三）评价体系的主要内容

大数据时代，以实效性提升为目标导向的思想政治教育评价体系的发展不仅表现在评价的过程中，而且在大学生通过信息化设备进行的个性化发展上、大学生之间的交互的学习交往活动中也比较明显。与学生学习交往活动有关的大数据在网络空间中随处可见，通过大数据技术方法的运用为大学生的个性化道德评价提供了可能，正是在这种评价的客规性与科学性的基础上才能根据学生的特点判定其道德活动状况和道德行为实施的情况，使教育者能从中洞察学生的马克思主义理论思维，从而相应地调整教育活动。由于量化研究对大学生的思想和行为不具有敏锐度，质性研究重视过程而不是结果，而由于思想政治教育的特殊性和复杂性，大学生的心理思考理路难以量化，这就要求评价时必须将质性研究和量化研究结合起来，使思想政治教育的评估方式由小数据转向大数据，以保障评价体系的精度。

基于教育大数据分析所产生的学生的个性化评价，主要包括：（1）学习成绩评价。大学生学习思想政治理论课的效果如何，这方面主要是对学生在学习之后取得的成绩、积累的相关知识结构和学习态度等方面的陈述性知识进行评价。（2）知识应用评价。如大学生对马克思主义相关理论及概念掌握的情况如何，这方面主要是对学生对马克思主义的理解、能否正确使用、是否有深度认知等方面进行评价，因为如果教育没有考虑到学生之前已经掌握的知识，那么这些知识一般来说只能用来应付考试。只有学生从自身的角度意识到思想政治教育的重要性，他们才会逐渐完成从知识的获得到知识结构的建构的变化。另外，大学生对学习到的马克思主义理论能否进行迁移，这方面主要是对学生的知识应用能力和迁移能力进行综合性评价，主要包括了学生解决问题的能力和创造性思维的能力，通过对学生在复杂情况下解决问题的能力进行评估，来判断学生是否具有较高的解决问题的能力。（3）学习能力评价。其评价指标主要是学生的心智，评价学生是否有更好的学习能力，评价内容主要包括学生的学习能力、学习动力与学习毅力，在此评价的基础上为学生的自我导向与学习技能的获得提供参考借鉴。

（四）评价体系的功能发挥

1. 引导决策的功能

运用大数据技术对大学生各个方面的具体信息进行科学的统计与分析，通过教育效果的评价找到教育工作中存在的不足与问题，指明今后思想政治教育工作应该改进的方向，从而为教育的决策提供科学合理的依据。

2. 对大学生的学习行为进行鉴定的功能

运用大数据技术收集和处理的信息，通过教育反馈，可以使教育者更好地了解学生的世界观、人生观、价值观，以及道德意识水平、道德倾向等具体表现，这样就能对学生的行为、道德认知水平、道德行为进行科学的鉴定，从而引领大学生德智体美劳朝着正确的方向发展。

3. 教学改革的指导功能

可以通过教育评价指标与结果的分析，对指标体系中的权重比例进行分析研究，从而对思想政治教育改革起到指导的作用。对思想政治教育者来说，主要是通过对教育的评价来对学生的学习情况和运用情况进行评估，从而为大学生的全面发展提供参考。所以，在教育评价的过程中，作为评价的主体不仅要客观公正，而且要认真细致，通过对评价结果的分析和梳理对大学生的学习教育情况中所遇到的问题进行分析，不断修正，改进教育方式，从而让学生在评价中不断提高，从评价中了解自我的不足和缺点。

第八章　人工智能应用于高校思想政治教育

人工智能技术的迅猛发展使高校思想政治理论课教学的跨越式发展迎来了空前契机。思想政治教育作为针对人的思想观念进行的政治实践活动，应该密切关注信息技术的最新发展状况。本章从分析人工智能对人类社会发展和思想政治教育的影响入手，从教育理论和实践变迁的角度考察思想政治教育的转型，分析人工智能时代思想政治教育实效性问题，以开放的视野审视和思考信息技术推动下的信息化和它所构筑的大数据、深度学习和算法新形态，去考量人工智能对我国思想政治教育实践的历史与现实、空间与时间的新的意义，去探索人工智能时代提升思想政治教育实效性的具体对策。

第一节　人工智能赋能高校精准思政的内在机理

"人工智能是新一轮科技革命和产业变革的重要驱动力量。"① 人工智能正深刻改变着人们的生产、生活、学习方式，推动人类社会迎来人机协同、跨界融合、共创共享的智能时代。在人工智能的赋能下，高校思想政治教育的精准化和高质量发展被赋予了强大动力。人工智能为高校思想政治教育精准化提供赋能的内在机理在于：为教育对象的精准分类、教育内容的精准供给、教育空间的精准拓展等方面提供了相应的技术支持，从而增强高校精准思政的实效性和科学性。

一、助力教育对象的精准分类

对教育对象进行精准分类是高校推进精准思政的第一步，是提升高校思想政治教育实效性和针对性的首要前提条件。要想切实做好高校思想政治教育工作，就要充分地、全面地了解教育对象。受制于技术能力，以往在思想政治教育过程中，我们很难对教育对象的价值观与行为层面进行全面把握，一般都是以年级、专业、班级或场域等作为分类依据，对分类后的学生组合进行相同内容的教育教学。这种分类方式往往难以实现对教育对象的精准分类，难以实现精准思政的动态供给。通过运用大数据、云计算等人工智能技术，教育对象的线上学习与搜索、消费等数据都可以被及时记录和追踪，这样可以刻画出较贴合教育对象的行为图像。以人工智能技术作为依托，个体的价值取向与实践倾向均可以转化成为被测量、被预估的数据，使得高校科学思政的分类标准趋于合理化，有利于着眼个体的多元需要进行有针对性的教学。第一，客观科学地分析教育对象的行为。主体的实践选择深受内在价

① 习近平.加强领导做好规划明确任务夯实基础　推动我国新一代人工智能健康发展[N].人民日报，2018-11-01（001）.

值观念的作用，通过观察个体的实践轨迹可以了解其价值偏好。通过人工智能平台抓取记录的大量的、多方面的关于教育对象的数据痕迹，以算法对这些数据进行分析，从得到的结果中可以窥见教育对象的行为规律，教育者可以据此设计有效的教学方案。第二，即时掌握教育对象的相关数据。人工智能为较快获取教育对象的思想和情感数据带来了可能，不仅能快速和大量地搜集储存数据，还可以对数据进行关联观察，进而掌握教育对象的思想变化，记录教育对象同教育者、智能 App 和小程序的交互数据。对这些数据进行分析，有助于明确教育对象的真实需求，为教育对象提供最优的学习路径。第三，建立更合理的教育对象分类标准。以教育对象的思想观念作为划分依据，准确界定个体需求，从而实现思想政治教育的精准施策。人工智能为镜像描绘教育对象的价值观、实践选择、情感倾向与观念等要素提供了可能，这些数据可以在图片中呈现，可视性强，为教育主体清晰获取教育对象的类型特征、推进高校精准思政提供了强有力的技术支撑。

二、助力教育内容的精准供给

"好的思想政治工作应该像盐，但不能光吃盐，最好的方式是将盐溶解到各种食物中自然而然地吸收。"① 习近平总书记的这个比喻启示我们，在全面推进高校课程思政建设中，思想政治教育过程要精准供给，"放盐"要准。只有准确地采取策略，才能有效解决实际问题，提升最终效果。高校精准思政要体现靶向性，结合教育对象的不同特征和需求优化教育内容。教育内容越贴近教育对象的实际需求，教育过程越能直击人心、达到预想效果。在高校思想政治教育过程中，教育内容的精准性决定了教育过程最终体现的实效性高低。过去，我们使用的较多是灌输式的理论宣讲方式，教育内容上并未做有针对性的区分，并没有考虑到教育对象真正的需求是什么。而人工智能构建了思想政治教育学科的知识图谱，于数据海洋中捕获有效数据，在知识图谱

---

① 习近平总书记在全国高校思想政治工作会议上强调：把思想政治工作贯穿教育教学全过程 开创我国高等教育事业发展新局面 [N].人民日报，2016-12-09（001）.

的内容分支上加入知识链接，然后按照教育对象的个体需求供给具有契合性、接受度高的内容，教学内容呈现出显著的靶向性。在人工智能赋能下，为了使教育内容的精准供给更具实效，人工智能会运用相关技术相应地优化高校思想政治教育的教育内容。第一，人工智能利用算法对社会热点焦点进行捕捉，紧跟经济社会发展，推动思想政治教育内容的调整。这就使思想政治教育贴近了所处时代的需求、符合当下形势的要求，在创新中获得了长足的生命力，进而也具备了对教育对象的吸引力。第二，人工智能能够根据教育对象的成长目标与规划、知识储备，重塑教育内容结构。结构层次明确的教育内容关乎高校思想政治教育的科学性，同时也决定了高校思想政治理论课是否有较高的可学习性。第三，人工智能能够有效整合各类学习资源，使那些较为枯燥的、晦涩的教育内容同多媒体平台渠道有机整合，教育内容更容易被教育对象理解，从而教育对象的内在情感价值需求更容易被倾听和满足，也更乐意接受思想政治教育。不管知识理论是如何的先进，唯有它被教育对象理解接受，方才能真正使其内化于心、外化于行。人工智能技术可以创新高校精准思政的具体路径，让理论课传递温度、体现差异性和包容性。这时，教育内容顺应了时代所需，结构趋于合理，表现方式更有亲和力，所以能够支撑提升高校思想政治教育实效性。

三、助力教育空间的精准拓展

思想政治教育发生作用的空间或场域是特定的，因为场域和空间是思想政治教育的现实存在表征。传统思想政治教育的教育空间和场景是一种物理性的场域，受到了时空条件的制约。如果时空条件发生了变化，传统思想政治教育就会失去有效作用的基础。而信息技术却能突破时空限制发挥作用。人工智能技术串联了高校思想政治教育的实体场域与虚拟场域，突破了以往教育模式的空间制约，在时间链上不再是单向度的。人工智能也为构建虚实结合的智慧化学习环境奠定了基础，使教育对象能够通过灵活性更高的学习模式，使教育主体和对象有更为广阔的教育或学习空间。高校精准思政要着眼于培养智慧人才，通过人工智能技术鼓励教育对象冲破教育空间限制，实现全方位、多维度的全面发展。

人工智能赋能在高校精准思政拓宽教育空间方面，不仅体现于纵向层面，还会体现于横向层面。第一，人工智能丰富了教育对象的学习场景，比如线上线下、课堂内外、虚拟同现实等等，教育场景的边界被弱化，如在博物馆我们可以利用 AR 技术、在短视频平台可以施行无接触教学或交互式课堂，高校思想政治教育可以利用的载体范围不断得到拓宽。第二，高校在进行思想政治教育时，能够引导教育对象使用人工智能技术辅助学习。教育对象可以灵活调整学习系统、适应学习环境，通过技术的智能性同教育内容间建立更强关联，增进透视问题和解决难题的能力，在教育空间范围内做到深度学习。第三，人工智能技术可以在高校思想政治教育空间内做到较快流转和切换，让教育对象可以在多种文化情景中更好地掌握和应用知识，有效提高其交往能力。人工智能环境下，高校精准思政的教育空间更有深度和广度，教育对象也在这样的环境中拓宽学习范围，高校精准思政也更具保障。

第二节　人工智能应用于高校思想政治教育的理想图景

人工智能技术在教育领域的应用已经取得了一定的成果，为高校思政课教学提供了全新的可能性。高校思想政治理论课承担着传播马克思主义理论的重任，是大学生思想政治工作的主要阵地，在学校道德建设中起着举足轻重的作用。人工智能技术的广泛应用，为思想政治理论课教育在教学方式的数字化、教学内容的精准化、教学资源的丰富化、教学师生的协作化等方面提供了更多的技术和智力支撑。

一、智能革新：思政课教学方式的数字化

数字化思政课教学是将人工智能技术应用于教育领域的创新方式，为高校思政课教育带来了全新的发展前景。思政课教学方式数字化是一个基于人

工智能技术的智能化学习生态系统。在这个智能化的思政教学生态中，"通过专题网站、教学类 App 以及公众号，可以很好地聚合各种优质思政教育资源，构建高质量在线教学资源库，实现共建、共管与共享。"① 思政课教师可以通过网络平台上传教学资料、讲义、课件等教学资源，让学生在课后自主进行学习；可以利用网络平台进行在线交流、讨论和答疑，提高思政课教学的互动性和实效性；也可以利用多媒体技术制作教学课件，包括图像、音频、视频等多种形式，让学生更加生动、直观地理解和掌握思政课知识。人工智能技术在思政教学内容的开发和创新中同样发挥着重要的作用，通过打造一种以学生为中心、个性化学习为导向的智能化教学环境，利用自然语言处理和语义分析技术，人工智能可以对大量的思政课教材、论文和资料进行处理和分析，从中提取出关键概念、重点知识和学习要点。基于这些数据和信息，系统可以生成个性化的学习资料和教学资源，帮助学生更好地理解和消化思政课的教学内容，同时为思政课教育带来更广阔的发展空间和更高效的教学效果。

二、智能定位：思政课教学内容的精准化

思想政治理论课教学内容精准化是一个基于大数据和人工智能技术的个性化学习系统。在这个教学环境中，"受教育者作为思想政治教育的对象，客观上具有广泛性与复杂性的特点，这些特点内在决定了受教育者的个体差异性"。② 但通过智能定位和个性化的学习推荐系统，学生可以根据自身的兴趣、能力和学习需求，获得精准的思政课教学内容，以满足他们的学习需求。而思政课教师则可以利用人工智能技术分析学生的学习数据和表现，了解学生的学习习惯、知识掌握程度和学习困难等，从而为学生提供个性化的教学指导和辅导。通过人工智能技术的应用，可以对思政课教材和学习资源进行精准的匹配和推荐，根据学生的个人特点和学习需求，为他们提供最适合的

---

① 王明，颜丽娟."三全育人"理念下智能手机在高校思想政治教育中的应用路径研究 [J].东华理工大学学报（社会科学版），2022（1）：57-60.

② 张耀灿，郑永廷，等.现代思想政治教育学 [M].北京：人民出版社，2006：272.

教材和学习资源。同时，也可以根据学生的学习进度和反馈，动态调整教学内容的难度和深度，确保学生能够在适当的时间内掌握思政课的核心概念和知识。在各种算法和模型的智能评估帮助下，可以对学生的学习过程和学习成果进行精准的评价，自动分析学生在学习过程中的表现和答题情况，为学生提供个性化的学习反馈和评价，指导他们进行进一步的学习和提升。具体而言，在借助大数据技术的智能助力下，为学生量身定制个性化的学习计划、匹配适宜的教材推荐以及精准的学习评价，可以更好地满足学生的学习需求，提升思政课教学的针对性和效果。

三、智能建构：思政课教学资源的丰富化

人工智能突进下的思想政治理论课教学资源丰富化是一个多元化、全面覆盖和高质量的资源体系。一方面，教学资源的多元化体现在多种形式的内容呈现上。除了传统的教材和讲义，还包括音视频资料、网络课程、在线论坛、电子书籍等。这些资源可以通过多种方式获取，如在线教育平台、学校图书馆、公共图书馆等。学生可以根据自身的学习方式和兴趣选择合适的资源进行学习和研究。不断升级的虚拟实验和模拟演练系统，让学生在虚拟环境中进行实际操作和实践，从而更好地理解和应用思政课的理论知识，提供更加丰富和安全的实践经验，同时也降低了实际实验和实践的成本与风险。另一方面，借助人工智能技术开发的智能辅助教学工具，如智能练习系统、智能题库等，这些工具可以根据学生的学习情况和反馈，自动生成个性化的学习内容和习题，帮助学生更好地巩固和应用思政课的知识。构建自适应学习系统，根据学生的学习需求和能力水平，自动调整学习内容和学习进度。这样可以更好地满足不同学生的学习需求，提高学习效果。思想政治理论课涉及的领域广泛，包括政治、经济、法律、伦理、文化等多个方面。智能化的思政教学资源体系涵盖了这些领域的核心概念、重要理论和案例分析，以及各种实际应用和实践经验。这样可以帮助学生建立全面的思政课知识体系，提升他们的综合素养和思辨能力。在大数据的加持下，思想政治教学资源的

时效性和可用性得到了有效的保证。智能化的资源体系可以为学生提供丰富的学习材料和参考资料，帮助他们深入理解思政课的核心概念和理论，培养他们的思辨能力和综合素养。同时，也可以促进思政课的教学创新和发展，提升思政课教学的质量。

四、智能交互：思政课教学师生的协作化

思想政治理论课教学涵盖了相当大一部分与道德知识相关的内容，但道德知识并非一种普遍知识而存在于独立客体之中。它存在于主体与社会相互作用的特定过程之中。① 思想政治教育托依人工智能交互，进一步提升了教师与学生的协作化，完善了教师与学生共同参与、互相合作的教学模式。在教师和学生之间建立起积极互动、平等尊重的合作关系，共同参与教学过程，共同探讨问题，共同实现教学目标。第一，在人工智能的加持下，教师不再是传统意义上的"灌输者"，而是扮演着指导者、引领者的角色。思政课教师必须具备专业知识和教学技能，能够为学生提供相关的指导和引导。同时，教师也应该倾听学生的想法和意见，尊重学生的主体地位，鼓励学生发表自己的观点和思考。而学生不再是被动接受知识的对象，而是主动参与学习的主体。学生应该积极思考和提问，表达自己的观点和见解。第二，依托数据赋能构建"智能课堂"，并进一步完善思政课教学的"智能空间"建设，思政课师生可以更加高效地进行小组讨论、问题解答以及案例分析，助推教师和其他同学进行互动交流，共同探讨问题，分享经验。在人工智能技术构建思政课知识图谱下，将相关的概念、理论和实践案例进行结构化整理和关联，形成一个可视化的知识网络。教师和学生可以通过这个知识图谱更好地理解和掌握思政课的核心内容，并进行深入的讨论和思考。基于互动式学习工具与人工智能技术模拟真实的教学场景，教师与学生进行主动性互动，并根据学生的回答和反馈给予相应的指导和解释，帮助学生更好地理解和掌握思政课的知识和概念。

---

① 余天放.道德教育的人工智能模式［J］.思想理论教育，2021（5）：91-96.

第三节　人工智能应用于高校思想政治教育的出场路径

在人工智能的加持下，思想政治理论课教育在教学方式的数字化、教学内容的精准化、教学资源的丰富化、教学师生的协作化等方面获得了更多的技术和智力支撑，为高校思政课教学在拓展教育空间、改进教育方式、整合教育资源等方面创造了诸多优势。但同时也存在思想政治教育的传统教育伦理遭遇冲击，学生主动思维不断弱化、批判性思维不足，人机交流互动存在技术限制和思政教学人文关怀缺乏等现实性挑战。就出场实践进路而言，可以通过以"深度学习"推动探索教学新模式，以"黑箱"理论推动探索思想政治教育新规律，借助智能算法助力精准育人，坚持思政课教学主导地位，构建思政课教学共享平台，加强思政课教学多方联动，强调思政课教学内容创新等方面来促进思想政治教育的高水平开展，以更好地引导学生在人工智能背景下的思想觉悟和道德选择。

一、以"深度学习"等推动探索教学新模式

随着人工智能的进一步发展，社会智能化程度不断提升，高校育人的边界会进一步拓展，并与非正式学习逐渐结合起来。以人工智能为基础支撑涌现出很多新颖的教学方式，诸如：深度学习、自适应学习、游戏化学习、个性学习、泛在化学习、差异化学习等。

深度学习是相对于表层学习、机械学习、无意义学习而言的，是学习者认知、情感、思维高度摄入的一种学习方式，不仅突出学习者对学习内容的深度理解和个体建构，而且强调学习者基于个体经验实现对学习内容的同化、顺应，进而内化到个体的认知结构，并在差异化的情境中实现迁移。[①] 迁移是教学中非常重要的一项能力，可以通过对已拥有知识、经验实现对类似的新知识的理解、同化，有举一反三之效。"深度学习是信息时代教学变革的必然选择……是发展素养的学习，是理解性学习，是符合学习科学基本原理的学

---

① 崔友兴. 基于核心素养培育的深度学习 [J]. 课程·教材·教法, 2019（2）: 66-71.

习。"① 思想政治教育重点在于"德"，德性的培养就需要对道德认知进行深层次理解，浅尝辄止的认识是不可能让"德"在学生心中发芽、生根的，只能是镜中花水中月。人机协同是人工智能时代的必然要求，人工智能的"智能"源于深度学习。在实践教学中，深度学习的运用是实现人机一体化的结合点。这种基于人机交互以及线上线下相结合的方式丰富了思想政治教育教学模式，在推动教育资源共享性、开放性的同时有利于提升思想政治教育教学的实效性和亲和力。

自适应学习是个性化学习在信息时代的升级版，是运用人工智能技术实现更为精准的按需投递信息，在最大限度留住学习动机的同时打造私人定制化的学习。"自适应学习技术带来的变化将改变教育过程的性质，学生将从被动接受知识变为主动探索发现知识，教师将从知识的传授者变成知识的向导者。"② 在大数据的支持下，对学生的学习风格、兴趣爱好、心理特征、思想状况等有着较为准确的刻画；而在移动学习、微课、微视频、慕课等在线教育支持下大学生可以进行较为广泛的学习。从教师的角度出发，要进行网络资源的精准投送，这样大学生就可以实现按需要、按兴趣进行自适应学习。

游戏化学习是教学者结合游戏的设计策略进行教学设计，使学习者在轻松愉快的环境下以游戏化的方式完成学习内容，有助于培养学习者的主动性、创造性和协作性。③ 游戏化学习一般分为两种，一种就是采用游戏的方式进行学习，比如农场狂想曲、三国杀、模拟城市等；另一类是将游戏中的元素融进教育教学中，比如过关、徽章、积分、PK 等。游戏化学习用于思政课可以增强学生体验感，解决理论融入价值观体系困难的问题。游戏由于丰富的情境性和一定挑战性，很容易把学生带入一定的沉浸感和深度体验感之中，从心

① 郑葳，刘月霞．深度学习：基于核心素养的教学改进［J］．教育研究，2018（11）：56-60.

② 薛成龙，郭瀛霞．高校线上教学改革转向及应对策略［J］．华东师范大学学报（教育科学版），2020（7）：65-74.

③ 张金磊，张宝辉．游戏化学习理念在翻转课堂教学中的应用研究［J］．远程教育杂志，2013（1）：73-78.

理学角度来看，这是使其进入一种"心流"体验中。这时激发出的积极情绪体验很容易使人理解和接纳境域中蕴含着的理论，这正是思想政治理论课想要达到的效果。只有真切感受马克思主义哲学的魅力、接纳社会主义核心价值观的倡导、认同中国特色社会主义道路的选择，增强对党史、国史、改革开放史、社会主义史的认识以及对革命先辈们的情感与情怀，用习近平新时代中国特色社会主义思想武装头脑，才能解决思想政治理论课停留于表面而入心入脑难的问题。

具体而言，一是营造相对轻松愉悦氛围，发挥好人工智能对于学习情境的积极作用。虚拟现实和增强现实技术能够为学习者搭建虚拟学习情境，游戏化设计能够使学习者产生"心流"体验，而虚拟环境或增强现实环境则为合作学习提供了新的实践场所。二是加强思政课游戏化课件的开发和创造能力，将枯燥乏味的理论转换为引人入胜的游戏或游戏元素。三是加强开发思政课虚拟仿真实验平台，增强大学生思政课的获得感。虚拟仿真实验其实借鉴了一些游戏元素，通过 AR、VR 等展示出来很容易引起学生的兴趣，增强思政课的亲和力和吸引力。四是加强大学生元认知能力培养。自适应学习是一种自我教育，需要一定自我调控、反思、反省等能力才可以发现学习中的不足并及时做出反馈与调整。五是做好学习情景、学习过程的辅助工作。思政课教师适时参与其中并及时纠正错误，保证学习方向的正确性。

二、以"黑箱"理论推动探索思想政治教育新规律

美国人工智能专家特伦斯·谢诺夫斯基（Terrence Sejnowski）在其专著《深度学习》一书前言中指出，"随着基于深度神经网络的机器智能日渐成熟，它可以为生物智能提供一个新的概念框架。"[①] 人工智能发展的最终指向还是造福有机界，而培育灵魂、塑造生命的思想政治教育也会随之不断升级。人工智能时代人们的知识观将会更新。一般认为，知识包括明知识和默知识，所

[①] ［英］阿尔弗雷德·诺思·怀特海.教育的本质［M］.刘玥，译，北京：北京航空航天大学出版社，2019：21.

谓明知识就是可言可传授的，而默知识是难以言传只能体会的。人工智能时代将迎来暗知识的增长，暗知识是既不能言传也不能为人类所感知的，是人工智能所独创的知识，是人工智能的"黑箱"，但又是确实存在的一种知识类型。在人工智能时代，大数据是通过相关性思维发现数据间关系进而归纳出有用的信息。数据其实类似工业革命时代的原油，不经过提炼是难以直接使用的，就像"DIKW 模型"所讲的，数据进一步提炼分析会形成有用的信息，而信息经过人们的加工，从中萃取对人类有益的成分，就形成了知识，知识的精华与核心是智慧。对人类而言，机器学习往往在自己的"内部"形成一个"黑箱"。人类是很难理解其内部到底如何运作的，但人工智能却可以通过其独特的方式建构模型、提炼结论。对于未来的高校思想政治教育来说，随着越来越多的教育教学实现人机一体化，人工智能就可以从千万大学生中提炼共性、指明困境、探索方法、总结规律，最终总结出行之有效的新规律。

三、借助智能算法助力精准育人

智能算法是人工智能的核心，运用于思想政治教育之中可以克服信息过载而造成大学生获取有价值的思想政治教育信息的困难，而根据个体画像可以实现精准推送思想政治教育信息，促进思想政治教育的精准化和个性化。比如，抖音短视频平台的推送就是建立在智能算法基础上，而随着抖音用户的爆发式增长，基于抖音平台出现了"抖友文化"。是否可以有效借助"抖友文化"开展翻转课堂、混合课堂等网络教学，如理论宣讲小视频、学习笔记分享、红色电影解说等，构建参与式、体验式、个性化的思想政治教育新模式。或者将来借助智能算法还可以实现更多个性化教育，诸如自适应学习等，打造出因材施教式的高校思想政治教育。但值得注意的是，在人工智能技术助力下的算法模型具有渗透性，它尽管可能为学生提供个性化、针对性的支持，但很可能会形成"过滤气泡"——"以大数据和算法推荐为底层架构，根据学生的搜索结果或使用习惯进行记录与分析，过滤掉与学生观点相左或学生不感兴趣的内容，只给学生提供他们想看的内容，导致学生接收到的资讯被局限于某个范围内，造成认知上和意识形态上的分化与隔离"①。

四、以"全息课堂"更新智慧化教育场域

所谓全息课堂不仅仅局限于一间教室或者一方教育场所，而是一种全数据、超智能化的"学习空间"，在人工智能（AI）和机器学习（ML）支持下，实现自动化管理。② 全息课堂对于相对抽象和理论性强的思想政治理论课来说，是一个将知识体系转化为鲜活的价值体系的最有效平台，可以使学生在没有丝毫强迫之感的情境下进入学习状态，从而实现把教材体系经由教学过程而逐渐升华为塑造灵魂的桥梁和纽带。人工智能优势之一就是善于通过VR、AR、MR、3D等技术手段使人沉浸于"情境"之中，就在这种情境中构成了意义、价值、思想生成的立体空间。纸媒时代，知识呈现形式是相对抽象的文字和语言；工业时代是文字辅之以图片、视频和声音等；而基于虚拟现实的人工智能时代则是多感官立体化的，从而营造出一种生成性体验式的空间。这不但更容易激发起学生的兴趣，而且会使得师生交往完全融为一体。"虚拟实践是一种随着计算机、互联网和虚拟现实技术的相继诞生而产生的新型人类实践形态。"③借助各种人工智能，通过营造鲜活、生动的情境，必然会大大提升学生的兴趣。

人工智能时代，以广泛的实时在线和即时通信技术为保障，构建了互动、虚拟、实时的沉浸式智慧化教育场域。思想政治教育智慧化教育场域突破了时空限制，拓展了教育场域空间，但智慧化教育场域本质上是"冷冰冰"的数字编码集合，展现的是对内容要素的整理归纳，不能进行情感的输出，难以真正和教育对象产生情感链接，引发受教育者的共鸣，发挥思想政治教育

---

① 沈苑，汪琼. 人工智能教育应用的偏见风险分析与治理［J］. 电化教育研究，2021（8）：12–18.

② 朱珂，张莹，李瑞丽. 全息课堂：基于数字孪生的可视化三维学习空间新探［J］. 远程教育杂志，2020（4）：38–47.

③ 张竑. 虚拟现实技术背景下的虚拟实践本体论研究［J］. 学术论坛，2019（1）：117–124.

的作用。因此，在学生参与智能化场域的思想政治教育实践活动时，必须增添"暖情感"，即思想政治教育者要在受教育者和场域链接的过程中进行有情怀、有温度的交流和引导，让数据构建出来的虚拟场景具有情感与温度，以情动人，提升教育场域的体验感。一是从场域构建内部内容出发。智慧化场域构建要让场景与教育对象形成独特的情感链接，使教育对象在沉浸式体验中领悟思想政治教育的价值，可以通过评估场域构建所呈现出来的内容是否能够激发受教育者的积极性和主动性、是否能够激发受教育者内心的真情实感，不断进行完善修正，以此打破场域与受教育者之间的壁垒，引起受教育者情感上的共鸣和对思想政治教育内容的认同。二是从智慧化场域外部出发。教育对象在智慧化场域参与教学活动时，教育者要充分发挥人文精神，增强情感盲区的情感关怀，增加情感投入，关注教育对象在场域参与体验时的行为表现，及时进行交流沟通与友好互动，弥补静态场域缺失的情感，在"沉浸式体验＋人文关怀"中激发教育对象内隐的情感体验和价值探索，最终形成以情感文明温柔观照与智能技术赋能的文明育人新境界。

五、以智能化优化教育评价体系

随着云网端一体化的实现，在大数据分析的助力下，很多过去难以评价的环节都可以获取相应数据，在知识图谱、智能设备应用下可以实现部分思想观念的可视化与动态化，还可以利用各种即时通信、移动终端实现万物互联互通，以加强评价主体间的协同与协作，最终优化评价体系。

在量化一切的大势所趋下以数字化提升定量评价的准确度。就高校而言，首先是打破数据壁垒，使得各部门间数据畅通，实现一体化建设。很多高校已经开始成立校园大数据中心，通过集成各方面数据对学生进行"画像"，这可以说是对思想政治教育对象最生动鲜活的定量评价。其次，是对数据进行筛选、清理以及分析，而最具挑战性的是大量非结构化数据的存在，但是随着以深度学习为代表的机器学习能力的提升，会逐渐解决非结构化数据的问题。最后，减少不相关数据的干扰，这种干扰也称为"数据噪音"①。从质量评价角度看，在评价信息采集时要努力提升数据质量，减少数据噪音的干扰，提升证质量评价的效率和准确性。

以道德二重性认识提升定性评价的有效性。何谓网络道德的二重性？网络场域中人物都是匿名化，并可隐藏个体所有真实身份信息，相较于现实情境中更容易畅所欲言，更有可能表达出内心深处真实想法，故所表现出的道德与现实环境中相比更具本真性；但同时由于网络空间具有虚拟性而缺乏约束与监管，好像人人都戴着面具，没有面对面时语气、神态以及眼神等的交流，所有思想表达是经过加工的，因而个体道德表现形态上又具有一定的隐蔽性。因此，基于这种虚拟空间的存在人的道德就具有双重性，即本真性与隐蔽性，呈现一种张力。这对高校思想政治教育质量评价是一种挑战。网络空间与现实环境已经越来越紧密地融合为一体，人们生活学习走向网络化，这种二重性会日益影响思想政治教育质量评价。要通过尽量降低"隐蔽性"、增强"本真性"来提升质量评价的有效性。所谓定性评价，一般是指用语言描述形式以及哲学思辨、逻辑分析揭示被评价对象特征的信息分析、处理方法。这种方式侧重于从高校思想政治教育工作的性质方面对被评价高校进行综合分析与评判，通过去粗取精、去伪存真、由此及彼、由表及里，形成对思想政治教育效果与价值的科学判断与评价。② 思想与价值观多属于缄默性知识，本身是很难以测量和量化的，更多的是进行定性评价。借助于人工智能可以通过长时段、全方位的记录与跟踪从而超越网络道德二重性的局限，对于个体的思想、价值观作出更加本真的描述与刻画。这其实与我们古代传统的"慎独"思想极为类似，网络空间中个体处于类似独处状态，抓住这种状态下思想、观念的流露可以提升思想政治教育质量评价。

在人工智能助力下以可视化与动态化提升形成性评价的精细化。形成性

---

① 一切附加在大数据传达信息上的错误的或偏离期望值的且干扰信息正常传播、减弱信息传递效果的冗杂数据信息。

② 冯刚.高校思想政治教育工作质量评价研究［M］.北京：人民出版社，2020：59.

评价是侧重于教育过程的评价，传统的形成性评价方式最常用的是成长档案袋法，即收集个体成长过程材料放入档案袋，会逐渐形成一个历时性的较为概括性的评价。随着信息技术与教育的深度融合，档案袋法也终将走向电子化、数字化并进一步走向可视化、智能化。这不仅将提高评价的效率，而且提升精细化水平。譬如知识地图、学习仪表盘。知识地图可以看作一种智能化的站点导航和知识管理工具，能够将各种知识资源、知识主体及其相互间的关系进行连接，形成动态可变的知识与社会网络结构，并以可视化方式展现。[①] 在大数据、云计算以及智能设备支持下可将知识地图应用于思想、价值观的培育中，将个体的言论、行为、相关问题的看法以及理论学习状况等进行结构化分析，最终掌握个体的思想状况、成长历程、形成规律、关键因素等。

学习仪表盘源自汽车仪表盘，随后引入教育领域，用于学习情况分析以及学习评价等。"基于信息跟踪技术和镜像（Mirroring）技术，学习仪表盘对学习者的在线学习行为进行精密追踪，记录并整合大量个体学习信息和学习情境信息，按照使用者的需求进行数据分析，最终以数字和图表等可视化形式呈现出来，从而为在线教育的学习者、教师、研究者以及教育管理者提供学习分析，成为大数据时代的新兴学习支持工具。"[②] 通过学习仪表盘能够追踪和记录学生各个维度的数据信息，并以可视化方式呈现出来以此进行质量评价。由于仪表盘具有即时性，可以使得形成性评价实现即时感知、实时监控和预警预测，增强了高校思想政治教育质量评价的精细化水平。

以智能批改系统、模拟测评增强总结性评价的精确性与可靠性。与形成性评价相对的是总结性评价，一般运用于某一教学阶段结束时，是一种结果性评测，也是一种最为常用的教育评价方式。比如高考、期末考试等都属于这种，只不过思想政治教育更注重的是思想、道德以及价值观。这种精神层

①　余胜泉.互联网＋教育·未来学校［M］.北京：电子工业出版社，2019：182.

②　张振虹，刘文，韩智.学习仪表盘：大数据时代的新型学习支持工具［J］.现代远程教育研究，2014（3）：100-107.

面的评价更需要在一定情境、境域中方可展现出内在思想状况。人工智能时代的各种虚拟现实技术的优势恰恰是营造良好情境，因而可以提升质量评价的真实性。"应通过语音、视频、虚拟现实等方式构造出足够多的道德情境，让学习者在此情境中通过自身的行为选择而形成一定的性格和习惯，进而我们才可以称该学习者具备了相关的德性。"① 智能批改系统和模拟情景测评体系都可用于思想政治教育质量评价中。智能批改系统相较于人工批改不仅效率极大地提升，而且提高了准确率，保障了评价的公平性和可靠性。模拟情景系统以及情绪识别系统可以准确把握人的心理变化，可以分析人的思想状态变化以及对事物态度的倾向性，从而对人的真实思想状况做出判断。有学者指出，人们的人格、情绪以及未来行为都可以被"算法化"，智能机器甚至比你更了解你自己。② 如果达到人工智能比人更了解人的境界，那么这时的思想政治教育质量评价就更加精确与可靠。

此外，思想政治教育者是人工智能的使用者与驾驭者，在评价过程中发挥着主导作用。因此，思想政治教育者应当不断加强人工智能素养的培育，从整体上全面、深刻地把握思想政治教育的总体要求，以推动实现人工智能技术的赋能与思想政治教育评价体系的不断优化。

---

① 余天放.道德教育的人工智能模式［J］.思想理论教育，2021（5）：91-96.
② 李琼琼，李振.智能时代"人机关系"辩证——马克思"人与机器"思想的当代回响［J］.毛泽东邓小平理论研究，2021（1）：71-79，108.

第九章 区块链技术助力高校思想政治教育

区块链技术助力高校思想政治教育的创新具有一定的优势和可行性，既能丰富教育的内容和形式，还能创新教育的评价形式，从而为思想政治教育带来创新发展。但囿于区块链技术与教育结合研究不够深入、思想政治教育工作者和大学生对使用区块链技术的态度不积极及相关保障机制建设不到位，高校思想政治教育借助区块链技术实现创新发展仍受到一定程度的阻碍。对此，高校应从多角度着手，转变思想政治教育工作者和大学生对使用区块链技术的态度，引导教育者深入研究区块链技术与教育的契合，以区块链技术为基础扩大教育主体参与度并完善保障机制建设，从而切实推进区块链技术在高校思想政治教育中的创新应用。

第一节 区块链技术赋能高校思想政治教育的作用

区块链至少包含三类核心技术："分布式存储技术"，区块链网络中每个节点都保存等量、等价的数据，信息更改需要所有节点达成"少数服从多数"的共识；"基于非对称加密算法的数据保护机制"，使用公共密钥和私有密钥组合的非对称性加密算法保护数据安全；"共识协议和智能合约"，数据修改基于POW工作量证明协议、拜占庭投票协议等，或共同设定一种基于自动化脚本代码的智能合约，符合条件时自动执行修改。

区块链技术促进思想政治理论课与信息技术不断融合，促进思想政治理论课理念革新、体系构建和模式转换，对育人模式创新和师资队伍建设具有重要现实意义。区块链链式数据无需第三方介入和监管，可以建立双方信任关系，成为"价值互联网"的颠覆性技术，主要呈现去中心化、可追溯性和数据共识等基本特征。利用区块链技术，教师可以建立学生日常学习记录、创建共享式学习资源库和建立全新师生信任体系等，将区块链技术引入思想政治教育领域，可以进一步推动思想政治教育工作创新研究，使其走向精准化、科学化、高效化。

区块链技术与思想政治理论课改革发展的内在诉求存在耦合效应。MOOC、SPOC等传统网络在线课程都不同程度存在诸如监督机制缺乏、信任度不足、互动性不强、资源更新迟滞和数据安全存疑等问题。区块链技术具有去中心化、可溯源性、去信任化、智能合约等技术特点，可以尝试解决MOOC、SPOC等在线课程无法克服的弊端，使区块链技术更好地为教育教学服务。

一、协同整合，搭建多主体"在场"

（一）主体协同

高校思想政治教育课程具有主体"全面性"的典型特征，横向上实现学校、家庭、社会以及高校内部的一体化，纵向上实现大中小学、本硕博学段一体化协同，最终解决思想政治教育系统性的割裂问题。通过区块链技术赋能，一是要实现主体间"共频"。在分布式记账技术支持下，各教育主体都将成为平台的建设者、使用者、优化者和维护者，是"大思政课"最终形成强大育人合力的重要节点和支点。二是要实现主体间"共振"。通过点对点的网络拓扑结构，使所有主体都参与到区块链系统之中并成为"利益相关者"，都可以在权限内获取思想政治教育信息并成为数据贡献者，进而有效降低信息收集和处理成本，破除信息孤岛，破解信息鸿沟。三是要实现主体间"共线"。在区块链技术赋能下，思想政治教育主体之间将实现无阻隔、全时性交流与共享。包括企业在内的社会主体可以通过合法渠道获取和追溯学生的任何学习证据数据，识别人才，匹配岗位，实现学生所学与社会所需的有效对接，促进学校和企业在人才培养方面形成合力。①

（二）空间协同

在区块链技术赋能下，延展高校思想政治教育大课堂空间的关键是要实现学校物理空间与社会空间、网络空间的同向同行。一是实现物理空间协同。未来的思想政治教育将整合校内校外、课内课外资源，所有学习行为都分布式存储于网络之中，教育过程和结果泛在化、全时化呈现于互联网络之中，教育行为将受到各个主体的履职自觉性的影响。二是实现心理空间协同。各节点用户要发挥主体性、主动性和主导性，为学生自觉自为参与思想政治教育活动提供思想、技术和物质支持。在区块链技术赋能下，教育者更类似于思想政治教育任务的"发包商"，而学生则类似于"承包商"。教师是任务的发布者，学生是任务的完成者，教师提供方向指引和方法指导，把控进度和达成度，学生则按照教师的引导完成全过程。师生共同参与、体验并分享教育内容，从而实现思想政治教育的教育者和学生心理空间的协同。三是实现

---

① 唐良虎，吴满意．区块链赋能高校"大思政课"的生成逻辑、核心要旨及实践理路 [J]．理论导刊．2023（3）：112-117．

虚实空间协同。一方面，教育者根据思想政治教育需求上传、转化线下教育积累的资料，从而记录在区块链的各个数据存储单元，方便线上随时随地查询、加工、分析和运用。另一方面，教育者将根据受教育者网络足迹和数据印痕以及各教育主体线上认定记录，凭借专业知识和教育经验对各类信息数据进行鉴别、剔除、调整及加工；督促学生将学习心得、心态、体会、体验等进行即时录入和实时分享，为线下教育提供分析依据和操作指南，最终实现线上线下互动、互补、互促。

二、记录学习数据，推动学生的思想动态管理

传统教育模式，教育者无法做到每时每刻的陪伴和引导，无论是家长还是学校。因而也会带来教育内容的不配套，教育者不知道学生需要什么，对什么感兴趣，怎样的方式比较容易接受等。MOOC、SPOC教学模式也无法实时了解学生对课程学习的掌握程度，包括持续学习和系统学习的具体情况。学生普遍存在学习坚持率较低、学习过程出现间隔性等现象，对此，MOOC、SPOC平台无法及时发现并解决相关问题。而区块链技术可以破解这个难题，实现精准教育。区块链技术分布式记账机制与统一认证的共识机制，可以客观真实地记录学习过程，可以将学生的每个时间段的语言或行为，以及学生思想政治观念的变化记录下来，这些被记录的数据也不会被人再次更改，具有较大的真实性。[①] 这类学习过程的数据可以永久存储且不可篡改，学习数据可以永久被跟踪，学习过程和学习行为可以被实时记录、提取，方便教师对学生的学习情况进行及时了解，促进教学效果的提高和改善。[②]

MOOC、SPOC等课程学时是教育过程中重要的学习记录和凭证，但学生在不同终端、不同平台学习却无法实现互通互证。区块链技术去中心化、不可篡改、可追溯等特点，可以解决MOOC、SPOC等学时存储和认证的问题。

---

① 杨叶平.区块链技术如何助力思想政治教育［J］.人民论坛，2020（4）：138-139.
② 吴亚丽.区块链技术对大学生思想政治教育创新发展的作用［J］.黑河学院学报，2023（6）：42-44，55.

学时记录数据被存储在同一条区块学时链上，各教育平台学时成果将实现互通互证，从而实现低成本运行下教育价值的互通互证。

三、构建分布式账本，加强线上教学管理

分布式账本的技术基础是密码学，由分布在各处的多个节点形成共识机制，能够完整地、不加篡改地对价值转移的整个过程形成记录，即分布式账本是由多个节点（即计算机）共同完成对相关信息的记录。[①] 分布式存储无须依赖中心服务器，即便区块中的个别服务器被破坏，用户仍然能够通过其他服务器获得所需的信息，不会造成数据的损毁或泄露。[②] 因此，分布式账本的分布式结构既能够突破服务器在性能方面的局限，又能够扩展数据管理构架。[③]

高校往往采用线上和线下相结合的教学模式。思想政治教育的教学过程一般会涉及社会实践、平时作业等内容，学生可以直接将实践报告或作业的电子版传给任课教师批改。此时，高校可以将学生电子文档录入和分布式账本技术相结合，建立一个仅限于本校相关师生的局部区块链，为每一位成员分配一个节点，创建账户，并根据具体情况制定成员要遵守的规章制度。在实际应用中，教师可以在区块链系统中发布相关要求，学生则根据要求将自己的作业、实践报告等录入系统。此外，学生成绩、实践活动、结业证明、教师的批改意见等重要信息都可录入系统，并形成公开透明、具有时间信息的记录，且可以在特定区块链系统内的所有节点中形成备份。因此，一方面，学生可以通过阅读、浏览其他人的成果达到互相学习、交流和借鉴的目的；另一方面，因为录入系统的信息是公开透明的，在客观上能产生一种监督作用，有利于督促教师或学生在录入信息前认真细致地检查所要录入的内容，无形

---

① 姚前.分布式账本技术研究进展综述［J］.武汉金融，2018（3）：4-9

② 梁伟，薄胜，刘小欧.区块链思维：从互联网到数字新经济的演进［M］.北京：机械工业出版社，2020：216.

③ 李辉源等.区块链技术融入高校网络思想政治教育的前景、挑战与对策［J］.南宁师范大学学报（哲学社会科学版），2023（3）：94-101.

中提高了所录入信息的可靠性、规范性和真实性。也就是说，这种分布式账本有助于提高学生的作业质量，也能够减轻教师的线上监管压力，让他们腾出更多时间和精力完善在线教学的内容。

四、搭建智能合约，促进师生教学沟通

作为一种电子化合约，智能合约能够在无需第三方参与的情况下执行合约并对执行情况进行追踪，形成的合约也无法撤销。因此，相较于传统的合约，智能合约能够提供更好的安全性，且能够降低执行合约所需的成本，因为其不需要传统合约执行过程中所涉及的律师、法院等第三方平台的介入。①从技术层面看，智能合约的这一特点有利于高校开展网络思想政治教育方面的交流与合作。

MOOC、SPOC 都是运用中心服务器存储教学资源，教师通过服务器建立在线课程站点，学生通过网页或者 App 登录站点进行学习。MOOC、SPOC 实现教学资源在线开放，但仍然存在教学资源更新不足、教学互证性不强和教学反馈不及时等问题，教学资源只能实现单向传输。区块链技术可以将知识点模块化，知识区块节点作为教学资源纳入学习模式，形成学生和知识点互为节点的模式，各节点在获取记账权之后生成的教学资源，可以实现实时更新，从而丰富了教育教学资源，突破了传统教学资源获取渠道单一的局限，实现了每个节点资源的实时更新，搭建了资源共建共享的教学平台，形成了相互开放、相互学习的网络环境。区块链技术在思想政治理论课中的有机嵌入，不仅为思想政治理论课改革创新提供新的技术支持和实践平台，也为区块链应用于教育领域的科学发展开辟新路径。总之，两者的融合是技术化智能教学的具体实施，将有效推动教育现代化不断深化创新。

---

① 熊丽兵，董一凡，周小雪. 区块链应用开发指南：业务场景剖析与实战［M］. 北京：清华大学出版社，2021：12.

第二节 区块链技术助力下高校思想政治教育的显著特征

在区块链赋能下，高校思想政治教育工作呈现出"共建共享、系统集成、智能协作、链式流通、安全高效"①等重要特征。这些重要特征存在着共性因素和密切关联，在一定意义形成不可分割的关系，共同促进着高校思想政治教育工作智能化、高效化、创新化。

一、共建共享

基于学生的成长与高校思想政治教育工作的切实需要，区块链赋能高校思想政治教育工作必须以共建为基础，以共享为目标。共建共享涵括资源的存储、评估、互连三个层面，此种全新的资源分布结构在高校思想政治教育工作的视域拓宽、思维创新以及话语体系丰富都具有重要作用。从这个意义上来说，区块链赋能高校思想政治教育工作以共建共享为逻辑起点。在共建共享过程中，区块链的网络拓扑结构以及区块链的共识验证技术可以帮助高校寻找、开发思想政治教育资源，发现、共享优质思想政治教育资源，并且形成基于区块链的有效需求与供给对接。

二、系统集成

高校思想政治教育工作相关方在区块链技术运行中参与进来，并形成多元化、多层次的系统机制。区块链技术体系是一个系统间表现出递进关系的集成式循环体系。区块链赋能高校思想政治教育工作的流程、步骤和方法都是独具一格的，系统集成意味着形成高度集成的团队来参与、分享与行动，呈现出了赋权增能技术特征。系统是处在一定环境下，由许多相互依存、相互联系、相互作用的要素构成的，具有特定结构和功能的有机整体。高校思想政治教育工作在区块链赋能下，其要素从单向转为双向、多向互动，结构

---

① 牛媛媛.互联网时代高职院校思想政治教育工作路径创新研究——基于区块链赋能视角［J］.鄂州大学学报，2023（6）：27-29.

从单一转为多元，实现了有效的要素互动集成，体现出很强的连锁性与回归性。

在思政教育中引入区块链技术，构建"区块链＋"思政教学系统得来的海量数据，足够刻画学生的思想、情感、行为、心理、学习、健康等状态，而这些数据是系统自动采集，且经过多方验证，不可篡改、可追溯的数据，因此更具有可靠的客观性。这样，曾经难以采集数据信息、难以测量学生思政教育情况的难题由于区块链技术及大数据技术迎刃而解，思政教育系统由不可测量的系统变为可量化的系统。

三、智能协作

区块链技术主张去中心化、去区域化，区块链的科技思维和科技手段在区块链赋能高校思想政治教育工作的过程中，能推动形成高校思想政治教育工作的智能协作。如通过智能合约对学生的实践课程进行全程自动智能考核。智能合约实质即数字承诺，是数字社会建立信任的一种方式。进入数字时代，互联网由"信息网络"变迁到"信任网络"和"价值网络"。[1] 在这一变化下，许多相关规则和约束确立起来，一旦各项条件能满足智能合约，智能协作随即形成且自动运行。若是将智能协作视为一种重要特征，那么在区块链技术中的智能合约中就蕴含着它的核心内涵。以智能协作机制在区块链上的同向同行，使高校思想政治教育工作在一定条件下可以智能共享资源并协同完成一个思想政治教育工作过程，并确保全过程的透明、高效、可控，最终让高校思想政治教育工作的全生命周期智能协作和可追溯性得以实现。

四、链式流通

区块链赋能最大功效的发挥，绝不是通过各部分的机械叠加，而是通过各部分的相互关联、作用以及贯通，构成一股犹如"链条式"环环相扣的一

---

① 黄莉. 区块链思维视角下基层新特征和治理新路径 [J]. 社会科学研究, 2021 (5): 134-139.

体化合力。这种一体化合力是一个构成超大规模的链式流通体系，其中包含着要素链接、模块链接、平台链接、网络链接。一种全新的灵动且高效的流通形态可以通过区块链技术建立起来，即由优秀教学成果链式流通、优秀教学资源链式流通、优秀科研成果链式流通、优秀人才成果链式流通构成一个相互支持、相互信任的一体化流通网络，如通过链式流通串联"大思政课"过程记录子平台、数据加工子平台等。这种链式流通会随着外部环境的变化而不断演化。这些外部环境包括空间类型、技术创新、用户规模、结构形态等，高校思想政治教育工作链式流通会根据其变化在创新方式、聚合方式、运行方式等方面做出适应性调整，从而形成新的链式流通机制与结构。

五、安全高效

中心化的集聚模式很难避免网络攻击，并且存在篡改、伪造、失真等风险。传统的科层式就是这样是一个高度中心化的结构。因此，高校思想政治教育工作容易受到错误思潮、有害信息、资源滥用的冲击，造成所谓的"异化"与"风险"。而在区块链技术平台，可以实现点对点加密运输，往返路径清晰透明，在突破信息孤岛的同时，保障了全流程的安全高效。在区块链赋能高校思想政治教育工作的过程中，信息修改无需权威机构鉴定，借助哈希安全散列算法、Merkle 树信息集合等智能合约和密码学高级算法，节点之间形成自信任关系①，如此确保整个过程安全有序。另外，权利与责任对等是区块链技术的内在要求，可以形成大量的真实性、安全性、高质量的内部规制，在赋能高校思想政治教育工作的过程中发挥定义、监督、研判的功能，在实质上对各类参与主体的权利与义务产生影响。

区块链技术在高校思想政治教育中的运用能有效打破以往的思想政治教育唯分数、唯论文、唯结果的学生评价形式。基于区块链开放透明、可存储且不可篡改等机制，从学生上链的那一秒起，就开始全程地记录学生的足迹，

---

① 张蕾，张旭.区块链驱动的"智慧思政"平台创与挑战［J］.海南开放大学学报，2022（4）：141-148.

将学生的课堂学习、校内学习、课外实践等的学习时长、学习内容、学习效果等记录下来，通过背书验证及智能合约生成区块，并形成学生档案，从源头为教育主客体构建信任机制，打破教育信息不透明、不对称等问题，由此，思想政治教育将变成一个可追溯的过程。

第三节 区块链技术助力高校思想政治教育创新的阻碍

传统思想政治理论课采用相对固化的教学模式，在与区块链技术融合的过程中，信息化变革与传统教学模式容易产生分歧，可通过寻找两者的平衡点，使两者的融合更为契合，从而采取有效的应对措施，实现思想政治理论课的创新发展。[①] 在高校思想政治教育创新中使用区块链技术虽具有一定的优势和可行性，但区块链技术在教育中的应用总体来说仍处于初步阶段，区块链技术基础研究也还不成熟，区块链技术发挥其助力思想政治教育创新的重要作用仍面临多重阻碍。

一、使用区块链技术风险较大

区块链集共识机制、分布式账本、智能合约、数据存储等多种新兴技术于一体，当前正处于快速发展阶段，在一些领域开始得到应用，但是其相关重要支撑技术还需要不断完善，在一些关键领域还需要不断探索和改进。作为一项新兴技术，区块链赖以存在的技术架构既复杂又庞大，共包括数据层、网络层（包括数据表示和网络服务平面）、共识层、合约层和应用层五个层面的技术[②]，其正常运转的前提条件是多种技术手段和算法精密配合。区块链系统要想通过自身网络的正常运行产生信任，就必须确保代码编写无误、确保程序能够正常运行、确保加密算法准确可靠。这三个环节中的任何一个环节

---

① 林春.区块链技术融入思想政治理论课教学的思考［J］.贺州学院学报，2022（3）：117-123.

② 冉玲琴，彭长根，许德权，等.基于区块链技术架构的隐私泄露风险评估方法［J］.计算机工程，2023（1）：146-153.

出现问题，都有可能导致信任危机。

加之区块链技术目前的发展仍处于萌芽阶段，落地实践较少，且技术本身能带来利处的同时也会存在一定的风险。一是安全风险。部分学者认为区块链技术面临 51% 攻击问题、隐私保护问题、链外数据输入问题、性能与加密安全问题、资源浪费问题、区块膨胀问题、交易效率低问题、算力瓶颈问题、统一标准问题、法律问题等。二是教育风险。多中心结构会弱化思想政治教育主导地位，脚本语言的可编程性会改写思想政治教育内容，标准化规则会淡化思想政治教育人文精神。① 三是数据产权风险。部分学者认为区块链数据存储虚拟化，教育数据产权有争议 ②；区块链因不具备较高的物理性能而无法被大范围普及。

二、运用区块链技术推进思政教育创新相关研究较少，理论基础仍缺乏

区块链技术最初产生并运用于经济学领域，为经济领域提供了解决实际问题的新途径和新方向，由于其强大的技能及在多种领域的深入应用，逐步受到教育界的关注。当前虽已有部分高校将区块链技术运用于教育教学过程中，并建立了相关的研究实验室，为不断推进区块链技术与教育的融合发展提供助力，但将区块链技术运用于高校思想政治教育的研究目前较为匮乏，致使区块链技术助力高校思想政治教育的创新发展受到阻碍。一方面，高校思想政治教育工作者对区块链技术的理解和研究仍处于表层，区块链技术深层的内涵和运用特征仍未得到有效开发，研究其与思想政治教育的契合或将其运用至思想政治教育中更存在较多困难。另一方面，当前虽有部分高校开始重视区块链技术与教育的融合发展，并采取相关行动推动实践，但囿于资

---

① 吴凯. 区块链赋能思想政治教育的技术逻辑、风险挑战与实践策略［J］. 思想教育研究，2021（6）：43-48.

② 杨现民，李新，吴焕庆，赵可云. 区块链技术在教育领域的应用模式与现实挑战［J］. 现代远程教育研究，2017（2）：34-45.

金、技术、人力等方面的原因，多数高校仍未开始研究思想政治教育与区块链技术的融合，或在研究中的参与度有限，造成相关理论研究无法与区块链技术产业发展相适应的困境，使区块链技术在高校思想政治教育中的运用缺乏必要的理论基础和思想引导。

"智慧思政"平台无法教条地按照区块链设定进行变革，即无法保证教育的参与要素角色属性的完全无差别化。第一，思想政治教育要素关系无法完全扁平化。从主体性角度而言，教育过程中教育者与受教育者对教育内容的理解存在差异，一般意义上的学习行为预设了受教育者对教育内容的求知属性。第二，传统的思想政治教育管理主要依赖学校等教育部门和教育工作者，在互联网时代，有一定资质的政府舆情管理、网络后台管理等机构和人员也成为管理者，"智慧思政"平台的管理权无法完全下放。并且，平台上的成果资质、评价级别可以互通共享，但授予和颁发机构仍不能完全去中心化。

区块链衍生出三种基本链条。公有链中的信息可完全自由交换、更新和记录，联盟链中有一定预设权限的节点才拥有完整功能，其他节点可以参与但不能决定过程，私有链的更改权限仅限某一节点。对于教育这类传统领域，一般采用许可链中的联盟链。[①] 这既保证了区块链创新理念，又维持了思想政治教育的一些基本原则，是最为可行的。

三、保障机制不完善，区块链技术助力教育创新易出现问题

区块链技术虽已迎来研究运用的高潮，但由于大学生学习主体的特殊性及技术在教育中使用研究的不深入，使用区块链技术助力高校思想政治教育的创新发展仍需较为完善的机制进行保障。

（一）技术设备运用不全面

要将区块链与思想政治教育结合，不仅需要掌握技术，更需要掌握高校的数据库服务器，还要求有较大的数据库来存储学生的信息。也就是说，区

---

① 张召，金澈清，周傲英．基于区块链技术重构互联网时代的开放教育［J］．现代远程教育研究，2020（1）：33-40.

块链技术的引入，需要较多的技术要求和支持。而目前实际情况是很多学校，包括高校在内实际上是跟不上新技术的发展的。这种现象还呈现出区域性差别，而相对公办院校，民办院校水平也存在较大差距。这对区块链技术融入思想政治教育来说是一个非常大的阻碍。

（二）专业人才紧缺

区块链技术在高校中出现，但目前仅有几所高校设立了相关课程。一方面，大学生正处于人生的孕节拔穗期，其尚未形成正确的思想价值观，在面对网络信息时仍易受到冲击，无法全面正确分辨信息的优劣，且在使用区块链技术学习思想政治相关理论知识时容易被教育之外的信息所吸引，从而无法确保区块链技术创新思想政治教育的实效性。另一方面，区块链技术在高校思想政治教育中的运用正处于研究和初步探索阶段，缺乏坚实的理论支撑，师生在使用过程中可能会面临多种问题，加之高校无法为师生使用区块链技术建设应有的机制保障，致使区块链技术无法实现助力思想政治教育创新的目标。另外，当前高校网络系统的运行也存在一定的安全漏洞，校园网络不稳定且易遭受黑客攻击等都会给区块链技术的使用带来一定的阻碍，思想政治教育的创新自然无法达到应有的效果。

第四节　推动区块链技术在思想政治教育中的应用

2019 年出台的《关于促进在线教育健康发展的指导意见》充分提出，学校需在研发以及共享在线教育资源方面极大力度给予支持，推进线上与线下教育的充分融合；促使优质教育资源能够在更大范围内辐射；实行教育大资源共享计划，打造质量较高的一整套在线课程，加快建设"人人皆学、处处能学、实时可学"的学习型社会服务。①

---

① 教育部等十一部门联合印发《关于促进在线教育健康发展的指导意见》[J].网信军民融合，2019（10）：66.

一、建立串联多中心结构的成长档案，精准掌握教育对象

成长档案通过区块之间的数据交易，实时记录和追踪思想政治教育在区块链中的数据传输、分发、接收情况，在区块、节点之间建立数据共享网络，利用算法分析用户的心理、思想、行为、偏好，确保思想政治教育主导地位在数据化信息空间的多态分布，提升思想政治教育数据使用效率，为思想政治教育精准化发展提供技术支撑。[①]

第一，成长档案要推动思想政治教育与区块链双向运动，避免唯数据论对多中心结构的绑架、独裁和偏误。区块链助力高校思想政治教育，一是数据交易规则要主动适应思想政治教育社会需求，善用思想政治教育语言分析数据背后的逻辑与趋向，在多中心结构将思想政治教育主导地位通过数据交易呈现出来，确保思想政治教育立场、内容、价值写入算法规则，避免多中心结构对弱势群体歧视以及不公平、不公开、不透明结果发生。二是思想政治教育要主动了解区块链的运行规则，对多中心结构涉及的重大社会现实问题给予关注，通过数据交易彰显思想政治教育的人本原则和价值导向。

第二，成长档案要突出思想政治教育的主导性，服务于思想政治教育工作的开展。成长档案要基于多中心结构建构思想政治教育的映射关系，让技术要素不再作为区块和节点间进行数据交易的唯一推力，而是基于"技术＋价值"的双重驱动，实现思想政治教育以数据手段将客观数据世界价值化，并由此优化对中心结构的认知，在多中心结构中探寻思想政治教育数据传输新路径。如果成长档案能够利用数据交易挖掘多中心结构存在的问题，并将其纳入思想政治教育作用范畴，使多中心结构的数据交易更加彰显对"人"的关注，这将会大大增加区块、节点数据传输的多样性、可靠性、人本性和价值性，这样思想政治教育的主导地位就可以在各个区块和节点中较好地体现，遵循算法规则丰富数据传输方式，破解复杂多变的数据算法困境。

---

① 吴凯．区块链赋能思想政治教育的技术逻辑、风险挑战与实践策略［J］.思想教育研究，2021（6）：43-48.

二、构建学习账本模式，促进学生自我管理

目前，美国相关机构已经提出了教育区块链、学习账本等概念；"慕课教学"这一类的记账式教学体系也已开始在国内一些高校运用起来。

（一）从教育对象的角度出发，"量身定制"学习计划

可以通过应用学习账本功能，以链式方式对思想政治课程及章节知识点进行记录，将知识点可能给学生带来的利益价值进行关联。通过任务完成机制激活学习账本的激励功能，在学习账本中设立"虚拟货币奖励"机制，依据学生学习思想政治教育内容进度和答题情况进行相应评估，根据每一次的评估等级给予对应虚拟货币奖励，通过虚拟货币与学分兑换或其他奖励来有效激发学生学习热情。学习账本功能将学习过程进行详细记录，其不可更改的特征为教学效果评价提供数据参考，也为后续教学改进和提升开辟渠道。通过智能分析，以学生需求多元化、个性化为出发点，根据学生教育层次、认知特点和心理状态的多样性特点"量身定制"学习计划，为不同的学生分别提供不同效用的分布知识体系，制定符合其个体发展需求的教育方案。通过精准设计教育方案、选择教育方法、传授教育内容，实现主体供给与客体需求的精准对接，提升教育者的成就感和受教育者的获得感。

（二）从教育者的角度出发，形成师生深度学习机制

教师们则可根据不同学生需求，借助区块链智能推送功能和非对称加密技术，通过分布式账本技术将教学知识点存储于独立空间，通过思政课程教学行为数据，生成知识点演进网络，精准推送个性化学习资料，满足学生课后深化学习诉求，实现教学资源合理匹配和利用，形成组织合理、监管有序的学习机制。通过建立一种师生信任机制，促进区块链思想政治教育在师生双方的良性互动中获得创新。① 目前，区块链分布式存储和不可变更的特点，容易导致教学数据所有权产生分歧，造成隐私管理和可靠性识别等存在风险，

---

① 杨叶平.区块链技术如何助力思想政治教育［J］.人民论坛，2020（Z2）：138-139.

学习账本功能仍有待进一步优化。

三、依托规则设定议题，提升思政教育实效

议题设置最早源自传播学领域，通常是指大众传媒有意识地选择某些信息并给予突出报道，对受众认知产生影响，使受众内心产生符合报道预期的价值选择态度。思想政治教育议题设置作为一种价值引导、思想影响和传播的新型工作方法，具有鲜明的政治性和思想性。思想政治教育议题设置是一种思想政治教育实践活动，它需要教育者在实施思想政治教育过程中提出教育对象所关注的时事热点议题，组织教育对象对相关时事热点议题进行集中讨论，使教育对象能够对时事热点议题充分表达自己的态度和意见，从而在议题交流互动中消除其思想上的疑惑，帮助其树立正确的世界观、人生观和价值观。思想政治教育议题既影响学生对高校思想政治教育工作的认知，也影响其评价，可以借助区块链技术规则提升思想政治教育内容的吸引力，进一步提升思想政治教育实效性。

第一，做好"把关人"，利用区块链技术规则保证思想政治教育议题的权威性。网络世界是瞬息万变的，如果虚假、负面的数据信息凌驾于技术规则之上并在区块链系统中传输的话，则难以充分发挥思想政治教育议题的积极作用，不利于思想政治教育引导力的提升。因此，必须合理利用技术规则对数据信息进行过滤、筛选、把关，坚持以马克思主义为指导设置思想政治教育议题，引导舆论走向，影响学生认知，在潜移默化中提升思想政治教育的权威性和吸引力，增强学生对社会主义核心价值观的认同。

第二，平衡数据传输张力，利用区块链技术规则提升思想政治教育议题的吸引力。在区块链数据传输过程中，用户是否对思想政治教育议题感兴趣，直接决定其曝光程度。因此，要在充分尊重区块链技术规则的基础上，结合时事热点设置思想政治教育议题，并根据议题的重要程度、价值导向、受众反应等因素对思想政治教育议题进行取舍、排序，从而将学生最渴望、最喜欢的数据信息嵌入思想政治教育内容中，从而增强思想政治教育议题的吸引力。

四、持续提升技术可靠性，强化监管机制建设

制度作为一套系统的规则体系，其创设的根本目的在于协调各社会成员的利益关系，规范人们的行为准则，维系社会的正常运转。美国制度经济学家 C．诺斯认为："制度是一系列被制定出来的规则、守法程序和行为的道德伦理规范。"① 因此，要建章立制，通过政策法规来构建和完善区块链技术管理机制，确保思想政治教育区块链应用有章可循、有规可依。

第一，完善法律监管，制定与区块链相配套的法律法规。2019 年 2 月 15 日施行的《区块链信息服务管理规定》为区块链信息服务的使用和管理提供法律依据，但对区块链数据性质认定、代币权利归属、智能合约效力等核心构架缺乏有效界定。② 要以《民法典》编纂施行为契机，补短板、堵漏洞，对区块链相关核心要素等进行宣示性规定，依托法律法规保护区块链技术健康发展，保障思想政治教育区块链应用有序推进。

第二，注重制度章程的刚柔并济，明确与区块链相关联的监管原则。基于制度法规监管区块链技术研发应用，既要依据法律原则、法律规则提升立法的科学性，也要增强包容性治理理念，突显技术性规定的合法地位，实现法律治理与技术治理的有效结合。

第三，规范和引导落到实处，出台与区块链相适应的实施细则。在不抵触宪法、法律的前提下，各高校思想政治工作部门可以结合自身的实际情况出台具体实施的细则，从制度层面规范和引导思想政治教育区块链应用落到实处并取得实效。同时，由于区块链技术的公开透明性，每个节点上的参与者都可以获得并存储区块链上的所有数据，这就可能导致信息数据丢失或被篡改的危险，因此需要通过共识机制来维护，即每个用户可以作为节点参与到区块链网络和数据块的保护中，对于每一块区域也需要相应的人员负责，

① ［美］道格拉斯·C．诺斯．经济史中的结构与变迁［M］．陈郁，等，译．上海：上海三联书店/上海人民出版社，1994：225.

② 杨东．以理论突破推动区块链核心技术自主创新［J］．红旗文稿，2019（21）：25-26.

这表明需要建立一套共识机制和激励机制，才能更好地促进区块链技术安全有效的运行。

第四，加强技术支撑，强化伦理规约。思想政治教育作为高校立德树人的重要举措，关系"培养什么样的人""如何培养人""为谁培养人"这些根本问题。这要求思想政治教育者必须洞察思想政治教育区块链应用可能存在的技术风险和安全隐患，打破惯常思维，强化支撑作用，切实筑牢区块链技术赋能高校思想政治教育的安全屏障和防线。因此，一要加强技术支撑，通过技术矫正防范和化解区块链应用的技术风险和安全隐患。区块链并非安全的自足系统，技术研发不完善必然给思想政治教育区块链应用带来安全风险。区块链技术风险择其要者包括智能计算带来算法风险、共识机制造成存储风险、智能合约引发安全风险、加密技术导致隐私风险等。对于技术上的问题显然要从技术层面寻求对策，要加大核心技术研发攻关，以理论突破推动技术创新，攻克核心技术难题，形成稳定、安全、可控、可靠的成熟技术，使思想政治教育区块链应用风险始终处于可接受的范围内，从而达到"技术创新与技术监管的动态平衡"。[1] 二要强化伦理规约，通过建立健全区块链技术伦理规范实施动态立体的管控策略。作为一种技术手段，区块链不是最终的价值目标。思想政治教育者要明确区块链技术的工具属性，依托事前评估、全程监控、事后问责等一体化措施，对思想政治教育区块链应用的伦理风险进行及时干预和管控，从伦理层面为区块链技术赋能思想政治教育"保驾护航"。[2]

---

[1] 戚学祥.超越风险：区块链技术的应用风险及其治理［J］.南京社会科学，2020（1）：87–92.

[2] 周良发，唐冰冰.区块链技术赋能思想政治教育的价值意蕴与实践路径［J］.扬州大学学报（高教研究版），2021（4）：103–110.

参考文献

一、经典著作及重要文献

[1] 马克思恩格斯全集：第 1 卷［M］. 北京：人民出版社，1995.

[2] 马克思恩格斯文集：第 1—10 卷［M］. 北京：人民出版社，2009.

[3] 马克思恩格斯选集：第 14 卷［M］. 北京：人民出版社，2012.

[4] 1844 年经济学哲学手稿：单行本［M］. 北京：人民出版社，2018.

[5] 列宁选集：第 14 卷［M］. 北京：人民出版社，1995.

[6] 毛泽东文集：第 7 卷［M］. 北京：人民出版社，1999.

[7] 毛泽东选集：第 14 卷［M］. 北京：人民出版社，1991.

[8] 邓小平文选：第 3 卷［M］. 北京：人民出版社，1993.

[9] 邓小平文选：第 12 卷［M］. 北京：人民出版社，1994.

[10] 江泽民文选：第 3 卷［M］. 北京：人民出版社，2006.

[11] 胡锦涛文选：第 13 卷［M］. 北京：人民出版社，2016.

[12] 习近平谈治国理政：第 1 卷［M］. 北京：外文出版社，2018.

[13] 习近平谈治国理政：第 2 卷［M］. 北京：外文出版社，2017.

[14] 习近平谈治国理政：第 3 卷［M］. 北京：外文出版社，2020.

[15] 习近平谈治国理政：第 4 卷［M］. 北京：外文出版社，2022.

[16] 习近平. 决胜全面建成小康社会 夺取新时代中国特色社会主义伟大胜利：在中国共产党第十九次全国代表大会上的报告［M］. 北京：人民出版社，2017.

［17］习近平．高举中国特色社会主义伟大旗帜 为全面建设社会主义现代化国家而团结奋斗：在中国共产党第二十次全国代表大会上的报告［M］．北京：人民出版社，2022．

［18］中共中央文献研究室．习近平关于科技创新论述摘编［M］．北京：中央文献出版社，2016．

［19］习近平新时代中国特色社会主义思想三十讲［M］．北京：学习出版社，2018．

［20］十八大以来重要文献选编（上）［M］．北京：中央文献出版社，2014．

［21］十八大以来重要文献选编（中）［M］．北京：中央文献出版社，2016

［22］十八大以来重要文献选编（下）［M］．北京：中央文献出版社，2018．

［23］教育部课题组．深入学习习近平关于教育的重要论述［M］．北京：人民出版社，2019．

［24］中共中央宣传部．习近平总书记系列重要讲话读本［M］．北京：学习出版社，人民出版社，2016．

二、著作

［25］［美］道格拉斯・C.诺斯．经济史中的结构与变迁［M］．陈郁，等，译．上海：上海三联书店/上海人民出版社，1994．

［26］［英］阿尔弗雷德・诺思・怀特海．教育的本质［M］．刘玥，译．北京：北京航空航天大学出版社，2019．

［27］［英］维克托・迈尔－舍恩伯格，［英］肯尼思・库克耶．与大数据同行：学习和教育的未来［M］．赵中建，张燕南，译．上海：华东师范大学出版社，2015．

［28］Viktor Mayer Schonberger, Kenneth Cukier. *Big Data：A Revolution That Will Transform How We Live , Work , and Think*［M］. New York：Houghton Mifflin Harcourt Publishing Company，2013．

［29］庄惠阳．马克思主义教育目标分类理论［M］．上海：上海人民出版

社，2017.

［30］沈壮海．思想政治教育有效性研究：第三版［M］．武汉：武汉大学出版社，2016.

［31］鲁洁，王逢贤．德育新论［M］．南京：江苏教育出版社，2000.

［32］陈万柏，张耀灿．思想政治教育学原理［M］．北京：高等教育出版社，2015.

［33］毕红梅，陈万柏．思想政治教育学原理［M］．北京：中国人民大学出版社，2021.

［34］戴海崎，张锋．心理与教育测量：第四版［M］．广州：暨南大学出版社，2018.

［35］沈伟．智能时代的教师［M］．北京：教育科学出版社，2021.

［36］梁剑宏．大数据时代：思想政治教育环境新论［M］．北京：光明日报出版社，2015.

［37］特伦斯·谢诺夫斯基．深度学习［M］．姜悦兵，译．北京：中信出版社，2019.

［38］冯刚．高校思想政治教育工作质量评价研究［M］．北京：人民出版社，2020.

［39］余胜泉．互联网＋教育未来学校［M］．北京：电子工业出版社，2019.

［40］梁伟，薄胜，刘小欧．区块链思维：从互联网到数字新经济的演进［M］．北京：机械工业出版社，2020.

［41］熊丽兵，董一凡，周小雪．区块链应用开发指南：业务场景剖析与实战［M］．北京：清华大学出版社，2021.

［42］马丽贞．大数据的应用与思想政治教育发展趋势研究［M］．北京：中国政法大学出版社，2015.

［43］促进大数据发展行动纲要［M］．北京：人民出版社，2015.

［44］刁生富．重塑：人工智能与教育的未来［M］．北京：北京邮电大学出版社，2020.

［45］王婧.大数据时代大学生道德教育研究［M］.北京：现代教育出版社，2016.

［46］霍福广，刘社欣，等.信息德育论大学生信息素养与思想政治教育信息化研究［M］.北京：人民出版社，2008.

［47］宋振超.信息化视阈下高校思想政治教育有效性研究［M］.北京：中国书籍出版社，2015.

［48］刘艳.改革开放以来马克思主义理论教育思想发展研究（思政文库）［M］.北京：中国书籍出版社，2015.

［49］梅茹.大数据时代大学生思想政治教育工作的优化研究［M］.北京：中国纺织出版社，2019.

三、期刊论文

［50］许烨，康杰.大数据时代思想政治教育的发展与变革［J］.中国德育，2021（11）：31-35.

［51］康杰，许烨.大数据视阈下高校思想政治教育的现状、问题与对策［J］.中国教育信息化，2021（3）：19-22.

［52］张彩云，许烨.大数据对高校思想政治教育实效性提升的影响研究［J］.湖南邮电职业技术学院学报，2020（2）：87-90.

［53］许烨.大数据时代提升高校思想政治教育实效性的策略研究［J］.湖南社会科学，2022（03）：134-139

［54］许烨.数字技术赋能高校思想政治教育：价值、困境和路径［J］.湖南社会科学，2023（04）:156-163.

［55］钱雄，章毛平.邓小平对马克思主义理论教育思想的贡献［J］.人民论坛，2016（20）：105-107.

［56］白岩，唐全中.大数据时代高校网络思想政治教育实效性提升路径研究［J］.黑龙江教育学院学报，2016（3）：77-79.

［57］付安玲，张耀灿.大数据时代马克思主义理论教育的思维变革［J］.

学术论坛，2016（6）：169-175.

　　［58］胡顺涛，姜晓川，胡建军，唐点权．充分利用网络资源开拓高校思想政治教育新局面——当代大学生思想政治教育进网络的调查分析［J］．青年探索，2001（4）：8-11.

　　［59］杨坤．大学生马克思主义教育实效性强化的途径［J］．边疆经济与文化2017（5）：61-62.

　　［60］李爱民，邹银凤．《马克思主义基本原理概论》实践教学探索［J］．当代教育理论与实践，2011（6）：73-75.

　　［61］宋振超．信息化视域下思政教育有效性提升的基本原则［J］．学理论2013（26）：356-358.

　　［62］周智．马克思主义理论在现代教育中的运用——评《马克思主义理论与思想政治教育研究》［J］．教育发展研究，2018（Z2）：2.

　　［63］习静，严云霞．切实提升大学生思想政治教育质量——评《大学生思想政治教育思维模式研究》［J］．教育理论与实践，2015（3）：65.

　　［64］沈壮海．加强马克思主义理论教育［J］．新湘评论，2016（11）：20.

　　［65］李正阳．大数据时代高校思想政治教育工作优化研究［J］．学理论，2014（13）：193-194.

　　［66］赵浚．大数据创新高校思想政治教育方法的探析与应用［J］．贵州社会科学，2016（3）：120-123.

　　［67］陈鹤松．大数据时代大学生道德教育探究［J］．广西科技师范学院学报，2016（5）：88-91.

　　［68］张跃聪．大数据时代高校思想政治工作者主体行为探究［J］．思想教育研究，2014（12）：68-72.

　　［69］凌小萍，邓伯军，周艺．马克思主义大众化的传播媒介协同创新探析［J］．社科纵横，2015（6）：1-5.

　　［70］李怀杰，夏虎．大数据时代高校思想政治教育模式创新探究［J］．思想教育研究，2015（5）：48-51.

［71］王盛枝．对高校网络思想政治教育的思考［J］.郑州经济管理干部学院学报，2006（3）：75-77.

［72］赵耀辉．网络文化与马克思主义理论教育实效性探究［J］.山东商业职业技术学院学报，2018（1）：68-70.

［73］任春华．大数据时代高校思想政治理论课教学时效性的提升［J］.大庆师范学院学报，2018（4）：156-160.

［74］王晓梅．大学生马克思主义理论教育实效性探析［J］.现代商贸工业，2018（26）：159-161.

［75］陈卓．高校思想政治教育在大数据时代的模式创新［J］.当代教育实践与教学研究，2016（5）：13-14.

［76］陈宝生．牢记习近平总书记的嘱托　务必把高校思政课办好［J］.中国高等教育，2017（11）：1.

［77］马晓燕．对增强思想政治教育实效性的思考［J］.中学政治教学参考，2018（9）：32-34.

［78］陈宝生．全面系统谋划高校思想政治工作切实把贯彻落实全国高校思想政治工作会议精神引向深入［J］.中国大学生就业，2017（7）：47.

［79］杨立英．全球化、网络化境遇与思想政治教育创新［J］.福建师大福清分校学报，2006（6）：14-19.

［80］成长春．思想政治教育实效性评价及其限度［J］.学校党建与思想教育，2017（4）：62-64.

［81］王莎．新时代高校思想政治教育评价的数字化变革［J］.思想理论教育，2021（12）：62-68.

［82］宗爱东．新时代高校思想政治教育质量评价的政策要素与实施框架研究［J］.思想教育研究，2021（10）：134-139.

［83］郑永廷．把高校思想政治工作贯穿教育教学全过程的若干思考——学习习近平总书记在全国高校思想政治工作会议上的讲话［J］.思想理论教育，2017（1）：49.

［84］陈秉公."学习习近平总书记在学校思想政治理论课教师座谈会上的重要讲话"笔谈［J］.福建师范大学学报（哲学社会科学版），2019（4）：26.

［85］刘辉.高校思想政治教育应用大数据的现实困境与诉求［J］.思想理论教育，2015（9）：60-65.

［86］黄欣荣.大数据技术的伦理反思［J］.新疆师范大学学报（哲学社会科学版），2015（3）：46-53.

［87］田冰.大数据视野下思想政治教育的探索和创新［J］.教育理论与实践，2017（3）：35-37.

［88］董亲学.大数据助力高校智慧思政建设的三重维度［J］.学校党建与思想教育，2021（16）：38-40.

［89］虞亚平.大数据驱动高校思想政治教育：价值定位与价值实现［J］.中国高等教育，2020（6）：31-33.

［90］胡乐乐.元宇宙赋能我国高校思想政治教育工作：技术特性、内在机理、风险挑战［J］.南昌大学学报（人文社会科学版），2022（6）：102-113.

［91］熊国荣，刘久睿.数字媒介传播中身体的重要性：以彼得斯为起点的探讨［J］.现代传播（中国传媒大学学报），2021（11）：21-25.

［92］卢岚.思想政治教育数字化转型的现实基础与行动框架［J］.思想理论教育，2023（5）：12-19.

［93］王莎.数字化赋能高校思想政治教育过程论［J］.思想理论教育，2023（4）：92-98.

［94］王学俭，冯瑞芝.数字技术与思想政治教育高质量发展的耦合逻辑及风险防范［J］.北京工业大学学报（社会科学版），2023（3）：41-49.

［95］崔友兴.基于核心素养培育的深度学习［J］.课程教材教法，2019（2）：66-71.

［96］郑葳，刘月霞.深度学习：基于核心素养的教学改进［J］.教育研究，2018（11）：56-60.

［97］薛成龙，郭瀛霞.高校线上教学改革转向及应对策略［J］.华东师范

大学学报（教育科学版），2020（7）：65-74.

［98］张金磊，张宝辉.游戏化学习理念在翻转课堂教学中的应用研究［J］.远程教育杂志，2013（1）：73-78.

［99］朱珂，张莹，李瑞丽.全息课堂：基于数字孪生的可视化三维学习空间新探［J］.远程教育杂志，2020（4）：38-47.

［100］张竑.虚拟现实技术背景下的虚拟实践本体论研究［J］.学术论坛，2019（1）：117-124.

［101］张振虹，刘文，韩智.学习仪表盘：大数据时代的新型学习支持工具［J］.现代远程教育研究，2014（3）：100-107.

［102］余天放.道德教育的人工智能模式［J］.思想理论教育，2021（5）：91-96.

［103］李琼琼，李振.智能时代"人机关系"辩证——马克思"人与机器"思想的当代回响［J］.毛泽东邓小平理论研究，2021（1）：71-79+108.

［104］唐良虎，吴满意.区块链赋能高校"大思政课"的生成逻辑、核心要旨及实践理路［J］.理论导刊，2023（3）：112-117.

［105］杨叶平.区块链技术如何助力思想政治教育［J］.人民论坛，2020（4）：138-139.

［106］吴亚丽.区块链技术对大学生思想政治教育创新发展的作用［J］.黑河学院学报，2023（6）：42-44+55.

［107］姚前.分布式账本技术研究进展综述［J］.武汉金融，2018（3）：49.

［108］李辉源，李云雀，张俊.区块链技术融入高校网络思想政治教育的前景、挑战与对策［J］.南宁师范大学学报（哲学社会科学版），2023（3）：94-101.

［109］牛媛媛.互联网时代高职院校思想政治教育工作路径创新研究——基于区块链赋能视角［J］.鄂州大学学报，2023（6）：27-29.

［110］黄莉.区块链思维视角下基层新特征和治理新路径［J］.社会科学研究，2021（5）：134-139.

［111］张蕾，张旭．区块链驱动的"智慧思政"平台创与挑战［J］．海南开放大学学报，2022（4）：141-148.

［112］林春．区块链技术融入思想政治理论课教学的思考［J］．贺州学院学报，2022（3）：117-123.

［113］冉玲琴，彭长根，许德权，等．基于区块链技术架构的隐私泄露风险评估方法［J］．计算机工程，2023（1）：146-153.

［114］吴凯．区块链赋能思想政治教育的技术逻辑、风险挑战与实践策略［J］．思想教育研究，2021（6）：43-48.

［115］杨现民，李新，吴焕庆，赵可云．区块链技术在教育领域的应用模式与现实挑战［J］．现代远程教育研究，2017（2）：34-45.

［116］张召，金澈清，周傲英．基于区块链技术重构互联网时代的开放教育［J］．现代远程教育研究，2020（1）：33-40.

［117］戚学祥．超越风险：区块链技术的应用风险及其治理［J］．南京社会科学，2020（1）：87-92.

［118］周良发，唐冰冰．区块链技术赋能思想政治教育的价值意蕴与实践路径［J］．扬州大学学报（高教研究版），2021（4）：103-110.

［119］杨东．以理论突破推动区块链核心技术自主创新［J］．红旗文稿，2019（21）：25-26.

［120］教育部等十一部门联合印发《关于促进在线教育健康发展的指导意见》［J］．网信军民融合，2019（10）：66.

［121］张新，徐建文．中国共产党加强马克思主义理论教育的若干思考［J］．思想教育研究，2009（5）：41-44.

［122］严松．数字化时代社会主义意识形态话语权流失风险及其应对机制［J］．浙江大学学报（人文社会科学版），2023，53（10）：15-27.

［123］邱程，彭启福．数字化生存时代思想政治教育话语传播的实践策略［J］．理论导刊，2023（9）：109-115.

［124］吴倩．数字化时代思想政治工作体系建构的基础、逻辑与路径［J］．

思想政治教育研究，2023，39（3）：35-39.

［125］李怀杰.人工智能赋能思想政治教育论析［J］.思想理论教育，2020，（4）：81-85.

［126］刘文博，刘吉.人工智能时代高校思想政治教育面临的变革与挑战［J］.学校党建与思想教育，2020（13）：21-24.

［127］武东生，郝博炜.思想政治教育有效利用人工智能的分析［J］.马克思主义理论学科研究，2019，5（3）：103-112.

［128］梁迎丽，刘陈.人工智能教育应用的现状分析、典型特征与发展趋势［J］.中国电化教育，2018（3）：24-30.

［129］袁春艳，刘珍珍.人工智能时代大学生思想政治教育的变革与因应研究［J］.重庆邮电大学学报（社会科学版），2020，32（4）：93-100.

［130］闫志明，唐夏夏，秦旋，等.教育人工智能（EAI）的内涵、关键技术与应用趋势——美国《为人工智能的未来做好准备》和《国家人工智能研发战略规划》报告解析［J］.远程教育杂志，2017，35（1）：26-35.

［131］刁生富，张艳.智能学习：人工智能时代学习的新路径［J］.佛山科学技术学院学报（社会科学版），2020，38（2）：27-35.

［132］余明华，冯翔，祝智庭.人工智能视域下机器学习的教育应用与创新探索［J］.大数据时代，2018（1）：64-73.

［133］杨晓哲，任友群.教育人工智能的下一步——应用场景与推进策略［J］.中国电化教育，2021（1）：89-95.

［134］张耀灿，肖应连.马克思主义整体性对思想政治理论课改革的启示［J］.学校党建与思想教育，2006（10）：9-12.

四、报纸文献

［135］习近平：把思想政治工作贯穿教育教学全过程，开创我国高等教育事业发展新局面［N］.人民日报，2016-12-09（001）.

［136］习近平：用新时代中国特色社会主义思想铸魂育人 贯彻党的教育

方针落实立德树人根本任务［N］.人民日报，2019-03-19（001）.

［137］习近平在纪念马克思诞辰200周年大会上的讲话［N］.人民日报，2018-05-05（002）.

［138］习近平向国际人工智能与教育大会致贺信［N］.人民日报，2015-05-17（001）.

［139］习近平.加强领导做好规划明确任务夯实基础 推动我国新一代人工智能健康发展［N］.人民日报，2018-11-01（001）.

［140］习近平：把区块链作为核心技术自主创新重要突破口 加快推动区块链技术和产业创新发展［N］.人民日报，2019-10-26（001）.

［141］习近平."大思政课"我们要善用之［N］.人民日报，2021-03-07（001）.

［142］习近平.在庆祝中国共产党成立100周年大会上的讲话［N］.人民日报，2021-07-02（002）.

［143］习近平. 广泛汇聚向上向善力量共建网上美好精神家园［N］.人民日报，2021-11-20（001）.

［144］习近平. 习近平致首届数字中国建设峰会的贺信［N］.人民日报，2018-04-23（001）.

［145］习近平在中共中央政治局第二次集体学习时强调 审时度势精心谋划超前布局力争主动实施国家大数据战略加快建设数字中国［N］.人民日报，2017-12-10（001）.

［146］习近平.在北京大学师生座谈会上的讲话［N］.人民日报，2018-05-03（002）.

后　记

从生意盎然的春写到萧索的冬，历经两个春夏秋冬，本书终于成稿，但我并未有如释重负的感觉。相反，随着本书出版的临近，我却更觉惶恐不安。自 2020 年立项了湖南省社科评审委员会课题"大数据时代提升高校思想政治教育实效性的策略研究"以来，就萌发了要写一部关于大数据时代的高校思想政治教育专著的想法。尔后在书写的过程中，又先后认识到了人工智能、区块链等新兴技术对社会、生活和教育的影响，于是将大数据时代扩展为数字化时代。但由于工作繁忙，对数字化时代的高校思想政治教育这一选题的整体把握和研究还很笼统甚至片面，期间要不断获取大量跨学科的知识，有时难以消化，因此写作中许多问题还有待进一步探究，许多想法也需要进一步梳理。尽管它还显得十分稚嫩，但作为作者，不免会敝帚自珍，毕竟这是长达两年多的研究总结。

就研究内容而言，高校是培育高能力、高素养、高水平复合型人才的重要阵地，也是祖国建设的基石。在数字化环境下，新一轮信息技术革命的爆发对思想政治教育带来重大影响。对此，思想政治教育工作者需要深刻认识数字技术的"双面性"，规避其负面影响，充分发挥其优势、价值，培养学生积极向上、健康的价值观，从而切实深化思想政治教育的渗透力与成效性。这也是新时代的思政教师需要着重思考的问题。本书旨在抛砖引玉，期望有更多的研究者能深耕于此。

本书的完成与出版，对我而言是一项系统而庞大的工程。在"工程"即将完成、稍作总结之际，回首过去三年来的岁月时光，需要感谢的领导、师友实在太多。

自入职湖南省社会主义学院以来，各位领导和同事的一贯关心和支持使我获益良多。感谢符俊根书记、周述杰巡视员、洪真健副院长、黄自荣副院长、李蓉副院长、彭仕敏副巡视员对本书的指导和帮助；感谢刘蓉宝主任、潘慧春处长对本书的指导和对我的一贯扶持；感谢课题组成员张彩云老师、康杰老师的支持和付出；感谢湖南省社会主义学院专著出版基金的资助。

还要深深感谢我的两位博士师弟，陈方芳和董树军老师对本书的无私帮助，他们两人不厌其烦十余次帮我下载资料，同我一起商讨如何修改；感谢出版社的同志，特别是感谢好友李美清为本书出版奔走、辛苦；感谢我的同窗好友彭培根、张璐、王洁老师的支持。感谢我的家人始终无私的支持与付出。

我希望感谢以不同方式对本书顺利完成并出版作出贡献的所有人。深切感谢那些前辈们留下的探索、印迹、成果，他们的研究留下无尽的启发与影响。我想起十年前在湖南大学求学的时候，每每喜欢去隔壁师范大学蹭张楚廷先生的课。老先生那时候70多岁了，每次上课都是站着的，连续两节，中间不休息，也不喝水。同一门课多少次再讲，都是手写的讲义，重新备的课，每次都有新的、独特的思考，课后还会马上记下本堂课过程中的思考。张先生写了100本书和1200篇文章，令人赞叹。

学术研究从来就没有终点，著作的出版也不意味着探索的终止。在不断深入研究的过程中，更觉得自己浅薄无知。希望向古人学读书，向先辈们学经验，向同仁们学方法。

愿一切转至觉知与澄明。

许烨

2023 年 12 月 24 日于家中